tudes historiques sur la ville de Bayonne. Par
. Balasque, avec la collaboration d'E. Dulaurens

Jules Balasque, Ernest Dulaurens

The BiblioLife Network

This project was made possible in part by the BiblioLife Network (BLN), a project aimed at addressing some of the huge challenges facing book preservationists around the world. The BLN includes libraries, library networks, archives, subject matter experts, online communities and library service providers. We believe every book ever published should be available as a high-quality print reproduction; printed on- demand anywhere in the world. This insures the ongoing accessibility of the content and helps generate sustainable revenue for the libraries and organizations that work to preserve these important materials.

The following book is in the "public domain" and represents an authentic reproduction of the text as printed by the original publisher. While we have attempted to accurately maintain the integrity of the original work, there are sometimes problems with the original book or micro-film from which the books were digitized. This can result in minor errors in reproduction. Possible imperfections include missing and blurred pages, poor pictures, markings and other reproduction issues beyond our control. Because this work is culturally important, we have made it available as part of our commitment to protecting, preserving, and promoting the world's literature.

GUIDE TO FOLD-OUTS, MAPS and OVERSIZED IMAGES

In an online database, page images do not need to conform to the size restrictions found in a printed book. When converting these images back into a printed bound book, the page sizes are standardized in ways that maintain the detail of the original. For large images, such as fold-out maps, the original page image is split into two or more pages.

Guidelines used to determine the split of oversize pages:

Some images are split vertically; large images require vertical and horizontal splits.
For horizontal splits, the content is split left to right.
For vertical splits, the content is split from top to bottom.
For both vertical and horizontal splits, the image is processed from top left to bottom right.

ÉTUDES HISTORIQUES

SUR

LA VILLE DE BAYONNE

ÉTUDES HISTORIQUES

SUR

LA VILLE DE BAYONNE

Par JULES BALASQUE

AVEC LA COLLABORATION

D'E. DULAURENS, ARCHIVISTE DE LA VILLE

TOME PREMIER.

BAYONNE

IMPRIMERIE ET LIBRAIRIE E. LASSERRE,
RUE ORBE, 20.

1862

ÉTUDES HISTORIQUES

SUR

LA VILLE DE BAYONNE.

CHAPITRE PREMIER

Origine de la ville de Bayonne. — Elle fut fondée par les
Labourdins. — Ne s'est jamais appelée *Lapurdum*. — Les
Romains la fortifient. — Description de l'enceinte. —
Bayonne fut l'une des douze *Cités* de la Novempopulanie.
— Itcassicus, évêque de Labourd en 381. — Légende de
saint Léon. — La prédication de saint Léon doit être placée
aux temps apostoliques. — Situation générale de la Cité
labourdine sous les Empereurs. — Voies romaines des Pyrénées
occidentales. — La population urbaine se romanise; celle
de la campagne reste eskualdunaise.

La situation topographique de la ville de
Bayonne explique en grande partie son histoire. Port abrité et commode sur la côte

inhospitalière du golfe de Gascogne , au débouché commun des riches vallées pyré- néennes dont l'Adour et la Nive sillonnent le fond ; place de guerre de haute importance en face de la belliqueuse Espagne , commer- cer. ou combattre , telle fut sa constante destinée : destinée sévère, faite de périls et de rude labeur , à laquelle ne manquèrent point toutefois ni le prestige attaché au noble exercice des armes , ni les sourires de la fortune et de la liberté.

On ne saurait que hasarder des conjectures sur les commencements de Bayonne : cepen- dant le nom euskarien qu'elle porte, *Bai–une,* et qui , d'après Oihénart , signifie *port ,* autorise à penser qu'elle eut pour premiers habitants les *Laphurtarrac ,* tribu eskualdu- naise de la confédération tarbellienne , établie de temps immémorial à l'extrémité sud–ouest de l'Aquitaine, et dont les Basques Labour- dins sont actuellement les représentants directs. Elle en était même ; selon nous , la capitale à l'époque de la conquête des Gaules par Jules César : de là ce surnom de *cité labourdine* ou *cité de Labourd* qui lui est donné dans une foule d'actes depuis la chute de l'empire jusqu'à la fin du xiie siècle. Nous disons *surnom* parce que nous sommes convaincus que le nom de *Bayonne* est son vrai nom d'origine, qu'elle n'en a jamais eu d'autre, et que celui de *Labourd* a toujours servi, lorsqu'on l'a employé avec exactitude, à désigner la contrée où elle est située. Dans les divisions anciennes de la France, on appelait encore *pays de Labourd* toute cette portion de territoire qui s'étend le long de la mer entre l'Adour et la Bidassoa.

Il est certain que Bayonne devint sous les empereurs une ville de guerre ; on peut s'en convaincre en parcourant la partie supérieure du quartier Grand–Bayonne : on y voit les ruines d'une enceinte fortifiée, que tous les hommes compétents ont signalée comme un ouvrage des Romains. « Autour de l'église « cathédrale et du château royal, dit Marca [1], « s'élèvent les nobles restes d'un ancien châ- « teau et de murailles construits par les « Romains (*opere romano*). » Ces ruines, qui

[1] *Marca Hisp.*, p. 71.

consistent maintenant en quelques bases de tours et des pans de murs fort dégradés, présentent, en effet, à leur parement extérieur, l'appareil de petits cubes de pierre symétriquement taillés et rangés par assises régulières, auquel on reconnaît les maçonneries romaines. Chaque jour en emporte un fragment; mais ce qui reste permet de relever avec une rigoureuse précision les lignes principales de l'antique forteresse. Qu'on se figure un quadrilatère assez régulier, correspondant par ses angles aux points suivants de la ville moderne : l'angle sud-ouest, à la tour où convergent les rues des Faures, Douer et Vieille-Boucherie ; l'angle sud-est, à l'escalier de la Pusterle ; celui du nord-est, au carrefour des Cinq-Cantons ; enfin celui du nord-ouest, au Château-Vieux. Le mur d'enceinte avait environ trois mètres d'épaisseur. De distance en distance, et notamment aux quatre angles dont nous avons parlé, il était flanqué de tours rondes à demi saillantes, espacées comme le recommande Vitruve, « de telle sorte que l'intervalle entre deux tours fût moindre que la

« portée des traits et des flèches, afin de
« repousser les assiégeants en les blessant à
« droite et à gauche avec les traits lancés par
« les scorpions et les autres machines de
« guerre [1]. » A l'exception peut-être du côté
septentrional, que l'Adour et la Nive réunis
baignaient au flot de la marée montante,
chacun des trois autres côtés de l'enceinte
avait sa porte particulière solidement bastion-
née : la porte du Midi (*porta Meridiana*),
désignée plus tard sous les noms de *Saint-
Léon* et *d'Espagne*, s'ouvrait sur le front principal de la place, au bout de la rue Mayou,
(*via Major*) ; celle de l'est (*porta Orientalis*)
conduisait au port par la rue Poissonnerie ;
la troisième se trouvait à l'extrémité de la
rue des Prébendés : on la nomma successivement *portail de Tarride* et *de Lachepaillet*.

L'enceinte que nous venons de décrire
fut, sans doute, commencée par Auguste
à la suite de l'expédition qu'il dirigea lui-
même contre les Cantabres, et achevée sous
ses premiers successeurs : des médailles ou

[1] Vitruve, *De l'Architecture*, livre I, chap. 5.

pièces de monnaie de divers règnes trouvées dans les fondations, donnent à nos assertions une grande vraisemblance. La station militaire de Bayonne, appuyée sur celle de Dax, en même temps qu'elle assurait la libre navigation de l'Adour, eut, ce semble, pour but essentiel la surveillance de ces rudes montagnards eskualdunais, vaincus mais mal soumis, dont les frères d'Espagne venaient encore de résister avec tant d'énergie aux armes de Rome. Avec quelle ombrageuse défiance les maîtres incontestés du monde ne devaient-ils pas observer une population aussi étrange, qui, tout en subissant le joug, se repliait en silence sur elle-même, se fermait à toutes les tentatives d'absorption, et, pour ainsi dire, se murait dans sa nationalité? Voilà pourquoi, à la fin même de l'empire, une cohorte tout entière, la *Novempopulane*, campait, sous les ordres d'un tribun, dans le pays de Labourd : « *In provincia Novempopulana* « *tribunus cohortis Novempopulanæ, Lapurdo.* » C'est ce que nous apprend la *Notice des dignités de l'Empire*, sorte d'almanach publié vers les premières années du règne d'Honorius, entre 395 et 406.

L'empire érigea-t-il Bayonne en cité ?
Oihénart le nie. Il soutient que la cité des
Boates (*civitas Boatium*) indiquée dans la *Notice des provinces* comme l'une des onze cités
qui, avec Elusates pour capitale, composaient
la province de Novempopulanie, se retrouve,
non pas à Bayonne, mais à Teste-de-Buch,
dans le Médoc, où, d'après l'*Itinéraire d'Antonin,* habitaient les Boiens (*Boii*). De motifs, le
savant historien n'en donne pas, et peut-être
n'en a-t-il pas d'autre à donner qu'un air
de famille entre les noms de *Boii* et de Boates.
Marca, qui, dans son *Histoire de Béarn,* avait
d'abord partagé le sentiment d'Oihénart,
s'est plus tard formellement rétracté dans
la célèbre description des marches espagnoles (*Marca hispanica*). D'accord sur ce point
avec les plus doctes polémistes du XVIIᵉ
siècle, en tête Scaliger, il y enseigne qu'on
ne doit pas confondre les Boates avec les
Boii de l'*Itinéraire,* et que la cité des Boates
(*civitas Boatium*) n'est autre que la ville
de Bayonne [1]. S'il nous était permis de

---

[1] *Marca Hisp.,* p. 71.

nous mêler à ce débat, au milieu d'autorités aussi graves, nous n'hésiterions pas à nous ranger du côté de Scaliger et de Marca. Qu'on admette, en effet, une légère erreur de copiste, ou simplement une contraction de mot, à la mode cuskarienne, et l'on n'apercevra pas, croyons-nous, de différence bien sensible entre les noms de *Boatium* et de *Baionensium*. D'ailleurs, la ressemblance de *Boatium* avec *Boiorum* est-elle donc si frappante ? Mais, en dehors de cet indice, fort peu sûr en lui-même, et dont, pour notre part, nous faisons bon marché, quel appui plus solide ne trouvons-nous pas dans la tradition pour la défense de notre thèse ? Dès la chute de l'empire romain en 587, Bayonne figure dans le traité d'Andelot avec la qualification de *cité*. « Le seigneur roi Childebert, » dit Grégoire de Tours, « retint, à compter de ce « jour, en sa puissance, les cités de Melun, « deux portions de celles de Senlis, Tours, « Poitiers, Avranches, Conserans, Aire, « Bayonne (*Lapurdo*) et Albi. » La charte de Lescar, celle de Bigorre rapportée par Nicolas Bertrand dans son *Histoire de Toulouse,*

mentionnent également Bayonne (*civitas Laburdensis*) au nombre des cités de la No-
vempopulanio qui furent détruites par les
Normands[1]. Voilà certes, en faveur de
Bayonne, un premier argument bien signi-
ficatif. Ce n'est pas tout. On sait qu'après la
conversion de Constantin, des siéges épisco-
paux furent fondés dans toutes les cités im-
périales ; les diocèses eurent pour limites
juridictionnelles celles de la cité elle-même.
Tout siége épiscopal suppose donc, là où il
est établi de temps immémorial, la préexis-
tence d'une cité romaine. Or Bayonne, depuis le xe siècle jusqu'à nos jours, a possédé
un évêché ; et lorsque Arsius, en 983, con-
statait dans une charte souvent reproduite les
possessions du diocèse de Labourd, il se réfé-
rait à l'ancien état de choses, au temps immémorial (*priscis temporibus*).

Nous avons dit les titres de Bayonne à la
succession de *Boatium* ; Teste-de-Buch pour-
rait-il en invoquer de semblables ou d'équi-
valents ? Ajoutons encore qu'il n'y aurait

---

[1] Marca, *Histoire de Béarn*, livre I, chap. 9.

même plus matière à controverse si l'on s'en
rapportait au témoignage de Compaigne, auteur estimable d'une chronique de Bayonne
qui parut au milieu du xvii⁰ siècle : il prétend avoir lu dans une charte de l'abbaye de
Duvielle, qu'Itcassicus, *évêque de Labourd*,
assista de ses conseils Excntius, évêque d'Acqs,
lequel vivait en 381. On a contesté l'existence
de la charte de Duvielle parce qu'elle n'a pu
être retrouvée ; ce n'est pas sérieux. Compaigne était un magistrat fort honorable du
présidial de Dax, que son livre seul, tant il
est dénué de prétentions, met au dessus de
tout soupçon de fraude : à n'en pas douter,
la charte qu'il cite passa sous ses yeux : l'a-
t-il bien lue ? offrait-elle tous les caractères
de sincérité désirables ? Un érudit, jaloux de
contrôler par l'examen des textes originaux
la valeur des opinions émises par ses devan-
ciers, ne peut raisonnablement émettre d'autres doutes.

Ici se présente une dernière objection que
nous devons examiner, quoiqu'elle se rattache
plus directement à la question épiscopale.
Le diocèse de Bayonne a toujours considéré

saint Léon comme son premier évêque; mais, comme tous les auteurs français qui se sont occupés de nos origines locales, en particulier Oihénart et Marca, s'accordent, nous ne savons sur quel fondement, à faire de ce Saint un contemporain de Charles-le-Simple (900), il faut reconnaitre ou que la tradition de l'Eglise est erronée, ou que Bayonne n'a pas eu d'évêque avant le xᵉ siècle. Marca, qui sentait la difficulté, a essayé de la tourner : « Les Bayonnais, dit-il, font tort
« à l'antiquité de leur évêché lorsqu'ils esti-
« ment que saint Léon, qui vivait l'an 900,
« au temps de Charles-le-Simple, fut le
« premier évêque de cette ville, puisqu'il y
« avait eu des évêques avant la première
« descente des Normands en Guyenne.....
« Mais il fut le premier évêque après la
« ruine de cet évêché[1], » etc. N'en déplaise au célèbre historien du Béarn, l'accommodement qu'il propose ne nous parait guère acceptable : être le premier évêque..... après d'autres évêques, ce n'est pas être le premier;

[1] Marca, *Hist. de Béarn*, liv. I, chap. 8.

mieux valait déclarer nettement que l'église
de Bayonne se trompait. C'est en quoi n'ont
pas hésité les frères de Sainte-Marthe : résu-
mant la polémique suscitée à Rouen et à
Bayonne par la légende de l'illustre patron
que les Bayonnais fêtaient le 1er mars de
chaque année, avec la double qualité d'archevêque de Rouen et d'évêque de Bayonne,
les savants auteurs de la *Gaule chrétienne*
formulent les conclusions suivantes : « Tout
« ce qu'on raconte de saint Léon sent la fable,
« et n'offre pas l'ombre de la vérité ou de la
« vraisemblance. Il est faux qu'il ait été
« archevêque de Rouen, et l'abbé de Saint-
« Cyran, dans l'office qu'il a composé pour
« lui, a dû avouer qu'il ne fut pas non plus
« évêque de Bayonne; le diocèse de Bayonne
« doit donc le rayer du catalogue de ses pré-
« lats [1]. » De là à nier l'existence du Saint
il n'y avait qu'un pas.

Quoi de plus invraisemblable, en effet,
que la légende bayonnaise étudiée au point
de vue général de l'histoire, si l'on persiste

[1] *Gallia Christiana*, tome I, p. 1309.

toutefois à fixer l'apostolat de saint Léon à la
la fin du ixe siècle? Qu'allait-il faire en
Espagne? Pourquoi venir dans nos contrées?
En Espagne le catholicisme florissait depuis
les premiers siècles de l'ère chrétienne : la
Navarre, l'Aragon, même nos vallées pyrénéennes, fouillés dans tous les sens par l'a-
quitain saint Amand « qui les ramena du ser-
« vice du diable au culte du vrai Dieu » (650),
renfermaient un grand nombre de monastères, parmi lesquels brillaient d'un véritable
éclat ceux de Saint-Zacharie et de Leyre.
Euloge, prêtre andalous, qui visita Pampelune et ses environs en 840 ou 841, nous
apprend combien les lettres latines étaient en
honneur dans ces diverses maisons, et, au
dire d'un de ses disciples, il en rapporta à
Cordoue, sa patrie, une foule d'ouvrages
attestant le goût éclairé des religieux qui
avaient su les réunir, comme la *Cité de Dieu* de
saint Augustin, l'*Enéïde* de Virgile, les *Satires*
de Juvénal, les *OEuvres d'Horace*, etc., etc. [1]
Tel est le pays, telles sont les populations

---

[1] Moret, *Annal de Navarre*, liv. VI, ch. 2.

que, cinquante ans plus tard, saint Léon aurait eu mission d'évangéliser!

— Mais, pourrait-on répondre, pendant le court intervalle qui sépare Euloge de saint Léon, de graves événements s'étaient accomplis dans le sud-ouest de la Gaule : Bayonne et le reste de la Gascogne avaient été ravagés par les Normands; presque toute l'Espagne appartenait aux Sarrasins : jamais apostolat fut-il plus nécessaire? Renverser ici les idoles scandinaves, lutter là-bas contre les progrès de l'islamisme, n'était-ce pas une œuvre digne à tous égards d'exciter la sollicitude du Souverain Pontife, et d'enflammer jusqu'au martyre le zèle du saint missionnaire? — C'est précisément la difficulté d'une pareille mission qui nous inspire notre meilleure raison de douter. Qu'on veuille y réfléchir : il s'agissait de convertir pêle-mêle, au moyen de la parole, des Gascons, des Eskualdunais, des Normands, des Espagnols et des Arabes! Autant de peuples, autant de langues radicalement différentes! Eh bien, nous le disons franchement, il nous est impossible de croire qu'au xe siècle la rude Neustrie offrît la merveille d'un polyglotte de cette force.

Cependant, il nous en coûterait beaucoup de rejeter la plus antique, la plus constante tradition de notre pays. Le cartulaire de l'église Sainte-Marie de Bayonne, précieux manuscrit du xive siècle, connu sous le nom de *Livre d'or* et déposé aux archives de Pau, contient un acte dont la date doit être fixée entre les années 1056 et 1080, et où il est question de la *porte Saint-Léon;* ainsi, la légende bayonnaise est un souvenir que, depuis plus de 800 ans, les générations se transmettent d'âge en âge avec la plus touchante piété. Oserions-nous affirmer aujourd'hui que ce souvenir ne reposait sur rien? que ce n'est qu'un conte fort grossier, inventé à plaisir pour alimenter la naïve crédulité de nos pères? D'un autre côté, l'admettre sans aucune réserve, n'est-ce point manquer à la première loi de la probité historique : à la vérité?...

Un moyen de tout concilier peut-être, ce serait d'accepter, relativement à l'époque de la prédication de saint Léon, l'opinion des auteurs espagnols. On a pu le remarquer, toutes les objections sont tirées précisément du temps de sa venue parmi nous; changez

le temps, les objections tombent d'elles-
mêmes. Or, Esteban de Garibay, chroniqueur
guipuzcoan estimé, place l'apôtre bayonnais
au temps de saint Saturnin; *frai* Geronimo
Roman, dans sa *République chrétienne*, en
fait un contemporain des apôtres de la Gaule;
enfin, Martinez de Isasti, qui écrivait longtemps après ces deux historiens, vers l'an
1625, adopte pleinement leurs sentiments
dans son *Compendio historial de Guipuzcoa*.
A cette occasion, il rappelle que, se trouvant
le jour de la Fête-Dieu à Bayonne, il acheta
par curiosité un exemplaire du *vieux Bréviaire*
du diocèse, manuscrit sur parchemin, contenant une vie de saint Léon rédigée en
latin, et 'dont il reproduit le texte littéral.
C'est probablement le plus ancien texte connu
de la légende; en voici la traduction :

« Léon fut un homme de bien, fort versé
« dans les Saintes Ecritures. Par suite d'une
« révélation du Ciel, il fut élevé, avec l'ap-
« probation du conseil sacré de la cour ro-
« maine, au trône archiépiscopal de Rouen;
« mais, peu de jours après son installation,
« ayant dû abandonner son siége sur l'ordre

« du sacré collége apostolique, il partit *pour*
« *l'Espagne*, afin de prêcher la foi chrétienne
« au peuple des Gentils. *Arrivant d'abord au*
« *lieu nommé Faverie*, il y sema la parole du
« Seigneur, et convertit tout le peuple au
« culte du Christ. Ensuite il *retourna* à la ville
« qu'on appelle *Bayonne*, laquelle se trouvait
« alors au pouvoir de *pirates infidèles*, adon-
« nés au culte des idoles. Comme la nuit
« s'était faite avant qu'il eût atteint la ville,
« il ne put y entrer, les portes étant fermées,
« et passa dehors toute la nuit. Au matin, les
« premiers qui sortirent de la ville, ayant
« reconnu dans Léon et ses frères Philippe
« et Gervais, qui l'accompagnaient, des hom-
« mes étrangers à leur secte, et s'étonnant
« beaucoup qu'ils eussent échappé à l'atta-
« que des méchants et des bêtes fauves, à la
« morsure des serpents et à tous les autres
« dangers de la nuit, retournèrent sur leurs
« pas pour raconter ce qu'ils avaient vu. Les
« prud'hommes de la ville vinrent, en tenue
« décente, au devant du Saint ; ils entendirent
« la parole évangélique, et commencèrent à
« croire. Puis, tous ensemble, ils rentrèrent,

« et le Saint ordonna, au nom du Dieu Jésus,
« qu'on préparât, au milieu de la ville, un
« endroit convenable où il pût travailler au
« salut du peuple. Ses prédications durèrent
« trois jours, et, grâce à l'intervention divine,
« le peuple entier fut converti à la foi du
« Christ ; tout le monde s'écriait d'une voix :
« *Nous ne voulons d'autre loi que celle de saint*
« *Léon !* Aussitôt on renversa les idoles, on
« construisit une église, d'après l'ordre du
« Saint, en l'honneur de la bienheureuse
« Vierge Marie, et l'onde du baptême purifia
« les nouveaux chrétiens. Cela fait, Léon
« s'enfonça dans les bois et les déserts ; long-
« temps il y chercha les brebis égarées,
« c'est-à-dire les infidèles, et, semblable à
« un habile marchand, fit de grands profits
« en âmes chrétiennes. Cependant, il y avait
« près de la ville des pirates, *retirés dans des*
« *cavernes*, qui, un certain jour, comme ils
« se proposaient, selon leur habitude, d'en-
« trer en ville, furent honteusement chassés
« par les citoyens catholiques. Etonnés de la
« conversion des citoyens et pleins de fureur,
« ces pirates cherchèrent le Saint ; mais,

« comme ils s'enfuyaient de la cité, ils virent
« le bienheureux Léon, avec ses deux frères,
« revenant de sa prédication : ils se jettent
« sur lui, lui font plusieurs blessures, et
« finissent par lui trancher la tête. Mais
« c'est vainement qu'ils s'efforcent de le ren-
« verser : plus fort on le pousse, plus ferme
« il se tient debout. Ramassant de ses propres
« mains sa tête, qui avait roulé à terre, il
« la porta jusqu'à l'endroit où il avait prêché
« pour la première fois, devant la porte de
« la cité ; et, pareil au juste Abel, il l'offrit
« dévotement à Dieu, comme la victime de
« l'holocauste, en disant : *Voici le lieu de la vé-*
« *ritable prédication, que j'ai choisi, et où, avec*
« *la grâce de Dieu, je reposerai.* Les deux frères
« du bienheureux Léon, qui étaient venus avec
« lui, ayant vu le miracle, s'enfuirent pénétrés
« d'horreur. Un laboureur qui travaillait à sa
« vigne avait tout vu ; il appela à grands cris
« le peuple de la cité. Le peuple se mit à cou-
« rir après les meurtriers ; mais, à la place
« même où la tête était tombée, on trouva
« une belle source qui avait jailli miraculeu-
« sement, et où toute la ville va encore

« s'abreuver. Cependant, quand les citoyens
« rencontrèrent le corps acéphale du bien-
« heureux martyr, et sa tête posée sur une
« pierre, le trouble et la douleur s'emparèrent
« de leurs cœurs blessés ; ils gémirent à la
« vue du pasteur aimable, leur dévoué
« défenseur, qui n'avait pas craint d'affronter
« pour leur salut la mort la plus cruelle.
« Sur le lieu même du martyre, le peuple
« catholique de la ville construisit, en l'hon-
« neur de Dieu et de saint Léon, une église
« où le corps saint fut enseveli dignement.
« L'église fut fertile en miracles. Les femmes
« en couches qui invoquent le Saint sont
« délivrées de tout danger ; les marins, au
« milieu des périls de la mer ou tombés au
« pouvoir de l'ennemi ; sont préservés ; les
« animaux mêmes, placés sous sa protection,
« échappent à la dent des loups et aux at-
« teintes des maladies, et bien d'autres choses
« encore, le Seigneur Jésus y aidant[1]. »

On le voit, rien, dans la légende bayon-

---

[1] Isasti, *Compendio historial de la provincia de Guipuzcoa*,
liv. I, chap. 15.

naise, ne contrarie absolument le système espagnol, pas même le mot de *pirates*, qu'on traduit d'habitude par *Normands*, et qui, d'après Oihénart, s'applique très bien aux Basques Labourdins. « Lapurdum, dit-il, « est un nom basque ou biscayen, qui fut « sans doute donné à la ville parce que les « habitants s'y adonnaient à la *piraterie*, « ainsi que l'atteste l'auteur de la vie de « saint Léon, pontife labourdin[1]. » Puis, le système espagnol présente sur l'autre le double avantage d'échapper aux critiques dont nous nous sommes fait l'écho, et de restituer à la tradition, avec toute sa valeur, une bonne partie de sa vraisemblance. Ainsi, Léon aurait prêché dans nos contrées en même temps que saint Sernin à Toulouse, Honesto et Fermin à Pampelune, et saint Vincent à Dax; en un mot, pendant l'ère apostolique. Il aurait fait entendre la parole de l'Évangile, en Gascogne et en Espagne, à des hommes de langue, sinon de race, latine; et c'est alors à bon droit que Bayonne pourrait le regarder

---

[1] Oihénart : *Not. utr. Vasconiæ*, p. 101.

comme le fondateur de son église et son premier pasteur.

Tout en revendiquant pour Bayonne l'honneur d'avoir compté parmi les cités épiscopales de l'empire, hâtons-nous de reconnaître que ce ne fut jamais, sous les Romains, qu'une ville de fort peu d'importance, la plus obscure des cités de la Novempopulanie. Le trafic maritime des Romains eut toujours pour principal théâtre le bassin de la Méditerranée. Avec ses tempêtes et sa mystérieuse immensité, l'Océan effraya longtemps les plus hardis navigateurs. Cependant Ammien Marcellin, qui avait fait la guerre dans la Gaule sous Constance, atteste que, vers la fin de l'empire, il existait un mouvement assez important sur les côtes d'Aquitaine. « Les « Aquitains, dit-il, dont les ports étaient « d'un facile accès pour nos marchandises « d'importation, s'amollirent bien vite et « devinrent romains. » Mais, par cela même qu'il pose au premier rang des villes novempopulaniennes Auch ou Eause et Bazas, il il est sûr que, de son temps, les navires bayonnais ne jouaient pas encore de rôle bien brillant dans la navigation côtière de l'Océan.

Quant au commerce de terre, notre situation ne valait pas mieux : les grandes voies romaines qui conduisaient d'Espagne en Gaule laissaient Bayonne en dehors et assez loin de leur parcours. La plus voisine était le chemin des Asturies à Bordeaux : à la sortie de Pampelune, cette voie montait de Subiri à Burguette (*summum Pyrenæum*), descendait à Saint-Jean-pied-de-port (*imum Pyrenæum*), touchait Garris, au pays de Soule, et Sauveterre, dans le Béarn, traversait D'Acqs, et de là, directement à travers les landes, arrivait à Bordeaux; un autre chemin, d'une haute importance, rattachait Bordeaux, par le débouché de Sumport, à la célèbre ville espagnole de César-Auguste, aujourd'hui Saragosse. Tout au plus si une route secondaire, protégée par des détachements de la cohorte novempopulane, menait de Bayonne à Saint-Jean-pied-de-port par Hasparren et les coteaux de la rive droite de la Nive.

Les Bayonnais se trouvaient donc au bout

de la Gaule comme au fond d'un cul-de-
sac. Inutile pour eux de songer à se faire
jour à travers les populations montagnardes
de Guipuzcoa et de Cantabrie. Nous l'avons
déjà dit, ces populations avaient bien pu être
vaincues par les armes d'Auguste, elles
n'étaient pas soumises. C'est même à Bayonne
que s'arrêta, en réalité, la conquête morale du peuple-roi. Comme dans tout le reste
de la Novempopulanie, il y fit complètement
prédominer ses lois, ses mœurs et surtout
sa langue ; on en trouve l'incontestable témoignage dans le patois bayonnais ou gascon,
dont le vocabulaire décèle à chaque mot
une origine purement latine : mais, au delà
du rayon fortifié de la ville, la civilisation
ne gagna pas un pouce de terrain. Essentiellement adonnés, au fond de leurs âpres vallées, à la vie errante et pastorale, libres, ou
plutôt oubliés parce que leur sol aride n'ex-
citait pas l'envie, les paysans labourdins
persistèrent à garder intact le dépôt de leur
langue et de leurs coutumes. Si les habitants
de la côte se livraient à la pêche, ce ne fut
guère que pour la consommation locale ;

dans tous les cas, leur commerce de poissons
ne dut pas franchir les limites du marché de
Bayonne. C'est là qu'on venait acheter, pour
la table somptueuse des nobles Gallo-Romains,
ces poissons de l'Adour qui le disputaient
en exquise délicatesse aux muges de la Garonne, et ces appétissantes langoustes (*locustæ
lapurdenses*) devant lesquelles un plat d'é-
crevisses ne paraissait à Sidoine Apollinaire
qu'un mets vil et dédaigné.

La cessation de relations fréquentes et
journalières entre Bayonne et le reste de la
campagne (circonstance qui se reproduisit sur
toute la ligne du versant nord des Pyrénées
occidentales), ne tarda pas à avoir pour effet
de séparer en deux fractions bien distinctes
les anciennes peuplades de la Novempopulanie ; le divorce s'effectua même d'une manière si radicale qu'elles finirent par ne plus
se comprendre. Il en arriva de même, au
delà des Pyrénées, parmi les Vascons et les
Cantabres. Assurément ce résultat, qui a lieu
d'étonner, ne fut pas l'affaire d'un jour ; il
implique, au contraire, une interruption presque absolue de rapports pendant plusieurs siè-

cles, et nous croyons bien qu'il ne se réalisa
complètement qu'après la chute de l'empire ,
à la faveur des bouleversements qui en furent
la suite. Sans l'invasion des Barbares , nul
doute. que là constance de Rome n'eût, tôt
ou tard, triomphé de l'opiniâtreté eskualdunaise.

CHAPITRE II

Bayonne ne fut pas détruite par les Barbares ; elle fait partie du
comté des Vascons organisé, sous le règne de Dagobert, dans
la province de Novempopulanie. — Il ne faut pas confondre
les Vascons ou Gascons avec les Aquitains. — Opinion de
M. Rabanis. — Distinction entre les Vascons et les Basques.
— Les Vascons sont un peuple de langue romane, tandis que
les Basques parlent eskuara. — Prise et destruction de
Bayonne par les Normands. — Fondation simultanée du
royaume de Navarre et du duché de Vasconie par des princes
appartenant à l'ancienne famille comtale des Vascons. —
Sanche Mitarra premier duc de Gascogne. — Origine de la
féodalité. — Etat déplorable de la Gascogne à la suite des
expéditions maritimes des Normands. — Abaissement du
clergé. — Gombaud, frère du duc de Gascogne, Arsius et
Raymond - le - Vieux administrent successivement tous les
anciens évêchés de la Novempopulanie avec le titre d'*évêque
des Gascons*. — Austinde, archevêque d'Auch, entreprend
la réforme de sa province. — Coup-d'œil sur la situation politique de la Gascogne vers le milieu du xi° siècle. — An-
nexion du duché de Gascogne au comté de Poitiers. — Austinde
obtient la révocation de Raymond-le-Vieux. — Il rétablit
des évêques dans chaque diocèse, et envoie à Bayonne
Raymond-le-Jeune, déjà évêque de Bazas.

Nous manquons de renseignements spéciaux sur Bayonne durant la longue période
qui commence à l'invasion des Barbares et

se termine aux expéditions des Normands,
c'est-à-dire pendant plus de quatre siècles :
tout se borne à un passage de Grégoire de
Tours, que nous avons déjà rapporté, et qui
nous apprend qu'au traité d'Andelot, la cité
de Labourd échut au roi Childebert. Du reste,
ce silence des chroniques n'a rien qui doive
étonner : quand elle avait à raconter les ra-
vages des Suèves, des Alains et des Van-
dales dans les deux Aquitaines et la Novempopulanie; la courte domination des Visigoths
sur ces mêmes contrées, suivie du joug into-
lérable des Franks mérovingiens; le réveil des
populations méridionales de la Gaule sous
l'impulsion guerrière des Vascons Espagnols,
et leur lutte héroïque contre la double menace des Germains au nord et des Arabes
au midi ; enfin, l'établissement de dynasties
gasconnes sur les deux versants pyrénéens :
l'histoire, on en conviendra, pouvait laisser
dans l'ombre et l'oubli la petite cité labourdine. Ce qui est certain, c'est qu'elle survécut aux désastres des invasions barbares,
et que les Normands la trouvèrent encore
debout.

Parmi les circonstances probables qui la préservèrent au milieu des périls de cette époque si féconde en catastrophes, on peut noter en premier lieu sa situation géographique. La ville, nous l'avons vu, ne se trouvait pas sur le parcours des grandes voies romaines ; or, c'est par ces voies solidement pavées que s'écoulèrent comme un torrent, avec leurs lourds chariots de guerre, ces nations, ces masses armées qui, successivement, franchirent les Pyrénées occidentales, soit, comme les Barbares et plus tard Charlemagne, pour se jeter sur l'Espagne; soit, comme les Vascons et les Sarrasins, pour envahir la Gaule : témoin le désastre de Roncevaux, qui prouve bien qu'à la fin du viiie siècle, la route de Bordeaux à Pampelune par Saint-Jean-pied-de-port était encore la route des expéditions militaires. Mais nous croyons que Bayonne dut beaucoup aussi à la politique de la maison princière qui, vers le règne de Dagobert (628 à 638), organisa le comté des Gascons au cœur même de la province novempopulane.

Dans le remarquable opuscule qu'il a

3

consacré à la réfutation de la trop fameuse charte d'Alaon, M. Rabanis, ancien doyen à la faculté des lettres de Bordeaux, met en pleine lumière un fait d'un haut intérêt pour l'explication de nos origines méridionales. Débrouillant le chaos d'événements contradictoires, incohérents, où s'était malheureusement égaré le savant et regretté Fauriel, à la poursuite de la famille imaginaire des Mérovingiens d'Aquitaine, il distingue les uns des autres, avec une rare sûreté de vues, les *Gascons* des Aquitains, et démontre que non-seulement ils différaient de race, mais encore qu'ils habitaient des régions différentes, séparées entre elles par la Garonne. Grâce à cette importante distinction, les affaires du midi se démêlent, et la politique de la maison princière dont nous venons d'indiquer l'existence, apparaît sous son vrai jour : politique d'audace et d'astuce, mobile, sans fidélité, mais qui tendit, ce semble, à maintenir *le comté des Gascons* dans une sphère d'action indépendante, libre surtout d'attaches forcées, soit avec les Aquitains, soit avec les autres provinces gallo-romaines.

C'est évidemment à ces princes qu'appartient l'honneur d'avoir soulevé contre l'ennemi commun toutes les populations du midi de la Gaule. Dans cette première phase (650 à 656), nous voyons l'un d'eux, nommé Lupus, accueillir les complices de saint Léger, combattre tour à tour en Septimanie les Goths, en Aquitaine les Franks, et planter son étendard victorieux sur les murailles de Limoges. Plus tard (740), quand la chute des fainéants Mérovingiens est consommée, l'ardeur conquérante des Gascons paraît s'attiédir; avec les intérêts, les sentiments ont probablement changé. Aussi, pendant que l'Aquitaine se débat dans le sang; pendant que ses chefs héroïques, les Hunald et les Waifer, tombent sous la hache germanique ou s'éloignent en fugitifs du sol natal, la paix fleurit en Gascogne, et son duc ou comte, un autre Lupus, est l'allié des Carolingiens. Ce Lupus a même la cruauté de livrer Hunald et sa famille (769) à Charlemagne, qui, par reconnaissance ou par raison d'état, appelle à la cour, où il le fait élever avec son propre fils, le futur héritier du comté de Gascogne, le

jeune Lupus Sanctio. Résultat étrange ! le
charme méridional opère , et le Gascon ,
qu'on prétendait germaniser, romanise le rude
Germain : à Paderborn, Louis paraît devant
l'empereur son père sous le vêtement gascon, avec le manteau court et rond , la casaque à manches bouffantes, les braies amples,
l'éperon aux bottines et le javelot à la main ;
il était venu suivi d'une troupe d'enfants de
son âge , tous vêtus comme lui. L'alliance
des pères est continuée par les enfants :
Lupus Sanctio (801) accompagne au siége de
Barcelonne Louis–le–Débonnaire, dont il fut
le menin, et dont il est devenu le sage conseiller. Après Lupus Sanctio , nouvelle
évolution politique des Gascons , évolution
nécessaire et légitime cette fois : leur nationalité est en péril. L'Aquitaine , désormais
domptée et soumise, ne les couvre plus ; les
voilà à la porte ces Franks ravageurs et pil-
lards, toujours aussi barbares que les Franks
de Clovis et de Dagobert ! Alors (810 à 850)
surgirent en Gascogne les Garsimirus, les Lupus Centhul, Garsendus, Asinarius, Sancho
Sancion, tous ces vaillants hommes de guerre

qui, après avoir combattu avec des chances diverses, finirent par soustraire la Gaule méridionale à l'action écrasante de la conquête germanique.

Nous regrettons que M. Rabanis n'ait pas cru devoir pousser plus loin sa clairvoyante investigation, et qu'après avoir si bien distingué les Aquitains des Gascons, il n'ait pas cherché à marquer les différences existant entre les Gascons eux-mêmes et les Basques, ces légitimes enfants des Eskualdunais Novempopulaniens, dont la civilisation romaine n'avait pu faire la conquête. N'a-t-il pas cédé sur ce point aux entraînements d'un système qui, sans être nouveau, n'a que trop d'autorité dans l'école moderne? Depuis quelques années, les Basques sont fort à la mode; cette petite population, isolée et perdue au fond des Pyrénées, longtemps ignorée de tous et qui s'ignorait plus encore elle-même, tout-à-coup la science s'en empare : c'est un précieux échantillon d'une race, d'une langue et d'une civilisation disparues, une sorte de curiosité historique! On l'étudie, on s'étonne! à l'étonnement succède l'admiration. L'Es-

kualdunais avait eu des jours d'éclat aux
temps de Carthage et de Rome ; un passé
aussi glorieux ne saurait satisfaire de fanati-
ques admirateurs : il leur faut plus de gloire
encore. C'est pourquoi, jaloux d'ajouter aux
palmes antiques des lauriers moins fanés,
ils s'efforcent de nous représenter le Basque
du moyen-âge plus jeune, plus vivant que
jamais, donnant le ton et l'action à tout le
midi de la Gaule.

Rien de plus fragile, rien de plus faux
qu'une pareille assertion, contre laquelle
protestent à la fois et l'humilité de la population basque actuelle, et les brillantes traditions de ses voisins immédiats les Gascons.
Il suffit, pour le démontrer, de donner le
vrai sens au mot *Vascon*, qui se rencontre
fréquemment dans les chroniques frankes. Par
Vascon faut-il entendre un Gascon ou un
Basque, c'est-à-dire un homme de langue
romane ou un homme de langue euskarienne?
Toute la question est là, et l'on a pu remarquer déjà que, pour notre part, nous n'avons
pas hésité à la trancher en faveur des Gascons.
Avons-nous eu tort?

Tout le monde s'accorde à reconnaître que, dans le courant du vi^e siècle, la Novempopulanie abandonna le nom romain qu'elle portait, pour prendre le nom d'une contrée espagnole, celui de *Vasconie*. D'après les savants auteurs de l'*Histoire du Languedoc*, qui s'étayent sur ce point d'un passage de Grégoire de Tours, ce furent des Vascons Espagnols, refoulés probablement par les Visigoths en deçà des Pyrénées, qui, ayant envahi la province novempopulane en 587, l'occupèrent en maîtres et lui imposèrent leur nom national. Fauriel ne partage pas l'opinion des Bénédictins dans toute sa rigueur; il ne croit ni à une invasion soudaine, ni à une conquête à jour fixe : il ne nie point toutefois que les Vascons Espagnols n'aient joué dans nos contrées un rôle qui avait quelque ressemblance avec celui de *conquérant*, et que leur ascendant n'ait contribué au changement de nom dont nous recherchons la cause historique. Nous pouvons donc affirmer en toute sûreté qu'à partir du vi^e siècle, la province novempopulane ne s'appela plus que *Vasconie*, et cela parce qu'à ce moment une

portion quelconque de la généreuse nation qui
jadis avait si noblement donné son cœur et
son sang à l'illustre Sertorius, était venue
apporter dans le sud-ouest de la Gaule un
élément dominateur. Or, il ne faut pas l'oublier,
les Vascons Espagnols avaient été initiés à la
vie romaine longtemps avant les Aquitaniens
de César. Du temps de Sertorius, la cité vas-
conne d'Osca possédait un vaste gymnase où
la jeunesse espagnole se pressait attentive et
studieuse, vêtue de la robe prétexte, portant
au cou la bulle d'or, au doigt l'anneau,
modelée en tout sur la jeunesse romaine [1].
Quintilien, le prince des rhéteurs, fils et
petit-fils de rhéteurs, n'était-il pas de Cala-
gurris, et par conséquent vascon? Enfin,
quand nous dirons que, sous le règne de Né-
ron, la Tarraconnaise comptait 179 villes,
dont 12 colonies, 13 municipes de citoyens
romains, 18 de droit latin, 1 ville fédérée
et 136 tributaires, il nous semble qu'il faut
vouloir fermer les yeux à l'évidence pour ne

---

[1] Amédée Thierry, *Histoire de la Gaule sous l'administration romaine*, introduction.

pas voir, dans la réunion armée des Vascons Espagnols et des Novempopulaniens, l'accord patriotique d'une même race, celle d'anciens Ibères, d'anciens Eskualdunais, nous l'admettons, mais d'Eskualdunais devenus Romains ; et dans leurs luttes contre les Franks, l'effort suprême des derniers représentants de la société romaine. Nous avons, d'ailleurs, cité tout à l'heure les noms des princes gascons dont les états s'étendaient des Pyrénées à la Garonne : est-ce à la langue *eskuara* que sont empruntés les noms de *Lupus, Asinarius, Gratianus, Rexmirus ?* ne faut-il pas plutôt reconnaître dans ceux qui les employaient des Romains ou des hommes de langue romane ?

La malheureuse confusion contre laquelle nous essayons de lutter vient de haut et de loin : elle provient, il faut le dire, des grands chroniqueurs franks. Pour eux, un moment, la Vasconie commença à la rive gauche de la Loire ; plus tard, ils appelèrent *Vascon* quiconque habitait au midi de la Garonne : erreurs qui ne prouvent qu'une chose, c'est que ces contrées et les races diverses qui s'y

trouvaient leur étaient à peu près inconnues.
Mais si, de même qu'ils avaient confondu
d'abord les Aquitains et les Gascons, ils ont
ensuite confondu les Gascons et les Basques,
de modestes hagiographes ont su, à côté
d'eux, faire la différence, ou du moins per-
mettent de la faire. Saint Ouën, archevêque de
Rouen, qui écrivait en 640, nous apprend
que Dagobert triompha de toutes les nations
de la Gaule, même des Basques (*ferocissimis
etiam Vaccœis* [1]); un contemporain de saint
Ouën, le biographe de saint Amand, raconte
« qu'à son retour dans la communauté où il
« exerçait les fonctions d'abbé, le saint, ayant
« appris de ses frères que, dans le pays
« *appelé anciennement Vaccœia et maintenant
« Vasconia,* vivait éparse çà et là, au sein
« des gorges sauvages et inaccessibles des
« Pyrénées, une nation livrée aux augures et
« adoratrice des idoles, eut pitié d'elle, la vi-
« sita, et par ses efforts parvint à la ramener du
« service du diable au culte du vrai Dieu [2]; »

---

[1] Duchesne. — *Hist. Francorum script. coet.*, tome 1,
p. 631.

[2] Idem, p. 647.

enfin, le chroniqueur espagnol Isidore de Ba-
dajoz (750) fait passer l'armée d'Abderraman à
travers les montagnes des Basques (*Vaccæorum
montana*) pour envahir le Béarn[1]. Du reste,
ces textes isolés reçoivent de la tradition une
vive lumière : au xiie siècle, comme au temps
de Dagobert, le mot *Vaccæus* s'appliquait à
ceux que nous appelons *Basques*. On le retrouve
avec cette signification dans le cartulaire de
Sordes, antique monastère qui s'élevait sur
l'extrême limite du pays basque (Basse-Navarre et Soule), dont il n'était séparé que par
le gave d'Oloron. On voit par divers actes
qu'autour du monastère, dans les plaines
de Lannes par exemple, c'est-à-dire en
Gascogne (*Vasconia*), être pillé ou assassiné
par des Basques (*Vaccæis*) n'était pas un
accident fort rare. — Ainsi, le nom latin propre aux *Basques* est celui de *Vaccæi;* traduisons
donc hardiment *Vascones* par *Gascons;* consi-
dérons surtout les Gascons comme les ancêtres
des troubadours, et n'oublions point que
l'idiome qu'ils parlaient fut l'une des sources
originales de la poétique langue d'oc.

[1] Idem. p. 786.

La race eskualdunaise mérite assurément
une bonne partie de l'attention dont elle est
l'objet ; qu'on l'étudie comme Champollion
a étudié l'Egypte des Pharaons ; qu'on l'étudie dans sa langue, son alphabet, ses mon-
naies, sa vieille législation coutumière, sur
les traces savantes de Humboldt, de Chaho
et Antoine d'Abbadie, de Darrigol, de
Boudard, de Baudrimont, de Laferrière :
mais, hors de ce domaine prudemment circon-
scrit, il n'y a plus qu'erreur et déception !
Nous avons dit comment les Basques furent
acculés à la mer par la civilisation romaine,
et enveloppés du côté de l'Espagne, aussi bien
que du côté de la Gaule, d'une sorte de
muraille vivante : étrangers dès lors à toutes
les passions extérieures, à tous les mouvements d'expansion ou de résistance de leurs
voisins les Gascons, ou n'y prenant part que
d'une manière tout à fait subordonnée, tels
ils étaient au siècle d'Auguste, tels nous les
retrouverons au sortir des ténèbres du moyen-
âge.

Pendant leur lutte contre Charles-le-
Chauve, le plus affreux des malheurs vint

fondre sur les Gascons : battue par la tempête,
une flotte normande pénètre dans l'Adour et
s'empare de Bayonne. De là, ces terribles
pirates se répandent jusqu'aux extrémités de
la Gascogne ; partout le sang coule à flots,
tout le pays est en flammes. Il faudra plus
de deux siècles pour que les cités dont s'enor-
gueillissait naguère le comté de Vasconie se
relèvent de leurs ruines ; de l'une d'elles, de
Beneharnum, les ruines même auront disparu : le nom seul en survivra dans l'histoire !
Le comte qui gouvernait alors les Gascons,
Sanche Sanchez (*Sanctius Sanctii*), ne parait
pas avoir tenté de s'opposer aux courses des
Normands ; quelque temps auparavant, à
l'approche de Charles-le-Chauve, contre lequel
il guerroyait, il s'était replié dans la direction de la Basse-Navarre, et solidement établi au pied des Pyrénées, sur la voie romaine
de Dax à Pampelune : renouvelant ainsi, à
quatre siècles de distance, la courageuse tacti-
que des frères Didyme et Véranien, lorsqu'ils
arrêtèrent le flot des premières invasions
germaniques. Saint Euloge de Cordoue, dans
la lettre qu'il écrivit à Guillesinde, évêque

de Pampelune, le 24 novembre 851, rappelle en effet, parmi les épisodes de son voyage en Navarre, qu'il n'avait pu aller plus loin parce que « le comte Sanche Sanchez avait « soulevé contre le roi Charles toute la par-« tie de la Gaule chevelue qui touche aux « terres de Zubiri. » En voyant la manœuvre du prince gascon, on dirait qu'il avait déjà le pressentiment des grandeurs qu'un prochain avenir réservait à sa maison, et qu'il retournait au berceau de ses pères pour redemander à la terre nourricière de leur vaillante race, les mâles vertus d'un rajeunissement.

C'est, en effet, au temps de Sanche Sanchez que remonte l'érection simultanée du royaume de Navarre et du célèbre duché de Gascogne, et nous inclinons à penser que ce prince ne fut pas étranger à cet événement si important. Oihénart avait remarqué que les deux maisons navarraise et gasconne faisaient usage du même sceau, et portaient les mêmes noms patronymiques : il en a conclu sans hésitation, rapprochant ce fait de quelques autres circonstances, que les nou-

veaux ducs de Gascogne étaient issus des
rois de Navarre ; l'analogie des noms l'a
conduit encore à penser (mais nous croyons
qu'en cela il s'est trompé) que les rois de Navarre eux-mêmes descendaient de la famille
vicomtale de Baïgorri en Basse-Navarre, et
non, comme l'avait prétendu Rodéric de
Tolède, des comtes de Bigorre. Malgré quelques légères divergences dans les détails,
les opinions d'Oihénart, comme celles de
Rodéric, s'ajustent d'ailleurs parfaitement,
dans leur physionomie générale, aux traditions
espagnole et française : car, si au delà des
Pyrénées, les plus vieux historiens font venir
de Gascogne le premier roi navarrais, il
est admis en deçà des Pyrénées que les Gascons
demandèrent leur premier duc à la Navarre.
On doit dès lors tenir pour certain qu'au
IXᵉ siècle, le premier roi de Navarre sortit
de la Gascogne, et qu'un de ses parents, fils,
frère ou neveu, devint en même temps duc
des Gascons. L'idée fondamentale de ce système historique étant admise, nous sera-t-il
permis, sous le patronage de l'historien des
deux Vasconies et à l'aide du même procédé,

de nous engager plus avant dans la voie féconde où il a laissé l'ineffaçable empreinte de
ses pas ? Ces noms patronymiques de *Lop,
Garcia, Sanche* et *Ramire,* qu'il signale à la
fois au xe siècle dans les maisons de Navarre
et de Gascogne, et sur lesquels il fonde la
parenté des deux familles, une antique race
nous les avait déjà fait connaitre : celle des
comtes gascons, celle-là même dont Sanche,
Sanchez parait être le dernier rejeton ou
représentant. N'y a-t-il pas là comme un trait
de lumière, et ne peut-on point, par Sanche
Sanchez ou par quelqu'un de ses proches,
rattacher aux anciens comtes des Gascons,
comme à un tronc commun, la famille
illustre dont une branche fut élevée sur
le pavois des Navarrais, pendant que l'autre
ceignit la couronne de Gascogne; vraie couronne de roi, souverainement portée par la
grâce de Dieu? De cette façon, il serait vrai
de dire que nos contrées, loin de changer
de maitres au ixe siècle, comme quelques-
uns l'ont présumé, continuèrent à vivre sous
la même race des Vascons conquérants, à
qui elles avaient dù la conservation de leur
vieille nationalité.

Le premier *duc* héréditaire de Gascogne,
Sanche Mitarra, réorganisa ses états militaire-
ment, afin d'opposer une force permanente
aux attaques incessantes des Normands : l'ancien comté des Gascons devint une dépendance
du nouveau duché; chaque cité, avec le
territoire qui en ressortissait, demeura
soumise à l'autorité d'un capitaine ou vicomte.
Bayonne, Dax, Oloron, etc., eurent des
vicomtes, qui obéissaient, soit à un comte des
Gascons, lieutenant du duc de Gascogne, soit
directement au duc lui-même : commande-
ments secondaires, d'abord exercés par des
officiers amovibles, qui bientôt se transformè-
rent en fiefs transmissibles d'après les règles
du droit féodal. Telle est l'origine des familles
vicomtales de nos contrées. En parcourant
dans Oïhénart les tables généalogiques de
toutes ces familles, dont les chefs primitifs
portent invariablement les noms de *Lob, Lop*
ou *Lupus; Garsie, Garcia* ou *Gratianus; Aner,
Aznar* ou *Asinarius; Sanz, Sanchez* ou *Sanctius;
Fort, Fortun* ou *Fortunius; Lobaner, Lupaner*
ou *Lupus Asinarii; Fortaner* ou *Fortunius Asinarii,* etc., etc., il est encore facile de constater

que les fondateurs des maisons de **Dax**, de Marsan, de Labourd, de Baïgorri, d'Oloron, de Béarn, d'Astarac, de Bigorre, d'Aire, de Lavedan. d'Orte, d'Aure, sortaient, comme la dynastie ducale elle-même, de la race nationale des Gascons navarrais.

Quoi qu'on pense de la féodalité, on ne peut s'empêcher de reconnaître qu'un pays aussi profondément atteint que le nôtre n'avait pas grand'chose à attendre d'un régime bon, si l'on veut, comme cadre d'organisation militaire, mais bien peu fait pour relever les âmes. Or, veut-on savoir à quel degré d'abaissement était tombée la Gascogne à la suite des diverses incursions des Normands, et comment se comportait la noblesse au sein des villes ruinées et des populations décimées par ces redoutables envahisseurs ? Ecoutons Depping, dans son *Histoire des expéditions maritimes des Normands* : « La fuite des pasteurs « des villages fut générale. . . . Ce fut un mal- « heur pour le peuple. Il est vrai que les « prêtres ne donnaient pas toujours l'exemple « des bonnes mœurs : plus de vingt conciles « leur avaient défendu de vivre avec des

« concubines , de s'adonner à l'usure, de
« faire des gains illicites ; cependant ils
« étaient les seuls instituteurs, les consola-
« teurs et les appuis de leurs paroissiens. Ils
« avaient la mission expresse d'accueillir avec
« charité les orphelins, les voyageurs et les
« pauvres; seuls , ils rappelaient les hommes
« grossiers à leur destination sublime , con-
« damnant aux pénitences publiques les pé-
« cheurs qui scandalisaient la communauté
« par leurs vices. Aussi leur fuite favorisait
« le désordre dans les campagnes. Combien
« de petites communautés en France ont dû
« tomber dans l'abrutissement par suite de la
« disparution des curés! En Gascogne comme
« ailleurs, les liens sociaux se relâchèrent :
« les parents s'alliaient entr'eux ; le bruit de
« mariages incestueux parvint même jusqu'à
« Rome, et le pape jugea nécessaire d'appeler
« sur ces alliances illicites l'attention des
« évêques qui étaient demeurés. Les seigneurs
« s'emparaient des dîmes que le clergé absent
« ne recueillait plus, et en accroissaient les
« redevances féodales imposées aux campa-
« gnes. Il y en eut qui , à la tête de bandes

« armées, surprirent les évèques, pillèrent
« et profanèrent les églises, et les laissèrent
« dans un état à faire croire que les Normands
« avaient passé par le pays. » Ainsi, livrée
toute saignante encore à des maitres avides
et sans frein, la malheureuse Gascogne se
traina démoralisée et meurtrie à travers ce
terrible dixième siècle, témoin de tous les
fléaux qui peuvent affliger l'humanité, de
guerres impitoyables, de pestes qui mettaient
la population en coupes réglées, d'affreuses
famines où l'on mangeait de la chair humaine;
sans compter les longues épouvantes durant
lesquelles on croyait entendre à chaque instant, au milieu des éclats du tonnerre, le son
de la trompette du jugement dernier. D'après
une croyance généralement répandue, le
monde devait finir avec l'année 999; on ne
bâtissait plus, on n'amassait plus : pourquoi
amasser et bâtir? chacun attendait, dans une
morne immobilité, la catastrophe suprême.
Aussi, quand le premier soleil de l'an 1000
vint, comme d'habitude, éclairer des vivants,
un cri de joie et de reconnaissance s'échappa
de toutes les poitrines; la vie, un moment

suspendue, reprit son cours avec une énergie nouvelle ; l'activité s'empara de tous les bras : « Presque toutes les basiliques, dit un con- « temporain, furent renouvelées.... Il sem- « blait que l'univers, d'un même accord, « avait secoué les haillons de son antiquité, « pour revêtir la robe blanche des églises[1]. »

Il est probable que la Gascogne ne demeura pas absolument étrangère au sentiment de ferveur exaltée qui, partout ailleurs, préci- pitait les masses au pied des autels, et les plaçait du même coup sous l'ascendant immé- diat du clergé : mais ici les prêtres et religieux, trop semblables aux misérables serfs au mi- lieu desquels ils vivaient ignorants et énervés, se trouvèrent dans l'impossibilité matérielle d'utiliser sur l'heure des conjonctures si éminemment favorables au développement de l'influence cléricale. Depuis les descentes des Normands, les évêchés de Dax, Aire, Lectoure, Oloron, Lescar, Bazas et Labourd, étaient privés de leurs pasteurs. Un Gombaut (977), frère du célèbre duc de Gascogne

[1] Raoul Glaber.

Guillaume Sanche, le restaurateur des monastères de la Réole, Sordes et Saint-Sever, avait bien fait mine de les administrer tous à la fois, avec la qualité d'*évêque des Gascons ;* en réalité, ce semblant d'évêque n'avait coiffé la mitre que pour recueillir plus facilement ce qui, des anciennes redevances épiscopales, avait pu, dans les différentes localités, échapper à la rapacité des vicomtes ; au reste, l'exemple paraissant bon, le titre d'*évêque des Gascons,* après avoir passé de Gombaut à Arsius (980 à 1000), prélat moins mondain, avait fini par échoir à un certain Raymond-le-Vieux.

Heureusement pour le salut de la Gascogne, un homme se rencontra doué d'un grand esprit et d'une grande volonté, qui parvint à remuer nos populations inertes et à les entraîner dans le mouvement religieux de l'Europe entière : ce fut l'archevêque Austinde. Lorsqu'en 1054, il fut appelé au siége de la métropole, le duché des Gascons traversait une crise dont les premières causes remontaient déjà à une trentaine d'années. Le duc Sanche, Guilhem, deuxième fils de Guilhem Sanche,

trop faible pour ramener au devoir féodal
des vassaux insolents, avait invoqué l'appui
de son parent Sanche-le-Grand, roi de Navarre. L'appui avait coûté cher : non content
de s'être fait adjuger des terres de l'évêché
de Labourd, entr'autres les vallées de Cize,
qui servirent à former, en deçà des Pyrénées,
la *merindad* connue plus tard sous le nom de
Basse-Navarre, le royal protecteur avait obtenu une indépendance à peu près complète
pour le vicomte de Béarn, jusqu'alors vassal
des ducs de Gascogne, et qui ne devint souverain que pour mieux s'asservir à la dynastie
espagnole. Sanche Guilhem étant mort sans
enfants, le duché fut annexé au comté de
de Poitiers, dont le titulaire, Eudes, était
par sa mère petit-fils de Guilhem Sanche, et
par conséquent neveu du dernier duc. Eudes
ne survécut que fort peu de temps à son
oncle; et comme lui non plus ne laissait pas
de descendants, son frère consanguin, Guy
Jauffre, mêlant les droits douteux avec les
droits légitimes et les couvrant tous du manteau de la force, s'empara de tout l'héritage
fraternel, du duché de Gascogne aussi bien

que du comté de Poitiers. Vainement deux
princes de race navarraise, Centolh, vicomte
de Béarn, et Bernat Tumapaler, comte d'Armagnac, essayèrent de contester à l'étranger
les droits qu'il s'arrogeait sur la Gascogne;
pendant que Bernat succombait en bataille
rangée, Centolh prêtait l'oreille à des pro-
positions, et faisait consacrer par traité l'indépendance absolue de ses états.

Cette prise de possession violente, cette
substitution par les armes d'une dynastie
poitevine aux princes de la race nationale,
avaient jeté dans le trouble et l'anxiété une
partie de la noblesse gasconne, celle-là surtout qui, bordant la frontière, était déjà tra-
vaillée par les intrigues de la Navarre, dont
l'ascendant sur l'extrême sud-ouest de la France
deviendra chaque jour plus visible et plus
marqué. La plupart des vicomtes et damoiseaux labourdins, souletins, etc., que la
faiblesse de leurs derniers ducs avait dés-
habitués de toute sujétion, se montraient
peu enclins à plier sous le joug d'un suzerain
véritable comme Guy Jauffre; et puis, maître
pour maître, s'il en fallait subir un, le Na-

varrais n'était-il point, pour des Gascons, préférable au Poitevin?

Au milieu de cette agitation des esprits, Austinde jugea l'occasion opportune pour mettre à exécution, dans la province d'Auch, le plan de restauration théocratique que l'illustre Hildebrand (Grégoire VII) venait de faire prévaloir dans les conseils de la Papauté. La grosse difficulté, c'était la revendication des biens de l'Église; presque tous ces biens se trouvaient confondus dans le patrimoine des familles seigneuriales; une prescription plus que séculaire, des transmissions régulières par voie d'hérédité ou de mariage, couvraient leur jouissance d'une apparence de légitimité. Pour Austinde, l'œuvre était plus difficile encore : les moyens d'action lui manquaient. Il n'avait pas, on le sait, de clergé digne de ce nom; aussi est-ce de ce côté que se tournèrent ses premiers efforts. Débutant par un coup de vigueur, il obtient du pape la déposition de ce Raymond-le-Vieux qui, à l'exemple de Gombaut et d'Arsius, possédait tous les évêchés de l'ancien comté des Gascons. A peine déposé, Raymond-le-

Vieux est relégué à Lescar ; son neveu, Raymond-le-Jeune, le remplace à Bazas, Etienne
à Oloron, Pierre à Aire, Jean à Lectoure et
Macaire à Dax. Restait le diocèse de Bayonne ;
Raymond-le-Jeune, à la prière d'Austinde,
consent à l'administrer provisoirement. Ce
qu'il y fit, une charte émanée de lui, et trans-
crite au *Livre d'or,* va nous l'apprendre : grâce
à ce document, nous allons enfin sortir des
généralités historiques, des hypothèses plus
ou moins fondées, et entrevoir un petit coin
du tableau des mœurs locales.

CHAPITRE III

1056 à 1120

Raymond-le-Jeune arrive à Bayonne. — Fortun Sanz, vicomte de Labourd, possède tout le temporel des églises. — Assemblée synodale. — Le vicomte restitue la cathédrale et les quarts décimaux. — Restauration de la cathédrale Sainte-Marie de Labourd. — Charte d'Arsius. — Guillaume évêque de Bayonne. — Son successeur est Bernard d'Astarac ou de Sainte-Christie. — Guilhem de Montaut, archevêque d'Auch, vient à Bayonne. — Remire, fils du vicomte de Labourd, entre dans les ordres. — Forto ou Fortin, vicomte de Labourd, donne à l'évêque de Bayonne la moitié de la ville et la dîme du port. — Donation faite par Sanche Garcia, vicomte de Labourd, à l'abbé de Sordes de la redevance du port d'Urt. — Pêche de l'esturgeon dans l'Adour. — Visite pastorale de l'archevêque d'Auch Raymond de Fézensac. — Duels judiciaires. — Le vicomte de Baztan donne l'église de Maya à la cathédrale. — Premier partage des revenus diocésains entre l'évêque et les chanoines. — Bernard d'Astarac prend la croix, et va faire la guerre en Aragon. — Bulle de Pascal II. — Prise de Saragosse. — Promotion de Bernard d'Astarac au siége métropolitain d'Auch.

Raymond de Bazas, dit *le Jeune* pour le distinguer de son oncle Raymond – le – Vieux, trouva l'Eglise de Bayonne descendue au plus

bas; partout, dans le diocèse, le temporel
clérical était tombé aux mains du pouvoir
laïque. C'est ainsi que le vicomte de Labourd
Fortun Sanz et son frère Lop Sanz, dont le
nom rappelle le compagnon favori de Louis-
le-Débonnaire (*Lupus Sanctio*), possédaient,
par suite d'hérédité sans doute, non-seulement la cathédrale avec les biens et droits de
toute nature qui en avaient autrefois dépendu,
mais encore les églises paroissiales de Saint-
Jean-de-Luz et d'Urrugne; d'autres barons
labourdins, vassaux du vicomte, jouissaient
également des chapellenies ou autels (*altaria*)
de leur village, avec la qualité de *abat* en pays
gascon (abbé laïque, s'entend), et de *auza-
peza* (voisin prêtre) dans le pays basque. A
côté du seigneur féodal, vicomte ou abbé,
le prêtre n'apparaissait plus que comme un
fonctionnaire domestique délégué au service
divin : parfois le seigneur daignait se charger
personnellement de la besogne; on le voyait
alors baptiser, confesser, marier, enterrer,
dire la messe, au même titre qu'il jugeait,
condamnait et surtout dîmait, sans que l'exercice du sacerdoce eût la puissance de l'enlever

aux habitudes abrutissantes de la chasse, de la table et d'une débauche effrénée. Que pouvait être le peuple au milieu de toute cette barbarie?

En soi, il faut le dire, la cathédrale de Labourd ne constituait guère un enviable apanage. Elle était fort ancienne, et paraissait avoir été consacrée sous le vocable de la Bienheureuse Vierge Marie; mais, ravagée et ruinée en des temps déjà fort reculés, elle ne présentait plus, lorsque l'évêque de Bazas la visita pour la première fois, qu'un triste amas de décombres. Moins maltraité que le reste de l'édifice, le cloître était encore habitable; il servait d'asile à quelques clercs menant la vie canonique, c'est-à-dire conventuelle. Raymond-le-Jeune s'empressa de réunir autour de lui ces pauvres prêtres, noyau du futur chapitre; il convoqua également les abbés *réguliers* du diocèse et les laïques les plus recommandables parmi les fidèles. On s'entretint des vices et des malheurs du temps, des habitudes criminelles dans lesquelles croupissait le peuple abandonné et sans foi, de l'usurpation sacrilége des biens d'église. Des mesures furent prises, tendant à assurer la conservation des offrandes (*exemia*) destinées au culte; puis, sous forme d'enquête, on entendit les hommes les plus âgés de la ville, afin de constater, par un titre sérieux, que si la famille vicomtale était en possession de l'entier domaine de Sainte-Marie, ce n'était là qu'une possession de fait, entachée de précarité, et, dans tous les cas, impuissante à prévaloir contre les droits imprescriptibles du clergé. Un complet succès couronna les délibérations de cette espèce de synode: « grâce « à Celui qui tient dans sa main le cœur des « Rois, » Fortun Sanz et Lop restituèrent de leur plein gré la cathédrale avec ses appartenances, depuis la porte orientale jusqu'à la porte Saint-Léon, et aussi les quarts décimaux des autres églises de la vicomté. L'acte de restitution [1] eut pour principaux témoins Fort Sanctius, Anegalinus, Lupus Anerius, Sanctius Fort, Garsianer, Rexmirus, etc., tous probablement enfants ou proches parents des donateurs. Quant à Fort Sanz et Rexmire,

---

[1] *Livre d'or.* p. 3. (*Voir aux pièces justificatives.*)

ce n'est pas douteux, ils étaient bien fils du vicomte ; le premier succéda à son père, avec lequel, d'après nous, Oihénart a eu le tort de le confondre, tandis que le second entra dans les ordres.

Encouragé par la faveur dont il venait d'être l'objet et plus dévoué que jamais, Raymond-le-Jeune, ayant dû aller à Rome (1059) pour assister à un concile de Latran, conçut le projet d'intéresser le Saint-Père à la ré-édification de l'Eglise-mère de Labourd ; il en parla à Nicolas II, reçut de lui des encouragements, même de l'argent, et revint à Bayonne tout plein de sa généreuse entreprise. A la voix du Pontife, accoururent avec ferveur les rares artisans du pays capables de manier la hache ou la truelle ; le bon vouloir tint lieu d'habileté, et bientôt la cathédrale, dégagée des ruines qui la déshonoraient depuis plus de deux siècles, s'ouvrit de nouveau à la prière, mais non pas encore sous les formes pures et sobrement ornées que l'art gothique saura lui donner plus tard. A chaque génération son œuvre ! réparer des murs lézardés, relever un toit effondré,

effacer, dans la mesure du possible, les injures
que le temps et les Normands avaient fait
subir à la vieille basilique : telle fut là part
de Raymond ; part modeste assurément, si
l'on oubliait qu'il donna le premier essor
à une population dégradée, qu'il l'émut et
l'éleva à la foi chrétienne : ce qui vaut certes
la gloire d'avoir entassé des montagnes de
pierres, fût-ce dans la plus belle ordonnance
architecturale.

Nous regrettons que Raymond-le-Jeune
n'ait pas eu souci de consacrer le souvenir
des liaisons que nécessairement il forma avec
les autres seigneurs féodaux diocésains de
Sainte-Marie. Imitèrent-ils, dans leur libéralité envers l'Eglise, Fortun et Lop Sanz? D'a-
près la charte que paraît avoir rédigée vers
l'année 983 cet Arsius qui remplaça Gombaut comme évèque des Gascons, le diocèse
de Labourd comprenait, outre la vicomté,
que par parenthèse la charte ne mentionne
pas, la vallée de Cize jusqu'à la croix de
Charles, la vallée de Baïgorri, la vallée d'Arberoue, la vallée d'Orsais, la vallée de Baztan
jusqu'au milieu du port de Velate, la vallée

de Lerin, la terre d'Hernani et de San Sebastian de Guipuzcoa jusqu'à Santa Maria de
Arosth et San Adrian [1]. Ces divers territoires appartenaient, avec leurs églises particulières, à des familles vicomtales parfaitement
distinctes de celle de Labourd ; nous n'en
connaissons que trois et encore assez mal : ce
sont les maisons de Baïgorri, Baztan et Arberoue. Oihénart reproduit notamment un
acte où il est question « d'un vicomte de
« Baïgorri, Lop Eneco, qui, avec le consen-
« tement de Condesse, son épouse, et de son
« fils Garcia, fit donation à l'hôpital Saint-
« Nicolas d'Arembels, proche d'Ostabat, d'une
« rente annuelle de cent sols de Morlaas à
« prélever sur les revenus de la terre d'Osta-
« baret, *Raymond étant évêque de Bayonne* »[2].
La donation d'Eneco n'autorise-t-elle pas à
présumer qu'à l'extrémité du diocèse, aussi
bien qu'à Bayonne, de pacifiques victoires
avaient récompensé les efforts de l'heureux
auxiliaire d'Austinde dans la croisade en-

---

[1] *Livre d'or*, p. 1. *(Voir aux pièces justificatives.)*
[2] Oihénart : *Not. utr. Vasconiæ*, p. 250.

gagée sur tous les points de la Gascogne en faveur du temporel ecclésiastique?

Avant de regagner Bazas, dont il demeura l'évêque jusqu'à la fin de sa carrière, Raymond-le-Jeune fit procéder canoniquement à l'élection du titulaire définitif du siége de Labourd. L'élu fut un certain Guillaume, entre les mains duquel Fortaner et Auria sa femme, seigneur et dame d'Orkeiem (petit village de la Haute-Navarre), donnèrent la moitié de la dîme de ce lieu à Sainte-Marie de Bayonne ; en reconnaissance de quoi, les chanoines de la cathédrale les admirent à tout jamais au bénéfice de leurs prières commémoratives [1].

De ce Guillaume on ne sait pas autre chose; mais s'il n'a pas fait grand bruit, il n'en est pas de même de celui qui le remplaça, en Bernat d'Astarac ou de Sainte-Christie, l'un des plus brillants prélats de l'Eglise de Bayonne. Bernard sortait de la noble et puissante maison d'Astarac; fort jeune, renonçant au monde, il était entré à l'abbaye

---

[1] *Livre d'or*. p. 5.

d'Aleth, en Provence, pour recevoir, sous la règle austère de saint Benoit, les hauts enseignements du sacerdoce. Guillaume de Montaut, le digne continuateur d'Austinde, attacha d'abord le moine grand seigneur à la métropole d'Auch en qualité de vicaire-général[1] : c'était lui ouvrir le chemin de l'épiscopat. Selon le droit religieux et politique du moyen-âge, l'élection régulière d'un évêque devait comprendre trois actes différents : 1° l'élection par le clergé et le peuple, 2° l'ordination par les évêques comprovinciaux, 3° l'investiture féodale par le souverain duquel relevait le domaine épiscopal ; mais *droit* et *moyen-âge* sont des mots d'une fort douteuse harmonie. Bernard devint-il évêque de Labourd par la filière de la règle canonique? Nous l'ignorons : on peut admettre cependant qu'avant l'élection, il s'était fait connaître des chanoines labourdins dans quelque tournée pastorale, par exemple en 1085, lorsqu'il accompagna l'archevêque d'Auch au synode qu'ouvrit à Pampelune l'évêque de cette ville don Pedro

[1] Monlezun, *Hist. de la Gascogne*, tom. II. p. 108.

de Roda, et dans lequel on décida que les chanoines pampelonais seraient soumis à la règle de saint Augustin. La présence de Guillaume de Montaut à Bayonne est d'ailleurs attestée par plusieurs actes du *Livre d'or,* qui se rapportent à une cérémonie d'ordination accomplie devant lui, et où figura Remire Sanz, fils du vicomte Fortun : « Moi R. Sanz, « ainsi s'exprime l'un de ces actes, je me suis « offert à Dieu et à Sainte-Marie, en présence « du seigneur Guillaume, archevêque d'Auch; « et mon père, le vicomte Fortun Sanz, a « donné pour moi l'église de Saint-Vincent « d'Urrugne, ainsi que le verger situé (à « Bayonne) sous le mur de ville contre l'église « Sainte-Marie, lequel s'étend jusqu'à la « porte et rue qui conduisent au port [1]. » Chacun des autres nouveaux clercs fit, comme Remire, une offrande à la cathédrale : tel donna une prairie, tel autre un verger ou des terres labourables; l'un d'eux offrit même un missel, *librum quod dicitur diurnale* [2].

[1] *Livre d'or,* p. 8.

[2] *Livre d'or,* p. 8.

Quoi qu'on pense de nos hypothèses sur les circonstances particulières de la promotion de Bernard, il est toujours certain qu'il monta sur le trône épiscopal de Labourd du vivant de Guillaume de Montaut, entre les années 1090 et 1096. Conquérir les bonnes grâces de la famille vicomtale fut pour lui l'affaire d'un jour; et comment en eût-il été autrement? Qu'on songe à l'ascendant que devait naturellement exercer sur l'esprit de ces gens-là, un homme de la trempe de Bernard, chez lequel la dignité épiscopale empruntait un éclat nouveau à tous les prestiges de la naissance et du talent. Fidèle à de pieuses traditions, et jaloux d'entourer la mitre de toutes les garanties de la puissance temporelle, le vicomte Forto ou Fortin, qui depuis quelque temps déjà avait succédé à Fortun Sanz, son père, n'hésita pas à donner à Sainte-Marie « la terre de la moitié de la cité (*mediœ civi-* « *tatis terram*), depuis la porte du Midi jus- « qu'à celle qui conduit au port, en présence « et avec le témoignage de Fort Fortun, Garsia « Fortun, Fortun Garsic, principaux mem- « bres de la famille [1]. »

[1] *Livre d'or*, p. 9.

Rien ne pouvait surpasser en importance morale une pareille libéralité : la donation était faite sans réserve aucune ; c'était donc le droit de propriété, dans toute sa plénitude, qui était délégué ; le domaine direct comme le domaine utile ; la justice et la censive, comme les fruits naturels et civils. Désormais, voilà l'évêque maître et seigneur de la moitié de Bayonne avec les mêmes attributs d'honneur, les mêmes droits fonciers que le vicomte lui-même ; le voilà féodalement son égal !

Bientôt après, Fortin Sanz et son gendre, Sancius Garcia, concédèrent encore « à Dieu « et à Sainte-Marie la dîme du port de « Bayonne et de tout péage [1]. » Cette seconde donation, qui confirmait, en l'accroissant, la seigneurie attribuée à la mitre, mérite d'être signalée à un autre point de vue. A quel titre Sanche Garcia intervenait-il dans la cession d'un droit essentiellement seigneurial, et qui, par conséquent, était, de sa nature, propre, personnel au vicomte ? Faut-il en induire que Fortin Sanz, arrivé à la vieillesse, avait

[1] *Livre d'or*, p. 9.

sollicité l'appui d'un gendre intelligent et dévoué, et l'avait associé au gouvernement de la vicomté ? ou bien n'était-ce que l'application, étendue au domaine noble, de la coutume de Labourd, en vertu de laquelle les *maîtres jeunes* (le premier né, fils ou fille, sans distinction de sexe, et son conjoint) vivaient avec les *maîtres vieux* dans une sorte de co-propriété de tous les biens du ménage ? L'une et l'autre hypothèse nous semblent également acceptables, d'autant que Fortin Sanz ne tarda pas à succomber, et qu'à sa mort, notre Sancius Garcia, mari de Regina Tota, fille du défunt, devint vicomte de Labourd.

Le cartulaire de Sordes[1], d'où nous tirons ces derniers détails, rapporte un trait assez intéressant du vicomte Sancius Garcia : il avait eu un duel en Navarre et en était sorti vainqueur ; afin de remercier Dieu de la victoire qu'il venait de remporter, il se rendit au

[1] L'heureux propriétaire du cartulaire de Sordes, M. l'abbé Lugat, curé de Hastingues, nous l'a communiqué avec le plus gracieux abandon, et nous sommes heureux de lui offrir ici le témoignage public de notre reconnaissance.

monastère de Sordes avec sa femme, Reginetote (*Reinette, petite Reine*), et tous deux
y firent don à l'abbé de la redevance que
leur payaient annuellement les pêcheurs du
port d'Urt , village sur l'Adour dépendant
de la vicomté : la redevance consistait dans le
lard du premier esturgeon capturé chaque
année à l ouverture de la campagne (*lardum
primi creag*). Pendant le moyen-âge, l'esturgeon a joui d'une grande faveur ; en Angleterre on le prisait tant , que le roi s'en
était exclusivement réservé la pêche. Moins
exigeants que les rois anglais , les vicomtes
de Labourd , on le voit, ne demandaient aux
gens d'Urt qu'un seul créac , le premier qu'ils
prendraient chaque année ; peut-être aussi
n'étaient-ils si modérés dans leurs exigences
que parce qu'ils goûtaient peu ce gros animal
huileux et chárnu , inférieur de tous points
en délicatesse aux mille autres espèces de
poissons qui peuplaient alors les eaux de
l'Adour. Peu de fleuves furent, en effet, plus
riches : aussi les riverains s'y adonnaient-ils
avec beaucoup d'ardeur à une industrie qui
était pour eux la plus certaine source

profits, malgré la part faite au seigneur du port d'embarquement, lequel avait droit, d'après un usage à peu près général, aux premier et quatrième poissons amenés chaque jour par tout filet mis à l'eau.

Bernard d'Astarac fut honoré, vers l'année 1096 ou 1097, de la visite de Raymond de Fezensac, successeur de Guillaume de Montaut au siège métropolitain. En présence du nouvel archevêque, un clerc du diocèse de Bayonne, nommé Guilhem, prononça des vœux comme chanoine (*professus sum me canonicum*), et apporta en dot à Sainte-Marie le quart de la dîme de Saint-Etienne d'Urcuit, village labourdin, dont probablement son père était l'abbé seigneurial[1]. Plusieurs personnages tenant de près au vicomte, et que des liens de parenté ou d'affinité unissaient aussi à la famille du chanoine profès, signalèrent la cérémonie par des offrandes de dévotion : Garsia Fortun et sa femme Andregot donnèrent à la cathédrale un verger situé à Urrugne ; Raymir en donna un autre situé à

---

[1] *Livre d'or,* p. 8.

Huzat? Forto Sanz offrit un *manse* (habitation
de serfs ruraux) du village d'Ahetce; Arnaud
Sanz, un verger dépendant de Guiche, etc.,
etc. [1].

Ces deux derniers seigneurs étaient frères ;
un triste évènement ne devait pas tarder à
les séparer : l'aîné., Forto Sanz, fut traîtreu-
sement occis par un chevalier bas–navarrais
ou souletin. Arnaud n'eut plus au cœur
qu'une pensée de vengeance : ayant défié
l'assassin et pris jour pour le duel, il alla,
la veille du combat, s'agenouiller sur les
marches de l'autel de Sordes, donna à la
communauté une pièce de terre, afin que
Dieu lui livrât le meurtrier félon, et le lendemain marcha résolùment au champ de la
réparation et de l'honneur. Dieu se déclara
pour lui! Alors ce fut une scène effroyable !
vainement le vaincu cria grâce et merci !
Arnaud commença par le dégrader, lui
enlevant une à une les diverses pièces de son
armure, le bouclier, le casque et la cuirasse,
les cuissards, les jambarts, les gantelets;

[1] *Livre d'or,* p. 8. d.

c'était un trophée de victoire qu'il réservait à Saint-Jean-Baptiste de Sordes. Ensuite il lui coupa la main droite, puis la main gauche, puis encore le nez et la langue : horrible supplice qui fait oublier le crime, et ne laisse plus que le souvenir de la cruauté du bourreau!

Qu'on ne s'étonne pas trop de voir l'Eglise mêler ses prières aux barbares apprêts d'un combat singulier, et accueillir comme un témoignage de piété les sanglantes dépouilles d'un malheureux vaincu. En ces temps exclusivement gouvernés par les caprices de la force, le duel n'était qu'une forme de procédure, un mode d'investigation judiciaire, pour arriver à la découverte de la vérité ; il avait ses usages et ses règles, comme de nos jours l'enquête ou l'interrogatoire sur faits et articles. Les annales du royaume de Navarre et de la vicomté de Béarn offrent même de nombreux exemples de duel où l'Eglise figura pour son propre compte. Nobles et vilains soutenaient leur droit en pleine cour de justice : les nobles combattaient à cheval, la lance au poing, sous l'armure du chevalier ; un écu de parade et un bâton noueux pour l'attaque suffisaient aux gens du commun. On se battait aussi par champions gagés ou non gagés ; c'était le cas habituel des femmes, des mineurs et de l'Eglise.

Peu de temps après la visite de Raymond de Fezensac, une donation fort importante, conséquence d'un crime, mais offrant du moins le caractère de l'expiation, vint accroître le domaine de la cathédrale. En Semen Garciez, fils d'en Garcie d'Irurita, seigneur de Baztan et de Maya, avait tué le fils de sa sœur, lequel s'appelait Semen Sanz ; comme il se repentit des nombreux péchés qu'il avait commis, surtout du meurtre de son neveu, il concéda l'église de Sainte-Marie de Maya à l'évêque et à Sainte-Marie de Bayonne, franchement, sans en rien retenir ni pour lui ni pour les siens. Le chanoine de Bayonne en Garcia, originaire de Maya, fut chargé par Bernard d'Astarac d'administrer cette nouvelle et précieuse acquisition, avec le titre d'archidiacre de Baztan [1].

---

[1] *Livre d'or*, p. 30.

Nous croyons qu'il faut rapporter à la même époque un premier partage des revenus diocésains qui eut lieu entre l'évêque et les chanoines. Nous avons dit en quel affreux désordre étaient tombées les affaires de l'Eglise pendant le ixe siècle; à la suite du concile de Troli (909), l'ordre ecclésiastique tout entier sentit la nécessité d'une réforme. En général, les chapitres des cathédrales adoptèrent la règle de saint Augustin, mais on marcha lentement dans cette voie : ainsi, Auch ne se réforma qu'en 1047; Dax, en 1050 ou 1055; selon toutes les probabilités, Bayonne ne prit la règle que sous Raymond-le-Jeune. Aux termes des statuts, les chanoines prononçaient des vœux solennels, et devaient vivre en communauté avec leur évêque, qui, pour eux, n'était plus qu'un abbé; la vie conventuelle entraînait naturellement l'indivision des revenus cléricaux. Voilà l'état de choses dont Bernard sollicita la modification. Dans une assemblée où furent convoqués les principaux gentilshommes de Labourd, l'abbé de Sordes et l'archidiacre de Baztan, on convint à l'amiable des dispositions suivantes : partage par moitié entre l'évêque et les chanoines des redevances en argent (*denariarium*) et des dîmes des morts ; partage par tiers (deux tiers pour le chapitre, un tiers pour l'évêque) des oblations des fidèles venant par admonition au siége épiscopal le dimanche des Rameaux, la Nativité de la Sainte-Vierge, la Toussaint, le jour de saint Léon et le lendemain de la fête ; attribution exclusive au chapitre de tous les quarts décimaux des églises et des dîmes de la paroisse de Saint-Léon et de Garros ; à l'évêque, des acquisitions faites durant son épiscopat : enfin, quant à la provision du cidre déposé, soit à Sainte-Marie, soit dans les celliers des autres obédiences, et qui formait un revenu très important, l'évêque, avec ses gens, pouvait en user à discrétion ; mais du surplus il devait être fait trois parts, comme pour les oblations, c'est-à-dire deux parts pour le chapitre et une pour l'évêque [1].

Lorsque Bernard réclamait l'indépendance du patrimoine épiscopal, ce n'était pas, hà-

[1] *Livre d'or*, page 17.

tons-nous de le dire, qu'il fût las de l'existence
monacale dont tout jeune il avait connu le
joug sans le trouver trop pesant : d'autres
soins le préoccupaient. La passion du moment, c'était la haine de l'islamisme ; à cette
haine se mêlaient aussi, dans une large
mesure, le besoin du mouvement, le goût
des nouveautés et des aventures, et peut-être
même ce dernier sentiment était-il le plus
général. Naguères on avait vu l'Europe féodale
s'ébranler en masse, et marcher, sur les pas
de Godefroy de Bouillon, à la délivrance de
Jérusalem. De cette immortelle croisade, un
Gascon, le vicomte Gaston de Béarn, avait
rapporté une ample moisson de lauriers.
Entraîné à son tour par le torrent, le sceptique
souverain de l'Aquitaine, Guilhem de Poitiers,
lui que n'avait point ému le pathétique
appel d'Urbain, venait de partir pour la
Syrie à la tête d'une armée considérable, où
l'on comptait, dit-on, jusqu'à 30,000 femmes : voluptueux essaim d'amazones chrétiennes qui fait songer aux Herminie et aux
Clorinde, mais dont l'aimable ascendant ne
sut point toutefois épargner au prince trouba-

dour les amers regrets du départ, ainsi que l'atteste son élégie d'adieu, élégant morceau de poésie gasconne que Raynouard nous a conservé :

Pus de chantar m'es pres talens
Farai un vers don sui dolens

. . . .

Jen m'en anarai en essyl
Laissarai en guerra mon filh!

. . . .

Bernard d'Astarac avait gardé sous la robe du prêtre les instincts belliqueux de la forte race à laquelle il appartenait. Comme les autres, il fut pris de la fièvre des croisades, et ne rêva plus que de combats. Peut-être eût-il hésité s'il lui avait fallu courir au delà des mers, et complètement abandonner ses ouailles ; heureusement la Syrie n'est plus le théâtre privilégié de la guerre sainte : à qui veut mourir pour la foi, l'Aragon et la Navarre offrent maintenant d'aussi nobles champs de bataille que la Palestine ; donc notre Bernard endosse la casaque militaire, et va prendre rang sous les bannières du roi de Navarre, don Pedro Sanchez, alors campé proche des murailles de Saragosse (1101).

La lutte soutenue au nord de l'Espagne contre les Arabes ou Sarrasins durait déjà depuis plus de quatre siècles ; cependant jamais encore elle n'avait revêtu de caractère vraiment religieux. Les populations pyrénéennes s'y étaient toujours battues contre *le Maure*, comme en deçà des monts on s'était autrefois battu contre *le Frank*. Frank ou Maure, c'était l'envahisseur du sol national, c'était l'étranger ! La *journée* du roi don Pedro Sanchez devant Saragosse fut la première expédition accomplie dans ces contrées avec les cérémonies, les grâces apostoliques, les enseignes et le nom de *croisade ;* voilà surtout pourquoi l'évêque de Labourd avait résolu d'y prendre part. Il s'y trouva en compagnie de l'archevêque d'Arles Jubelin, du légat de Pascal II, de don Pedro de Roda, évêque de Pampelune, et d'une foule de chevaliers, tant espagnols que gascons ou basques, tous en harnais de guerre et la croix blanche sur l'épaule. Malgré tant d'appui et tant de zèle, les résultats, loin de répondre à l'effort, furent à peu près insignifiants : don Pedro Sanchez succomba à la peine, et le siége dut être levé.   6

Au milieu des fatigues et des périls de la vie guerrière, le prélat bayonnais ne perdit pas de vue un seul instant les intérêts du diocèse de Labourd : profitant des bonnes relations qu'il avait nouées avec l'évêque don Pedro de Roda, il en obtint la ratification officielle du don fait quelques années auparavant à la cathédrale de Bayonne par les seigneur et dame d'Orkeien ; l'acte de ratification est ainsi conçu : « Moi P., par la grâce de « Dieu serviteur de l'église de Pampelune, « concède à Sainte-Marie de Bayonne, ainsi « qu'au seigneur B., évêque de la même église, « la moitié de la dîme appartenant au vieux « Semeno Fortunion de Orkeien, dîme que « les père et mère du dit Semeno avaient « donnée à l'Eglise pour qu'elle la gardât « à perpétuité, etc. Cette charte a été faite « l'an de l'Incarnation du Seigneur M. C. V. « (1105); Sanche, chanoine de Pampelune, « l'a écrite [1]. »

L'année suivante, une ratification de plus haute portée, due pareillement aux inces-

---

[1] *Livre d'or,* p. 5.

santes démarches de Bernard, vint lui créer de
nouveaux titres à la reconnaissance de notre
Église. Nous avons déjà parlé de la charte
d'Arsius; on sait qu'elle avait pour but essentiel de fixer les limites entre l'évêché de
Bayonne et celui de Pampelune. Les Navarrais n'avaient jamais franchement admis cet
acte, auquel ils n'avaient point concouru,
et dont ils contestaient l'exactitude sur plusieurs points. Afin de sortir d'une situation
peu susceptible d'un dénouement convenable
par la voie transactionnelle, Bernard en
appela à la cour de Rome. Après mûr examen,
Pascal II, par une bulle de Latran du 5 des
ides d'avril 1106, confirma pleinement la
charte d'Arsius dans toutes ses délimitations,
et approuva aussi le don de l'église de Maya,
récemment fait à la cathédrale. Le Pape
traite Bernard de *vénérable frère* et le qualifie
évêque des Labourdins [1].

A don Pedro Sanchez avait succédé sur le
trône de Navarre don Alonso-le-Batailleur:
peu d'hommes aimèrent autant que lui la

---

[1] *Livre d'or*, p. 2 *(Voir aux pièces justificatives)*.

gloire des combats. A peine eut-il vaqué aux premières obligations d'un nouveau règne qu'il reprit la croisade contre les Maures d'Aragon avec une ardeur sans pareille. Bernard d'Astarac eut souvent l'honneur de le suivre à la bataille, jusqu'au jour glorieux où l'invincible Saragosse tomba enfin au pouvoir des croisés (18 décembre 1118); c'est même là, croyons-nous, pendant qu'il priait au fond du sanctuaire trop longtemps profané de *Nuéstra Señora del Pilar*, qu'il reçut la nouvelle de sa promotion à l'archevêché d'Auch, digne couronnement d'une vie employée tout entière aux œuvres militantes de la foi. Nous le rencontrons, en effet, le 6 des ides de janvier 1119, à Baïgorri, entouré de plusieurs dignitaires du clergé bayonnais, de Benoit, archidiacre de Labourd, de Garsias, archidiacre de Baztan, de Raimond Sanz, chanoine de Bayonne : il signe comme témoin, avec la qualité d'*archevêque d'Auch*, la charte par laquelle la vicomtesse de Baïgorri donnait à l'abbé de Sordes Guillaume Martel l'église Sainte-Marie de Burunza.

Bernard d'Astarac fut remplacé à Bayonne

par l'archidiacre en [1] Garcia, mais le nouveau prélat était déjà fort avancé en âge; il ne tarda pas à succomber, laissant à la cathédrale beaucoup de terres qu'il possédait à titre patrimonial aux environs de l'église de Maya, et la mitre revint alors à un moine de Saint-Sever, à Raymond de Martres, le véritable fondateur de la patrie bayonnaise.

---

[1] *En*, particule honorifique, qui se transformait en *Ne* pour les femmes, équivalant au *Don*, *Doña* des Espagnols; devant les noms commençant par un article, la particule *En* était représentée par la lettre *N* seulement; ainsi on disait: *Namat, Narramond*, au lieu de *en Amat, en Arramond*.

CHAPITRE IV

1120 à 1137

Guerre d'Aragon. — Le vicomte Garcia Sanche y accompagne
le comte de Poitiers. — Épiscopat de Raymond de Martres.
— Charte d'affranchissement de Bayonne. — Priviléges accordés
par Guilhem-le-Troubadour à l'Église. — Droits de padouantage
et de pêche. — Le Bourg-Neuf et la nouvelle enceinte. — La
cathédrale; le pont et le bourg de Saint-Esprit. — Confrérie
des Labourdins. — Lop Bessabat, évêque de Bayonne. —
Le moulin de la Muhale ou de Balichon. — Schisme de Pierre
de Léon. — Don Alonso-le-Batailleur s'empare de Bayonne.
— Son retour en Espagne. — L'église do Maya et ses
archidiacres. — Elle est mise en interdit. — Bataille de Fraga.
— Mort dé Guilhem X. — L'Aquitaine est réunie à la France.
— Élection de l'évêque Arnaud de Romated.

Depuis la prise de Saragosse, le roi de
Navarre don Alonso-le-Batailleur avait
continué le cours dé ses exploits: les places
fortes de Tarrazona, Calatayud, Daroca,
tour à tour assiégées, avaient fini par subir

l'ascendant victorieux des armes chrétiennes.
De tels succès si rapidement obtenus ne
pouvaient qu'alarmer au plus haut degré les
princes musulmans de l'Espagne ; l'émotion
gagna jusqu'à l'émir de Maroc, Ali, qui
n'hésita pas à lancer son frère Temin sur la
Péninsule à la tête d'une armée considérable,
afin de porter secours aux roitelets maures
détrônés[1]. De son côté, le héros navarrais,
sentant venir l'orage, avait en toute hâte
adressé un chaleureux appel à la noblesse
gasconne. Le meurtri de la Terre-Sainte,
Guilhem de Poitiers, répondit des premiers :
à l'abbaye de Sordes, où il s'arrêta quelques
instants pour prendre haleine (1120), la
nombreuse troupe qui l'accompagnait grossit
encore d'une foule de seigneurs gascons ou basques, parmi lesquels les vicomtes de Soule
et d'Arberoue et aussi le jeune vicomte de
Labourd Garsia Sanche, fils et successeur de
Sanche Garsia. On se ferait difficilement une
idée de la magnifique insouciance de tous ces
braves gens ; ils partaient, la plupart ayant

---

[1] Rosseeuw St.-Hilaire, *Histoire d'Espagne*.

vendu ou engagé leurs domaines, afin de se procurer ces mille choses nécessaires à l'équipement de guerre d'un chevalier, sans compter les futilités : une cuirasse de luxe, un beau cheval noir, une coupe d'argent, etc. , etc. ; trocs de tout genre et de toute valeur qui les avaient ruinés en enrichissant, par contre, l'acheteur de leurs domaines ou le prêteur à engagement, spécialement les communautés religieuses chez lesquelles, grâce au développement de la charité publique, l'argent commençait à affluer. C'est près de Daroca, dans les plaines de Cutenda, que les deux armées chrétienne et musulmane en vinrent aux mains : la mêlée fut terrible; mais la victoire demeura fidèle au Navarrais. Temin prit la fuite, en pleine déroute, et abandonna vingt mille des siens sur le champ de bataille.

Au retour de cette brillante expédition, l'une des plus décisives que les croisés d'Espagne eussent encore livrée aux Arabes, Guilhem de Poitiers avait, chemin faisant, demandé l'hospitalité à la célèbre abbaye de Saint-Sever, dans les Landes ; pendant qu'il s'y délassait dans la douce familiarité de l'abbé Raymond d'Arbocave , un ancien moine de la maison se présenta devant lui. C'était l'évêque de Bayonne, Raymond de Martres.! Raymond avait à peine foulé le sol de la vieille cité , dont il était devenu à la fois l'évêque et le seigneur , qu'il s'était senti pris pour elle du plus tendre attachement. Le spectacle de cette population rare, triste , demi-nue, mal abritée sous des toits de chaume croulants , l'avait navré, et il venait, auprès du souverain , chercher un adoucissement à tant de douloureuses souffrances !

« Au commencement du XIIe siècle la po-
« pulation des villes, dit un critique fort
« estimé [1], se composait en grande partie
« de marchands et d'artisans, car les nobles
« habitaient la campagne. Ils dépendaient ou
« du comte ou de l'évêque, ou de la cathé-
« drale ou de quelques abbayes dont ils
« étaient justiciables. C'était ce qu'on appe-
« lait alors des *hôtes* ou hommes de corps.
« Comme ils ne possédaient guère que leurs

[1] Leber, *Histoire critique du pouvoir municipal*, p. 126.

« maisons, et que la propriété rurale leur
« était étrangère, ils n'appartenaient pas à
« l'esclavage de la glèbe ; mais le lien de la
« servitude les attachait à leur habitation
« urbaine, comme le serf à la terre, sauf
« les différences qui résultaient de la posi-
« tion personnelle. Ils ne pouvaient passer
« d'une ville dans une autre, soit pour chan-
« ger de demeure ou pour s'y marier, sans
« la permission expresse des feudataires dont
« ils étaient sujets ; et ils n'obtenaient cette
« faveur qu'en payant une somme qu'on
« réputait juste indemnité, parce qu'elle
« servait à indemniser le seigneur de la perte
« qu'il faisait d'un justiciable regardé comme
« sa propriété. En effet, les grands feuda-
« taires disposaient souvent de leurs hommes
« de corps de la même manière qu'on dis-
« pose de sa propre chose. On vit des comtes
« faire des *présents d'hommes* habitants des
« grandes villes. »

Bayonne languissait donc de la maladie du
servage. Heureusement, ce n'est plus une
maladie incurable ; il existe pour la guérir
un remède, pas nouveau, mais longtemps

oublié; Le Mans, Cambrai, Nyon l'ont re-
trouvé sous les formes politiques de la commune. Ce remède, c'est la liberté! Louis-le-
Gros lui-même l'applique aux villes qui lui
appartiennent, discrètement il est vrai, et
s'en trouve bien; la liberté mène tout droit
à la richesse, et la richesse produit l'impôt.
Voilà les exemples que Raymond fit sans
doute valoir avec l'habileté qu'inspire toujours à un cœur dévoué la défense d'une
noble cause. Guilhem accorda tout. Telle est
l'origine de la charte qui marqua pour les
Bayonnais la première étape dans leur marche
ascensionnelle vers la pleine liberté communale : « A l'avenir le droit de cité ou de *voi-*
« *sinage* pourrait s'acquérir par un séjour
« d'un an et jour dans la ville de Bayonne ;
« toute liberté de circulation était accordée
« au *voisin* en dehors des murs, sur une
« étendue de territoire dont les limites furent
« fixées par approximation, d'après le trajet
« probable (aller et retour) que pouvait
« accomplir un piéton du lever au coucher
« du soleil ; le *voisin* qui voulait abandon-
« ner la cité sans esprit de retour, avait le

« droit de vendre librement tout ce qu'il
« possédait, maison, prairies, vergers,
« moulins. »

En même temps qu'il stipulait pour les
voisins laïques, Raymond ne pouvait oublier
la cathédrale. Guilhem de Poitiers, en qualité
de suzerain, confirma à Sainte-Marie le
don, fait anciennement par Fortin Sanz,
de la moitié de la ville; il lui octroya en
outre : 1° le droit de padouantage, *extrà
muros*, sur toutes les terres *cultes* ou incultes,
avec la faculté d'y fonder toute sorte d'établissements agricoles; 2° le droit de pêche
sur les eaux douces et salées et celui de
mouture, droits emportant le privilége d'é-
tablir des nasses ou pêcheries et de bâtir des
moulins. Afin d'imprimer à ses concessions
le sceau de l'inviolabilité par l'éclat d'une
cérémonie publique, le duc d'Aquitaine en
donna solennellement l'investiture *par le gant*
à l'évêque de Bayonne, en présence du
brillant cortége qui l'accompagnait, dans
lequel figuraient Estienne de Caumont, Ugo
Tibol, Jaufre de Rochafort, Aimar de Archiac, Bardon de Cunag, Gaston de Béarn,

W. R. de Gensag, Robert vicomte de Tartas,
Peis de Mugron, Lop vicomte de Marepne,
ainsi que deux chanoines bayonnais, W. de
Saint–Martin et B. de Baiona[1].

On remarquera peut–être qu'il n'est pas
question du vicomte de Labourd dans les
actes que nous venons de mentionner; le titre
reposait alors sur la tête du jeune Bertrand,
enfant encore placé sous la tutelle de sa mère
Urraca, et qui avait recueilli la succession de
Garsia Sanche, tombé probablement, comme
tant d'autres, sur le champ de bataille de
Cutenda. On ne sait pas bien au juste
quels liens de parenté unissaient le nouveau
vicomte à son prédécesseur; au dire d'Oihé–
nart, Bertrand était fils de Garsia Sanche;
nous croyons, nous, qu'il n'en était que le
neveu, et encore par les femmes : une
descendance directe ne paraîtrait guère con-
ciliable avec ce nom de *Bertrand* fort répandu
en Aquitaine, mais qu'on ne trouve pas chez
les familles purement navarraises. Comment
d'ailleurs expliquer la disparition complète,

[1] *Livre d'or*, p. 7 *(Voir aux pièces justificatives)*.

à partir de ce moment, des anciens noms patronymiques de la maison de Labourd?

La charte de Guilhem de Poitiers fit mer-veille : de toutes parts affluèrent à Bayonne, non pas des vagabonds ou des aventuriers (la guerre seule, avec l'attrait du pillage, aurait pu attirer ce monde-là), mais des gens de labeur, n'ayant d'autre ambition que d'abriter leur industrie et leur famille à l'ombre d'une libérale protection. Il est aisé de concevoir que, pour repeupler une ville, c'était surtout des artisans qu'il fallait. Aussi, lorsqu'après l'heureuse épreuve de Bayonne, les rois navarrais essayèrent de relever, au moyen de chartes, de franchises, leurs cités épuisées, eurent-ils soin de stipuler que le privilége de franc (*franco*) ne pourrait être concédé qu'à des personnes appartenant à la classe industrieuse. Au repeuplement de Pampelune (1129)[1], don Alonso-le-Batail-leur déclarait qu'aucun Navarrais, clerc, soldat, ni *infanzon*, ne serait admis à peu-pler. Exclure les indigènes en particulier,

---

[1] Yanguas, *Diccion. de Antigued. de Navarra*, au mot *Franco*.

et les nobles, les prêtres, les hommes de
guerre en général, n'était-ce pas appeler clairement les ouvriers étrangers?

Bayonne ressembla bientôt à une ruche
en travail : les bas quartiers de la ville, véritable conquête sur le marais, se couvrirent
d'habitations ; un faubourg fut créé comme
par enchantement au confluent de l'Adour
et de la Nive, faubourg qui, en dépit des
siècles, garde encore aujourd'hui le nom
de *Bourg-neuf* ou *Petit-Bayonne*. Un pont
jeté sur la Nive, le pont de Bertaco ou de
Panecau, mit en communication le Petit et
le Grand-Bayonne. Raymond de Martres
dirigeait vaillamment l'élan des travailleurs
enthousiastes groupés autour de lui. Vrai
pontife, dans l'acception primitive du mot,
il songea tout d'abord aux intérêts matériels
de la cité renaissante ; du consentement et probablement avec l'aide de Guilhem de Poitiers,
il relève partout l'enceinte romaine ruinée par
les Normands, et dont il ne reste plus que
les premières assises ; les tours sortent de
terre ; la muraille est couronnée de parapets ;
une enceinte nouvelle embrasse les quartiers

récemment peuplés. Celle-ci s'épaulait à l'ancienne vers le milieu de la rue Orbe, marchait droit devant elle le long de la rue Pont-Mayou ou Chégaray, et s'arrêtait à la Nive pour reprendre au-delà, sur la rive gauche de l'Adour, qu'elle côtoyait jusqu'à l'extrémité de l'hôpital militaire actuel ; là elle faisait retour sur elle-même à angle d'équerre, et suivait le pied des coteaux de Mousseroles jusqu'au Château-Neuf, d'où, par une ligne presque perpendiculaire, elle regagnait la Nive, vis-à-vis la tour de Sault (sorte de pavillon fortifié, élevé à l'angle sud-ouest de la muraille romaine). Deux chaines tendues la nuit sur la Nive d'une rive à l'autre, aux deux extrémités de la ville, rendaient la fermeture complète.

Aux travaux de défense militaire, travaux de première nécessité dans ces temps malheureux et troublés où il fallait toujours se tenir en garde contre les entreprises de la force brutale, d'autres ne tardèrent pas à succéder, non moins utiles, mais plus heureusement inspirés par le génie des arts et du commerce. Raymond de Martres avait été frappé de l'isolement de Bayonne, faute d'accès faciles. Barrée au nord par le large fleuve Adour, la ville ne pouvait communiquer qu'en bateau avec le pays des Lannes et le reste de la Gascogne. Du côté du midi, on le sait, elle était séparée de l'Espagne par toute l'épaisseur des impénétrables contrées qu'habitaient les montagnards eskualdunais. Traverser les provinces basques paraissait alors le plus périlleux des voyages; dans l'année 1120 précisément, l'évêque d'Oporto, don Hugo, de retour de la mission qu'il avait été chargé de remplir auprès du pape Calixte II par l'archevêque de Santiago, don Diego Gelmirez, voyant la grand'route des Asturies interceptée par les armées de Castille et d'Aragon, eut l'idée de rentrer chez lui par la côte cantabrique. Un historien contemporain, Giraldo, chanoine de Compostelle, qui a raconté cet épisode de la vie de don Hugo, le cite comme un trait de courage: « D'Auch, il (don Hugo) arriva dans « la cité labourdine. Là, s'étant dépouillé du « vêtement pontifical, il prit la direction des « Pyrénées avec deux domestiques seulement

7

« et un guide indigène entendant la langue
« barbare des Basques, qui s'était chargé de
« le conduire à travers ces contrées, où il
« n'existe pas de chemins frayés. Il franchit
« ainsi le Guipuzcoa, la Navarre, la Biscaye,
« les Asturies, tantôt à cheval, tantôt à pied.
« Au milieu de ces montagnes éloignées, au
« sein de leurs affreux défilés, habite une
« race d'hommes parlant un langage étrange :
« vrais sauvages, aussi farouches, aussi san-
« guinaires que les bêtes fauves avec les-
« quelles ils ont l'habitude de vivre, etc.,
« etc. [1]. »

Pour remédier à un état de choses aussi
fâcheux, le prélat bayonnais entreprit de jeter
un pont sur l'Adour, *supra mare*, comme dit
une charte du *Livre d'or*, tant l'œuvre
paraissait gigantesque. Urraca et son fils
Bertrand ne voulurent pas rester en arrière;
en présence des chanoines et des barons de la
province de Labourd, parmi lesquels Arnaut
de Sault, Lop Aner d'Ascain, Guilhem Bernat d'Urruzaga, ils concédèrent en don per-

---

[1] Isasti, *Compendio hist. de Guipuzcoa,* liv. I, chap. 13.

pétuel à Sainte–Marie le tiers du péage du pont projeté [1]. Cette concession fut précisément l'objet d'une charte partie ou divisée par A B C (mesure de précaution contre la fraude dont on retrouve l'application dans nos registres à souche); et il faut y voir l'origine du droit de *pontage*, qui avec celui de *portage*, a constitué pendant plusieurs siècles l'un des plus importants revenus patrimoniaux de la ville de Bayonne. Au fond, ces deux droits se ressemblaient beaucoup : ils frappaient les marchandises importées ou exportées par *l'étranger*; seulement le droit de pontage ou de pont s'appliquait à la marchandise voyageant par terre, et celui de portage ou de port, à la marchandise voyageant par mer. La qualité de *voisin* emportait l'exemption de tout droit coutumier. Une ordonnance municipale, portant la date de 1284, mais où le maire, Johan de Biele, déclare ne faire autre chose que consacrer un usage pratiqué de toute ancienneté, donne sur ce sujet quelques indications curieuses à noter.

---

[1] *Livre d'or*, p. 7. (*Voir aux pièces justificatives*).

«Tout étranger qui franchissait soit le grand pont sur l'Adour, soit le pont de Bertaco sur la Nive, devait acquitter les droits suivants :

Par grosse balle *(troesl)*............ 1 denier.
Par balle simple................ 1 médaille.
Par ballot (*sunag*).............., 1 médaillon.
Par millier de cuivre............. 2 deniers.
   Id.   d'étain................ 1 id.
   Id.   de plomb,............ 1 médaillon.
   Id.   de congres..., ..,...., 2 deniers.
   Id.   de merlus............ 2 id.
   Id.   de chiens de mer (*toilhs*), 1 id.
   Id.   de harengs.... .... 1 médaillon.

« Le fer, l'acier, la résine ou gême, le sel et toutes les autres marchandises de poids, importées ou exportées par mer devaient la quarte (*quartau*) par quintal.

« L'importation par terre ou par mer du bétail vivant était ainsi tarifée ;

Cheval,.................... 1 denier.
Roussin ou Jument.............,...., 1 médaillon.
Mulet ou Mule................. 1 id.
Ane ou Anesse.,............... 1 id.
Bœuf ou Vache............,,..... 1 id.
Porc ou Truie au-dessus d'un an..., 1 id.
Mouton, Brebis, Bouc, Chèvre..... la quarte.

« Quiconque des *voisins* allait au devant des

marchands étrangers, et achetait leur marchandise en deçà de la forêt de Gostresse et de l'église d'Ondres, était passible du droit de pontage comme l'étranger, à moins qu'il ne jurât sur les Evangiles que l'achat s'était effectué au-delà des susdites limites.

« Par exception à la règle générale, les gens du pays de Seignans, limitrophe de Bayonne, jouissaient pour le passage du grand pont d'une sorte d'abonnement : ils apportaient franchement à Bayonne les vins de leur récolte, moyennant la redevance annuelle d'une quarte de froment par chaque maison. Pareillement les moulins de Lamothe, de Lordon, de Claverie, d'Ordezon, d'Ardengos et de Serres, ainsi que le Moulin-neuf, étaient tenus chaque année à payer 12 morlans [1].

La construction du pont sur l'Adour réalisa un grand progrès, et bientôt sur la marge droite du fleuve, mieux contenu par les ouvrages nécessaires à l'établissement des culées, on vit s'élever un nouveau faubourg bayonnais, celui de *Cap dou pount* (ou Bout

---

[1] Arch. de Bayonne, Reg. AA. 11. p. 66 d. (Voir aux pièces just.)

du pont), qu'on appellera plus tard *Saint-Esprit.*

Au cours d'une enquête de l'année 1256, un témoin déposa que le grand pont (*pont Major*), la cathédrale et le moulin de la Muhale ou de Balichon, avaient été commencés le même jour; qu'il le savait pour l'avoir entendu dire à son père et à sa mère, lesquels, à leur tour, tenaient le fait de leurs père et mère [1]. La vérité de cette assertion nous est pleinement confirmée par un autre acte émané de Raymond de Martres lui-même, On comprend que la réédification de la cathédrale, dans les proportions que nous lui connaissons, était une œuvre de longue haleine, exigeant le concours incessant des fidèles. Raymond assura des revenus à échéance fixe; il institua, d'accord avec le vicomte Bertrand, les barons et les notables (*meliores*) de Labourd et d'Arberoue, la confrérie des Labourdins, confrérie assez singulière, qu'on aurait pu appeler la *confrérie des Epoux* ou *du Mariage;* en voici les principaux statuts :

[1] *Livre d'or,* p. 41 d.

« De toutes les paroisses de Labourd et
« d'Arberoue, les maris et les femmes se
« rendront à Bayonne la veille de la Nativité
« de la Bienheureuse Vierge Marie.

« Le jour même de la fête ils y accompli-
« ront, à la manière habituelle des séculiers,
« leurs devoirs religieux; après nones, il sera
« fait une quête au profit des pauvres.

« Le lendemain, au premier coup de la
« grand'cloche, les couples conjugaux se
« réuniront à la cathédrale, et, après y avoir
« entendu dévotement la messe, chaque
« couple versera dans les mains de l'*ouvrier*
« (fabricien) quatre deniers poitevins, sans
« compter l'offrande du pain et du cierge
« obolaires, payables en argent.

« Tous les membres de la confrérie en
« état de grâce obtiendront, avec la bénédic-
« tion épiscopale, quarante jours d'indul-
« gences; ils seront, en outre, admis dans la
« communion des prières de l'évêque et du
« chapitre [1]. »

Une mort prématurée vint enlever Raymond

---

[1] *Livre d'or*, p. 18.

de Martres au diocèse, et surtout à la ville qu'il avait remplie de sa flamme civilisatrice; quelques mots inscrits au nécrologe de Saint-Sever résument avec une éloquente simplicité la vie du noble prélat :

« Le 10 des calendes de mai est décédé « Raymond, *de bonne mémoire*, évêque de « l'église labourdine et moine de notre con-« grégation. Cap de Gascogne (Saint-Sever) « 1125 [1]. »

Des mains de Raymond de Martres que la mort avait à peine glacées, la crosse passa directement à Arnaud Lop de Bessabat, gentilhomme d'une bonne maison du pays des Lannes. On a la preuve qu'il avait pris possession du siége dès le 23 mars 1125; car à cette date, signant au contrat de mariage de son neveu Jean Bessabat avec Antoinette de Mees, fille d'Archambauld et de Catherine de Caupenne, il se qualifiait d'*évêque de Bayonne*[2]. A première vue, il peut sembler étrange que si Raymond de Martres n'est

---

[1] *Gallia christiana*, Tome I, p. 1312.

[2] Compaigne, *Chronique de Bayonne*, p. 21.

mort que le 10 des calendes de mai 1125, le chapitre eût déjà pourvu à son remplacement le 23 mars de la même année; mais la contradiction des deux dates n'est qu'apparente. L'année s'ouvrait alors à Pâques; l'année 1125 commença le 29 mars et finit le 11 avril de l'année suivante; de sorte que le 23 mars 1125 (vieux style) correspond pour nous au 23 mars 1126.

Certains catalogues de nos évêques mentionnent entre Raymond de Martres et Arnaud Lop de Bessabat un Guillaume, exhumé du cartulaire de Sordes. Dans la charte par laquelle le duc d'Aquitaine, Guilhem, fils du Troubadour, confirma aux moines de Sordes, vers l'année 1128, les donations que son père leur avait faites lorsqu'il partit pour l'Espagne, on voit en effet figurer au nombre des témoins, à côté de Gaston de Béarn, un *Guillaume évêque de Labourd*. Néanmoins, en présence du contrat de mariage rappelé par Compaigne, nous n'hésitons pas à penser que le texte de la charte de Sordes est fautif et qu'on doit lire : *Guillaume évêque de Dax*. Le siége de cette dernière ville fut

occupé de 1120 à 1144 par Guilhem de Falgars, et celui-ci avait autrement droit que
l'évêque de Bayonne d'être appelé au règlement des affaires de l'abbaye de Sordes,
puisqu'elle dépendait de son diocèse.

Le résultat le plus clair de l'élévation de
Bessabat au trône épiscopal, c'est qu'il donna
à la cathédrale les trois cinquièmes du moulin récemment construit au quartier rural de
la Muhale, et qu'il décida l'archidiacre Guilhem (probablement son parent), propriétaire
des deux autres cinquièmes, à les abandonner
aussi en faveur de la mense. Où était au juste
situé ce moulin ? Est-ce bien le même
que celui de Balichon ? Nous le croyons, sans
trop oser l'affirmer. Seulement, en feuille-
tant quelques titres du monastère Saint-Bernard, nous avons acquis la certitude qu'on
appelait anciennement *Muhale, Mufale,
Aumufale*, tout ce mamelon qui s'élève sur la
rive gauche de l'Adour, en aval de la ville,
aux abords sablonneux de la forêt de Blanc-
Pignon. Le quartier de la Muhale était séparé
de celui de Tarride ou Lachepaillet par
les marais de l'Estunard, bas-fonds vaseux

que l'Adour visitait souvent, et qu'on franchissait au moyen de passerelles ou ponceaux (*pountots*) jetés çà et là. Aujourd'hui le fleuve ne quitte plus son lit, et les marais de l'Estunard disparaissent sous une patiente culture; mais la route *macadamisée* qui les traverse conserve invariablement le vieux nom gascon de *Pountots*.

A part la donation du moulin de la Muhale, donation qui, après tout, ne méritait que les remercîments du chapitre, rien n'est resté de Bessabat qui puisse le recommander à nos souvenirs; nulle part, il n'a laissé de trace visible de sa sollicitude pour les affaires de la jeune cité que son prédécesseur avait habituée à marcher derrière la houlette pastorale. Mais aussi quel temps que le sien ! De combien de douleurs et de tristesses ne fut-il pas le témoin impuissant et désolé ! Le duc troubadour avait achevé le roman de sa vie ; un fils d'une humeur moins poétique et moins galante lui avait succédé : au lieu de chanter dans ce doux et sonore langage que son père avait manié avec tant de grâce élégante, Guilhem X s'était pris d'une belle passion pour le droit canon. Ni les sollicitations de la muse paternelle, ni les amorces enchanteresses des cours d'amour, ne l'en purent distraire. Le voilà lancé, perdu à travers les luttes ardentes et les champs embrumés de la controverse théologique : il prend parti pour l'antipape Anaclet, Pierre de Léon, juif d'origine, contre Innocent II, que soutenaient la France et surtout l'illustre saint Bernard. Quoi d'étonnant qu'en un pareil moment, alors que l'église d'Aquitaine était si profondément troublée, Bessabat, mettant de côté l'intérêt laïque, n'ait plus regardé qu'à l'intérêt religieux ?

Pendant que le prosaïque successeur du duc troubadour argumentait au milieu des prêtres, don Alonso-le-Batailleur, que les Maures laissaient en paix, avait quitté tout à coup la Navarre, et, par la route de Saint-Jean-pied-de-port, s'était planté devant Bayonne. Quel dessein l'amenait ? Le siége fut-il long ? Parvint-il à pénétrer dans la place ? Là-dessus grande dispute. S'il fallait en croire certains historiens, le héros navarrais n'aurait pris les armes que dans un but tout sentimental, celui de rétablir les affaires d'Alphonse Jourdain, comte de Toulouse, dont le patrimoine était en grande partie détenu par la maison de Poitiers. C'est l'opinion de Marca. D'autres estiment que don Alonso venait surtout combattre le souverain schismatique, l'abominable défenseur de l'antipape Anaclet. Sans écarter absolument tous ces motifs, nous pensons avec le père Moret, célèbre annaliste de la Navarre, qu'on peut trouver le véritable mobile de cette entreprise dans les traditions politiques des rois navarrais. Don Alonso obéissait purement à d'anciens calculs d'ambition : il voulait ressaisir la *merindad* de Basse-Navarre, occupée de force par les derniers ducs d'Aquitaine, et transformer en suzeraineté réelle la suprématie morale qu'il exerçait déjà sur les contrées gasconnes limitrophes de l'Espagne. D'accord en cela seulement avec le savant père jésuite, nous avons hâte de nous séparer de lui pour tout le reste de l'affaire ; le récit qu'il nous donne sous le titre pompeux de *el Sitio de Bayona* n'est, selon nous, qu'un tissu d'épisodes arrangés avec beaucoup

d'art, et ne doit rester que comme un remarquable spécimen de ce que peut produire
l'imagination féconde d'un érudit navarrais,
lorsqu'elle est échauffée par la passion des
gloires nationales. Si l'on devait s'en rapporter
à lui, le siége aurait duré au moins deux ans[1]!
Tout le monde y aurait mis la main! et malgré
l'armée puissante qu'il avait amenée, don
Alonso n'aurait triomphé de la résistance
désespérée des Bayonnais qu'en appelant au
secours les flottes réunies de Guipuzcoa et de
Biscaye. Tout cela est fort beau, et certes les
vaincus eux-mêmes auraient mauvaise grâce
à récriminer contre la superbe attitude qu'on
leur prête. Malheureusement ce n'est pas vrai:
Moret, avec les pièces qu'il cite, nous fournit
des armes à l'aide desquelles il est aisé de
le convaincre d'erreur formelle. *Dès le 26
octobre 1130,* époque probable des premières
opérations du siége, on voit don Alonso maître du château de Bayonne; la charte donnée
par lui aux habitants de Corella ne laisse pas
l'ombre d'un doute à cet égard; elle finit

---

[1] Moret, *Annal. de Navarre,* liv. XVII, ch. 8.

ainsi : « Fait au *château de Bayonne*, l'année de
« l'ère 1168, le dimanche de la dernière
« semaine du mois d'octobre (*Fecha la carta*
« *en el castillo de Bayona*, etc.)[1]. » Or, le
château pris, nous le demandons, que res-
tait-il à prendre ? don Alonso dut même, selon
nous, entrer dans la place sans coup férir.
D'où serait venue la résistance ? Intérêts,
affection, affinités de race et de langue, tout
por'ait le pays du côté de la Navarre. Le
poitevin Guilhem, nous le répétons encore.
n'était qu'un étranger. Sous les étendards
navarrais était réunie depuis longtemps la fine
fleur de la noblesse gasconne : Gaston, le
souverain de Béarn, Pierre comte de Bigorre
et de Marsan, le comte de Comminges, le
vicomte de Gavarret, Auger de Miramont,
Arnaud de Lavedan, tous nos gentilshommes
vivaient à la solde du Batailleur; et Bayonne,
cité naissante, en travail de formation,
n'ayant pas encore d'esprit qui lui fût propre,
l'eût traité comme un ennemi ? Le croira
qui voudra !

[1] Moret, *Annal. de Navarre*, liv. XVIII, ch. 8.

Don Alonso fit de Bayonne son quartier-général; il y passa l'hiver de l'année 1130, occupé de grands préparatifs de guerre : plusieurs navires, construits d'après ses ordres sur les chantiers qui bordaient l'Adour, furent mis à l'eau sous ses yeux. Au printemps, il entra en campagne, et parcourut la Gascogne sans trouver nulle part de sérieuse résistance. Il campait en août 1131 à Rochetaillade (sur Bayonne); c'est de là qu'est datée la charte par laquelle il « donnait à la cathédrale « d'Auch l'église d'Alaon, en souvenir des « services que Raymond (d'Astarac) et Guil- « laume (d'Andozille) lui avaient rendus « pendant la guerre contre les Maures [1]. » Mais bientôt rappelé en Navarre par de nouveaux combats, il fut obligé de renoncer aux beaux projets qu'il avait rêvés, et aban- donna la Gascogne à ses destinées naturelles. Bayonne, délivrée des soudards navarrais et des mercenaires de toute nation que le Batail- leur traînait toujours à sa suite, put enfin respirer !

[1] *Gallia christiana,* Tome I, *Instr.* p. 162.

Peu de temps après la retraite du roi de Navarre, un évènement déplorable vint attrister le diocèse labourdin. Depuis l'élection de l'archidiacre Garcia, l'église de Maya avait continué d'être gérée par un chanoine de la cathédrale. Garcia y avait envoyé en Guilhem Jordan[1]; sous Raymond de Martres cet office fut successivement rempli par Namad de Sauveterre, en Basc de Cize et enfin en Gonzalvo. C'est ce dernier qu'Arnaud Lop avait trouvé en exercice ; peu de satisfait de lui, il l'avait excommunié et remplacé par le chanoine en Felipe. Grâce à l'archidiacre Felipe, Sainte-Marie de Maya devient bientôt florissante au point d'enflammer la cupidité du seigneur de Baztan, don Pedro Fortun : ce Pedro Fortun n'avait pas de scrupules ; il jette à la porte Felipe, et lui substitue son propre fils, Pedro Peritz ; prières, menaces épiscopales rien ne peut le faire revenir. Alors Arnaud Lop n'hésita plus ; il frappa de la même excommunication le père et le fils, et mit l'église de Maya en interdit. Cet état de choses dura plus de trente ans.

[1] *Livre d'or.* p. 30. *(Voir aux pièces justificatives.)*

8

A tant de causes d'affliction, d'autres ne
tardèrent pas à s'ajouter encore.—En premier
lieu, c'est la journée de Fraga ! Fraga, qui
fut longtemps une date ! on disait : « L'année
de la bataille de Fraga, l'année où tel mourut
à Fraga, » et tout le monde comprenait ! Dans
cette journée célèbre, dont cependant la date
exacte est maintenant perdue (1132 à 1134),
et où le Batailleur, après tant de victoires,
trouva devant les Maures un suprême désastre et un tombeau, toute notre noblesse paya
largement, hélas ! à l'honneur du drapeau
navarrais, l'héroïque tribut du sang; la plupart de nos familles militaires eurent à porter
le deuil, celles-ci d'un père, celles-là, plus
malheureuses et plus inconsolables, d'un fils,
espoir à jamais déçu de la race qui s'éteignait!
—En second lieu, c'est la fin misérable de
Guilhem X ! Non content de s'être prosterné
aux genoux de saint Bernard, et d'avoir humilié son front souverain dans la poussière
jusqu'aux sandales du moine triomphant, il
avait, jamais las d'extravagances, quitté ses
états, et s'était aventuré, le bourdon de pèlerin
à la main, sur la route de Saint-Jacques de

Compostelle, après avoir confié sa fille Aliénor,
son unique héritière, au roi de France,
Louis-le-Gros. La mort, une mort obscure,
mystérieuse, l'arrêta en chemin. Aliénor, un
peu par force, dit-on, épousa Louis-le-Jeune,
et le moine de Vézelay, Hugo, put dire avec
raison que ce dernier *gagna* par ce mariage à
la couronne de France « toute l'Aquitaine, la
« Gascogne, le Pays Basque, la Navarre jus-
« qu'aux monts Pyrénées et la croix de Charles. »
C'en était fait de la nationalité gasconne !

Le décès de Bessabat paraît avoir coïncidé
avec ce dernier évènement (1137). A sa place
un autre Arnaud fut élu : le chanoine Veillet,
auteur d'une histoire manuscrite du diocèse
de Bayonne souvent consultée, nous apprend
que cet Arnaud sortait des bancs du chapitre,
et le désigne, comme Oihénart du reste,
sous les noms d'*Arnaud Formatel*; nous croyons
être plus exact en l'appelant *Arnaud Romated*,
du nom d'une terre située aux environs de
Bayonne sur la rive droite de l'Adour. Ce qui
nous le fait croire, c'est que pendant son
épiscopat, la cathédrale fit de ce côté-là de
nombreuses et riches acquisitions.

Ainsi Pierre de Camiade, qui avait un fils chanoine à Bayonne, donna à toujours, sous certaine réserve d'usufruit : 1° le quart des dîmes et des droits d'autel de Saint-Pierre d'Engresse et de Saint-Etienne de Soltz ; 2° le quart des droits d'autel de Saint-Etienne d'Arribe Labourd (*ripâ Laburdensi*) ; 3° d'autres portions de dîmes dues par des particuliers [1]. Tous les biens dîmés relevaient de l'évêché de Dax, dont les limites s'étendaient jusqu'à l'Adour ; et comme l'église n'était pas affranchie, pour le temporel, des règles de la sujétion féodale, Arnaud dut solliciter de l'évêque de Dax la confirmation des libéralités que venait de lui faire Pierre de Camiade. Guilhem de Falgars occupait, nous l'avons déjà dit, le trône pontifical de ce diocèse ; il accorda de bonne grâce la confirmation qu'on lui demandait, mais retint devers lui tous les droits de suzeraineté [2]. Voilà comment la cathédrale de Bayonne devint vassale de celle de Dax. Pour plus de sûreté, Arnaud profita de

[1] *Livre d'or*, p. 5.

[2] *Livre d'or*, p. 6.

la présence à Bayonne de Guilhem d'Andozille, archevêque d'Auch et légat du Saint-
Siége, et obtint pour cette même libéralité
le sceau de sa haute approbation [1].

Pas plus que Bessabat, Arnaud de Romated
ne devait songer à recueillir l'héritage de
Raymond de Martres; il n'avait pour cela ni le
cœur assez haut, ni la raison assez ferme.
Allait-elle donc avorter et périr, parce qu'on
l'abandonnait à elle-même, l'œuvre d'affranchissement dont le généreux moine de Saint-
Sever avait été le persévérant initiateur? Non!
les créations de la liberté ne sont pas, Dieu
merci, si éphémères; vivaces au contraire,
elles s'accommodent de tous les sols, de tous
les climats, et n'exigent aucun effort de culture:
sans doute, si un pied distrait ou méchant
les foule ou les écrase, on les voit ramper et
languir; mais advienne une goutte de pluie
mêlée d'un rayon de soleil, soudain elles se
raniment, éclatent en mille efflorescences, et
s'imposent aux yeux dans toute la splendeur
de leur force et de leur beauté.

---

[1] *Livre d'or,* p. 6.

CHAPITRE V

1137 à 1170

A côté du berceau de la nouvelle famille bayonnaise, un enfant avait grandi : le fils d'Urraca, ce représentant par les femmes des

premiers vicomtes labourdins. Bertrand n'a-
vait du seigneur féodal ni les vices, ni surtout les terribles vertus; à travers le lointain
des âges, il nous apparait bien plutôt comme
l'aïeul vénérable de nos vieux prud'hommes
coutumiers. Bon sans mollesse, sévère sans
cruauté, il aimait et pratiquait la justice ;
c'est pourquoi le pauvre peuple, encore plus
affamé de justice que de liberté, l'aima durant sa vie, et après sa mort ne l'oublia
jamais.

Un trait, peu intéressant d'ailleurs, montre
qu'à peine sorti de pages, il avait su déjà
inspirer aux populations de Labourd une
confiance sérieuse. On se rappellera peut-
être que l'un de ses ancêtres, le vicomte
Sanche Garsias, et sa femme Reginetote
avaient donné à l'abbaye de Sordes le cens de
pêche du port d'Urt (*lardum primi creag*).
D'habitude, pour des serfs, c'était une bonne
fortune que de passer sous la loi de l'Eglise ;
le joug y était plus doux, plus humain. Ici le
contraire arriva; on ne tarda pas à gémir
d'avoir changé de maître. Nuitamment, pendant la saison de la pêche, d'audacieux rô-

deurs de Labourd et d'Arberoue venaient,
jusque dans le port, enlever filets et embar-
cations; et cela impunément, tant les moines
mettaient d'incurie à protéger leurs justiciables. A bout de patience, les malheureux
Urtois envoyèrent une députation à Guilhem
Martel, alors abbé de Sordes, pour lui expo-
ser leur triste situation, et le supplier d'y
apporter un remède; le plus efficace, c'était,
croyaient-ils, de revenir à l'état ancien.
Guilhem Martel n'eut point le courage de
résister à des réclamations si bien fondées;
il promit d'intervenir auprès du vicomte
Bertrand, et obtint de lui, en effet, que,
moyennant la primitive redevance d'un lard
d'esturgeon, Urt serait replacé sous *la loi de
la terre de Labourd,* c'est-à-dire sous la protection de la cour vicomtale. Voici du reste
quelle était la loi de la terre en pareille matière :

« Quiconque dérobait une barque de pê-
« che, et était convaincu du fait, devait être
« condamné : 1° à restituer la barque; 2° à
« payer au propriétaire, pour tout le temps
« qu'il avait été privé de ses engins, des dom-

« mages et intérêts évalués d'après la pêche
« faite aux deux marées de chaque jour par
« le pêcheur d'Urt le plus favorisé; 3° à li-
« vrer en outre au même propriétaire autant
« de brebis stériles (*ovem sterilem*) qu'il s'était
« écoulé de semaines entre le jour du vol et
« celui de la restitution. [1] »

De quels éléments se composait, sous le
gouvernement de Bertrand, la cour vicomtale
de Labourd? comment fonctionnait-elle? où
tenait-elle habituellement ses séances? Ce
sont là des questions auxquelles il nous est
impossible de répondre autrement que par
des hypothèses, et le mieux serait d'en être
sobre. Selon les idées du temps, juger [2] était
le fait de plusieurs; le droit de cour était
pour le seigneur le droit de convoquer les
juges et d'exécuter la sentence, non celui de
juger. Ce droit de juger était le devoir des
vassaux ou des pairs. Il y a donc lieu de présumer que le vicomte appelait à *tenir cour* ses
principaux barons: nous le croyons d'autant

[1] *Cartulaire de Sordes*, p. 29, d. (*Voir aux pièces justificatives.*)

[2] Laferrière, *Histoire du droit français*, passim.

plus que pour tout ce qui avait trait à l'exercice de la puissance législative, il les consul-
tait, et n'agissait qu'après s'être assuré de leur
approbation. Les noms de ces conseillers in-
times, dont plusieurs touchaient de près à la
famille vicomtale, nous les trouvons répétés
dans la plupart des actes émanant de Bertrand : ce sont Aner de Sault, Lop Aner
d'Ascain, Guilhem Bernat d'Urruzaga, Messeriat de Naubeis, Bonion d'Urtubie, A. de
Garro, G. de Zubernoa, W. de Sincos, B. de
Irandatz, Brasc de Sance, tous ou presque
tous chefs de maisons nobles qui ont duré
longtemps avec un certain éclat. L'évêque et
les chanoines assistaient parfois aux délibérations des barons, et il est probable que dans
ces occasions les réunions avaient lieu au palais épiscopal.

Grâce à la modération naturelle de son caractère, Bertrand, en avançant en âge, finit
par comprendre ce qu'au fond il y avait de
sage et de politique, en même temps que
d'équitable, dans l'œuvre hardie de Raymond
de Martres; et ce fut un grand bonheur! Sans
lui, sans le zèle qu'il mit à éviter les froisse-

ments, à ménager les transitions, sans la sympathique assistance qu'il prêta souvent à tout ce petit monde de marchands, d'artisans, de marins et de pêcheurs, dont notre ville était devenue le rendez-vous fécond et animé, Bayonne eût certainement connu les redoutables extrémités de Laon, de Beauvais, de Saint-Quentin : la liberté n'y eût germé qu'au prix d'une rosée de sang; car de l'Eglise on ne pouvait évidemment rien attendre, rien espérer. Personnalité brillante, mais exceptionnelle, Raymond de Martres ne devait pas avoir de continuateurs; et la raison en est simple. Par l'élection, les chanoines disposaient à leur gré du siége épiscopal; or, ils appartenaient en majorité à cette société féodale pour qui l'esprit nouveau n'était qu'un esprit de révolte, et dont les préjugés séculaires, les passions de caste, avaient trouvé dans Guibert de Nogent un si fidèle interprète, lorsqu'il s'écriait avec l'accent de la plus effrayante conviction : « *Commune,* nom nouveau, nom
« détestable, et voilà ce qu'il faut entendre
« par ce mot : les gens taillables ne sont plus
« tenus envers leur seigneur qu'à une rede-

« vance annuelle, et s'ils commettent quel-
« ques délits, ils en sont quittes moyennant
« une amende fixée d'avance. » Chose détestable en effet que la légalité substituée à
l'arbitraire, que le droit remplaçant la violence incessante et sans frein! Jusqu'à la fin
du XIIe siècle, l'élément aristocratique domina
au sein de notre chapitre ; avides d'influence,
et, il faut bien le dire aussi, avides de richesses, les chanoines, dès l'origine, à chaque
vide qui se fit sur leurs bancs, prirent l'habitude d'aller demander des collègues aux plus
grandes familles du pays, afin de grossir le
temporel de la cathédrale par les dots ou
offrandes que ne manquaient pas d'apporter
les nouveaux élus. Il résulta de ce système
qu'un canonicat à Sainte-Marie de Labourd
devint bientôt un honneur tellement envié
que nous l'avons vu briguer par le propre
fils du vicomte de Labourd, Fortun Sanz ;
tout à l'heure encore un autre descendant
de la même race seigneuriale, Guilhem,
fils de Bertrand, ne dédaignera pas non plus
d'accepter le rochet canonial, avec d'autres
visées toutefois. C'est surtout lorsqu'il

s'agissait de la mitre que ces préoccupations
mondaines jouaient leur rôle dans la décision
suprême des électeurs. Sans doute, on demandait au candidat les vertus et la science
indispensables pour l'exercice d'aussi hautes
fonctions; mais on peut croire que parmi les
titres réels d'Arnaud de Romated, d'Arnaud
Lop de Bessabat, de Raymond de Martres
lui-même, l'opulence de leurs familles ne
fut pas celui qui pesa le moins dans le plateau
de la balance. D'ailleurs, qu'on y regarde de
près, aux évêques gascons vont maintenant
succéder les évêques basques; et l'on verra si
ce n'est pas toujours la richesse, l'influence
dominatrice que recherchait la cathédrale,
sous l'empire de l'élément aristocratique qui
la dirigeait et la maîtrisait. N'est-il donc pas
vrai qu'en un pareil moment Bayonne eût
perdu sa peine de frapper à la porte du
sanctuaire, et d'y demander un asile pour
des libertés maudites ou incomprises?

Et puisque nous parlons du chapitre, on
ne trouvera peut-être point hors de propos
que nous indiquions sommairement ici quelques particularités sur la composition de ce

corps antique, témoin et associé des générations bayonnaises dans la bonne comme
dans la mauvaise fortune, et qui, en définitive, à part de courts instants d'erreur ou de
malentendu, à part des défaillances individuelles, se montra constamment digne de
leur filiale vénération. Le nombre réglementaire des chanoines composant le chapitre,
quoiqu'il ait varié à diverses reprises, paraît
avoir été fixé primitivement à douze : Veillet,
dont l'opinion fait autorité en tout ce qui
concerne la cathédrale, le prouve sans réplique possible. Parmi ces douze chanoines
on distinguait l'archidiacre de Labourd ou de
Bayonne, appelé aussi le grand archidiacre,
celui de Baztan ou de Cize [1], l'ouvrier, le
sacristain, l'écolâtre et le chapelain. Le titre
d'archidiacre correspondait, par les honneurs
et les devoirs qui y étaient attachés, à celui de
vicaire-général. L'ouvrier était chargé de

[1] Veillet prétend cependant qu'il y avait trois archidiacres :
celui de Labourd, celui de Baztan et celui de Cize. Nous croyons
qu'il s'est trompé, et que jamais il n'y en eut plus de deux.
Mais dans tous les cas, depuis l'interdit mis sur l'église de
Maya par Bessabat, il n'est plus question au *Livre d'or* que
de deux archidiacres : celui de Bayonne et celui de Cize.

veiller à la conservation de la cathédrale, de surveiller les travaux de restauration ou d'entretien ; c'était le ministre du dehors. Le ministre du dedans, c'était le sacristain ; la police intérieure de l'église, la sonnerie des cloches, l'habillement des autels, la garde du trésor, des reliques, etc., entraient dans ses attributions. Comme son nom l'indique, l'écolâtre avait l'inspection des écoles de la ville. Enfin le chapelain ou chapelain majeur remplissait les fonctions de curé de Sainte-Marie. Nous ne parlons point du chantre, parce que cette fonction n'apparut au chœur qu'à la fin du xiiiᵉ siècle. Voilà pour le service spirituel. Mais on n'ignore pas que les chanoines vivaient en commun : la gérance du temporel, les mille soins de la vie commune, font présumer qu'à côté de ce que nous appellerons les dignités, il y avait aussi des offices : le chapitre de Pampelune possédait un prieur, un archidiacre de la table, un archidiacre du vestiaire, un infirmier, un hospitalier ou aumônier et un trésorier. Cependant, il n'y a trace à Bayonne que d'un *économe,* dont les fonctions semblent se confondre avec celles du sacristain ; et d'un *clavier*, personnage fort important, par les mains duquel passaient toutes les affaires contentieuses de la communauté.

Bertrand n'eût point été de son siècle s'il n'avait témoigné aux intérêts de l'Eglise le plus profond dévouement. A l'époque de son mariage avec Ataressa, il avait fait à la cathédrale un cadeau splendide : outre la moitié de la dîme d'Ossez, apport personnel de sa femme, qui sortait, croyons-nous, des vicomtes de Soule ou de Baïgorri, il avait donné la baronnie de Saint-Jean-de-Luz, avec tous les droits seigneuriaux qui en dépendaient, entr'autres la justice et le patronage de la cure[1]. La donation de la dîme d'Ossez eut lieu entre les mains d'Arnaud de Romated[2], et elle marqua, d'après toutes les apparences, le commencement de son épiscopat. Un acte non moins évident de la bienveillance du vicomte, et qui porte la date de 1149, en signala la fin : nous voulons

[1] Veillet, *manuscrit.*

[2] *Livre d'or*, p. 12, d.

parler de la transaction intervenue cette
année-là entre les chanoines et plusieurs tenanciers de Saint-Léon. Telle était l'affluence
des étrangers accourus à Bayonne depuis la
charte d'affranchissement, que l'enceinte de
Raymond de Martres n'avait pu les contenir;
faute de place, un grand nombre de travailleurs avaient envahi le plateau de Saint-Léon,
théâtre illustre du martyre de l'apôtre bayonnais, et les terres vagues d'alentour. La beauté
du site, un sol des plus fertiles, n'avaient pas
moins que la légende contribué à la formation
du nouveau faubourg. Les arrivants ainsi
fixés *extrà muros* étaient-ils vraiment des paroissiens de Sainte-Marie, assujettis en cette
qualité au paiement de la dîme moitié au
vicomte, moitié à la cathédrale? ne rele-
vaient-ils pas plutôt des tenanciers de Saint-
Léon, comme ceux-ci le prétendaient, en tête
Pierre d'Urcos, Johan de Berindos, et Lobet
de Sincos, etc.? De là était né un procès fort
délicat, que Bertrand réussit néanmoins à
terminer par arbitrage. Nous donnons la
traduction de l'acte d'accommodement; c'est
une pièce assez curieuse; le style à prétentions

formulaires, l'emploi des fidéjusseurs, tout y rappelle la pratique du droit écrit de l'empire :

« Moi Arnaud, évêque de Bayonne, Guil-
« liem, archidiacre, Arnaud, chapelain, B.
« le Bayonnais et les autres chanoines, nous
« vous donnons à vous, Pierre, Johan, Lop et
« autres tenanciers de Saint-Léon, la moitié
« de la dîme que nous prélevons sur Urcos
« et Berindos, en échange de la dîme de
« Bayonne, objet du procès, et nous présen-
« tons pour fidéjusseurs (*credencias*) S. de
« Bonion, A. de Garro et Brasc de Urrucega,
« afin de vous assurer à tout jamais, à vous
« comme à vos descendants, la paisible jouis-
« sance de la dite dîme d'Urcos et de Be-
« rindos.

« Parcillement, Nous, Pierre, Johan, Lop
« et tous les tenanciers de Saint-Léon, en
« échange de la dîme d'Urcos et de Berindos,
« que vous nous cédez, nous vous donnons à
« vous, A. évêque de Bayonne, et aux cha-
« noines de la Bienheureuse Marie, la demie
« de la dîme contestée, à laquelle sont assu-
« jetties toutes les terres que possèdent ac-

« tuellement les hommes de Bayonne ou
« qu'ils acquerront à l'avenir par don, vente,
« engagement, ou par droit de défrichement,
« sur les territoires de Saint-Léon, Puy
« (*podi*), Lane, Sincos, Andotz, Urrucega,
« Utsatarren et Onderitz ; nous vous donnons
« aussi pour cautions A. de Sault, W. Ber-
« nat de Urrucega et S. Messeriat de Naubeis.

« Les témoins sont Bertrand, vicomte, et
« les sus-nommés barons avec plusieurs
« autres. Deux chartes ont été faites et divi-
« sées par moitié, l'une pour les tenanciers de
« Saint-Léon et l'autre pour les chanoines,
« le jour de la Nativité de la Sainte Vierge,
« l'an de l'Incarnation du Seigneur 1149, ré-
« gnant Louis, roi des Français, en guerre
« au-delà des mers avec les payens[1]. »

De tous les prélats bayonnais dont il fut le
contemporain, celui qui exerça le plus d'empire sur l'esprit du dévot vicomte, ce fut sans
contredit le successeur d'Arnaud de Romated. Fortaner, élu de 1150 à 1152, était Souletin : homme d'affaires fort délié, il s'occupa

[1] *Livre d'or*, p. 9.

d'abord d'arrondir le domaine temporel de
la cathédrale tout autour de la ville. A Seme
et Auria Arnaut, il acheta pour 16 sols poitevins, monnaie de cours en Gascogne, le tiers
du verger de Hondarrague ; à Johannes de
Berindos, pour 24 sols, le quart de la terre
de Sincos ; à Lobet de Sincos et à Maria sa
bru : 1° pour 12 sols, la huitième partie de la
susdite terre de Sincos ; 2° pour 30 sols, toute
la terre inculte dépendant du même domaine[1].
Puis, et ceci par l'intermédiaire de Bertrand,
il racheta, pour deux vaches et l'abandon de
son droit épiscopal d'*arciut*[2] à la maison
noble de Saint-Johan, toute la dîme d'Ai-
guemeu (*Aquæ minoris*) à prélever· sur les
moulins et les terres labourables ou plantées
d'arbres. L'*arciut* c'est le droit de gite : tout
séculier possesseur de biens d'Eglise était
tenu d'héberger l'évêque lors de ses visites
pastorales. « Laquelle diction, ajoute Marca,
« explique mot pour mot le latin *receptio ;*
« *arceber,* en langage pur béarnais, signifiant

---

[1] *Livre d'or.* p. 10 et 12.

[2] *Livre d'or,* p. 10, d.

« *receptio*[1]. » Dans les divers contrats que nous venons de citer, figurent constamment des fidéjusseurs et des témoins dont le nombre varie de un à quatre, sans règle apparente ou appréciable : en général, les témoins étaient pris parmi les propriétaires voisins, comme le prouvent les noms de Garsie Fort de Igasc, S. de Archangos, Gassiat de Biarriz, P. de Baleisson, Galin de Saint-Léon, Johan de Puy, Pierre et Gaston de Iruber, etc.

En traitant avec les principaux tenanciers de Saint-Léon, Fortaner se proposait de consolider la transaction qu'avait signée naguère Arnaud de Romated. C'est dans le même but, mais avec une portée de vues beaucoup plus étendue, qu'il détermina, dit-on, Bertrand, à donner à la cathédrale la dîme de toutes les terres incultes (*herms*) de la vicomté[2] en présence des deux archidiacres Guilhem de Saint-Martin et Philippe de Maya, et des chanoines A. de Formated, B.

[1] Marca, *Histoire de Béarn*, p. 124.

[2] *Livre d'or*.p. 16, d.

de Urcuit, et B. de Baïona. Chez nous, le
droit ecclésiastique appelé *dîme novale*, droit
souvent contesté par les seigneurs labourdins,
et qui fut la source de nombreux procès, n'a
pas d'autre origine.

Jaloux au plus haut degré de la splendeur
de Sainte-Marie, poussant même ce sentiment au-delà des bornes qu'une intelligente
modération aurait dù lui imposer, Fortaner
conçut et réalisa un projet qui ne dut guère
ajouter à sa popularité. Les gens de Labourd
et d'Arberoue, dit une charte du *Livre d'or* [1],
étaient fort en peine de savoir ce qu'à leur
mort ils devaient léguer à l'église de Bayonne
pour le salut de leur âme ; c'est pourquoi
Bertrand, vicomte de Bayonne, le jour de la
fête de la Sainte Vierge, en présence de Fortaner, évêque de Bayonne, et de tous les
chanoines, fit le statut suivant avec le conseil,
la volonté et l'assentiment de tous les barons
du pays et de tout le peuple. Aux termes
de ce statut :

Quiconque possédait deux montures de-

---

[1] *Livre d'or*, p. 13, d.

vait, à sa mort, en laisser une à l'évêque ;

Celui qui n'avait qu'une monture, et possédait quatre bœufs de travail (*aratorios*), devait laisser sa monture ou le meilleur de ses bœufs ;

Celui qui n'avait que quatre bœufs de travail, devait laisser pareillement le meilleur ;

Celui qui possédait seulement deux bœufs de travail et dix autres têtes de bétail, devait laisser une vache pleine ou le bœuf son compagnon de joug (?) (*bovem de vaccâ pregnante*) ;

Celui qui avait deux bœufs de travail, et possédait non pas dix autres têtes de bétail, mais des porcs ou des brebis, devait laisser 5 sols ;

En récompense du legs, l'évêque, à la volonté des amis ou des parents, était tenu de célébrer une messe, soit dans l'église où le défunt était enterré, soit à la cathédrale ;

Il était enjoint expressément à tous les diocésains de Labourd d'acquitter avec une scrupuleuse fidélité la dîme des montures, porcs, brebis, etc.; et si l'évêque ou son mandataire avait quelque soupçon au sujet de l'exactitude de la prestation, il pouvait exiger que le débiteur jurât avec deux *mansoniers* de la paroisse, des plus notables et « mariés », que l'opération avait été bien et fidèlement accomplie.

L'acte se termine ainsi :

« Le présent statut fut fait, ainsi qu'il
« est écrit, par B. vicomte de Bayonne, G.
« A. de Baiona, S. de Bonion et son fils B.
« de Urtubie, A. de Naubeis, Aner de Saut.
« A. de Urrucega et Brasc de Sance. »

Certes, si Bertrand n'avait jamais été mieux inspiré, on ne comprendrait guère le renom de bon coutumier si longtemps attaché à sa mémoire : fouler à ce point de pauvres paysans n'était ni d'un bon cœur, ni d'une sage politique. Mais ne nous y trompons pas ! quoique édictée sous la forme de statut vicomtal, cette charte, il faut la mettre surtout au compte de Fortaner, à qui seul elle profitait ; Bertrand n'eut que le tort de ne pas oser résister aux obsessions d'un zèle mal gouverné en faveur de l'Eglise.

Un évènement, aussi vulgaire dans ses causes que considérable par les conséquences

qui en résultèrent, tira définitivement le vicomte bayonnais de l'ornière des préjugés
féodaux et du passé.

Le mariage d'Aliénor avec Louis–le–Jeune
avait produit les plus tristes fruits. Vive, spirituelle, passionnée, élevée au milieu de l'élégance et des habitudes galantes des cours
d'amour, cette aimable enfant du midi formait le plus rare contraste avec Louis « le
tonsuré », prince dur et froid, sans grande
portée d'esprit, et presque entièrement absorbé
par les pratiques d'une dévotion outrée. On
peut dire que c'étaient là des époux mal assor-
tis. — A peine monté sur le trône, le jeune
roi fait la guerre au comte de Champagne, et
lui enlève d'assaut la forte place de Vitry :
dans les désordres du pillage, le feu est mis à
l'église, et le toit s'écroule sur de nombreuses
victimes. Dès ce moment, il n'est plus de re-
pos pour l'inconsolable vainqueur. Malgré les
conseils de l'illustre Suger, il prend la croix
afin d'expier ce qu'il appelle « son crime de
Vitry. » Déplorable croisade ! Louis–le–Jeune
en revint couvert de honte, et comme roi et
comme mari. Il accusait sa femme de relations

adultères avec un beau musulman; celle-ci
disait hautement qu'on l'avait mariée à un
moine. Le concile de Beaugency prononça
leur divorce *pour cause de parenté* (1152). Riche
de son splendide apanage, qu'il fallut bien
lui rendre, la duchesse d'Aquitaine ne pouvait
manquer de prétendants. Henri Plantagenet
lui fut présenté et sut gagner son cœur; il
avait dix-neuf ans; elle en avait trente-deux.
Trois ans après, l'ex-reine de France était
couronnée reine d'Angleterre, et l'heureux
Henri II réunissait sous sa main de justice,
outre le royaume d'Angleterre, le duché de
Normandie, le comté de Poitiers, celui d'Anjou et notre duché d'Aquitaine; des bouches
de l'Escaut à Fontarabie, toute la côte maritime de la Gaule, sauf la Bretagne, était à lui.

Henri, dès qu'il eut ceint la couronne,
n'épargna rien pour attacher à l'Angleterre
par des liens indissolubles les magnifiques
états d'Aliénor. Affranchissement de serfs,
abolition d'exactions pour les campagnes,
priviléges et franchises pour les villes:
telles furent les amorces, à bon droit séduc-
trices, que le prince normand jeta en

appât aux populations méridionales de la France, bientôt enchantées de leurs nouvelles destinées. La noblesse se montra plus rétive : avec elle, les sterlings, comme disait Mathieu Pâris, c'était le grand argument ; mais il était éphémère : l'argent dépensé, la fidélité s'en allait. Toutefois Bertrand n'en agit point de la sorte ; il se mit franchement, loyalement, au service de la politique anglaise. Appela-t-il des bourgeois dans ses conseils ? leur céda-t-il quelques droits subalternes, ceux par exemple de basse justice, de répartition des tailles, de police, etc., etc.? Nous le croirions volontiers. Compaigne affirme que la ville de Dax, notre voisine, obtint notamment d'Henri II (1153) le privilége d'exemption de tout subside [1]. Sans doute, on ne nous traita pas moins favorablement. Toujours est-il qu'à partir de ce moment, Bayonne marcha d'un pas rapide dans les voies de la prospérité matérielle et de la culture morale. L'importante ordonnance édictée par le vicomte sous le nom de *coutume de hostellaige* date évidemment de cette époque ;

---

[1] Compaigne, *Chronique d'Aqs.*

elle peut donner une idée du mouvement commercial dont Bayonne était déjà le théâtre.

Le droit d'hostellaige ou dé magasinage[1] était calculé d'après la nature et le volume de la marchandise; il devait être payé au propriétaire de la maison où se trouvait le magasin, à *l'hôtellier*, non-seulement par le maître de la marchandise ou vendeur (*mercadier*), mais encore par l'acheteur; cependant l'hôtellier, en vertu d'une espèce de droit de préférence, pouvait obliger l'acheteur à lui céder, au prix coûtant, la moitié de la marchandise qu'il venait d'acheter, et dans ce cas l'acheteur était affranchi du droit d'hostellaige, etc. L'ordonnance est accompagnée d'un tarif dont nous relevons les principaux articles :

Lou trosset (grosse balle d'étoffes).. 6 deniers.
Le saque de borre (sac de bourre).. 6 Id.
Cargue de coyre (charge de cuivre).. 5 Id.
Bale per arrezon dou trosset (la balle à proportion du trosset)
Conils (peaux de lapins)........... 6 deniers.

[1] Arch. de Bayonne. Reg^c AA—11. p. 51. (*Voir aux pièces just.*)

Cordouans... ⎫	
Badanes..... ⎭	3 deniers.
Lang (laine)......................	3 médailles.
Carque de fer...................	2 deniers.
Ballot (Sunat)...................	1 Id.
Estanh, la pesse (Etamine [?] la pièce)	1 Id.
Baques (peaux de vaches).........	1 Id.
Agnels (id. d'agneaux) de cent et au-dessus........................	2 Id.
Un cheval......................	6 Id.
Jument........................	4 Id.
Mulet.........................	4 Id.
Ane..........................	2 Id.
Porc	1 médaille.
Mouton........................	1 quarton.
Quintal de piment (pebe)..........	12 médailles.
Cire (quintal)...................	1 denier.
Un millier de congre.............	6 Id.

Le droit d'hostellaige, tel que nous venons dé l'analyser, n'était pas absolument particulier à la législation coutumière de Bayonne ; on le retrouve à Saint-Sébastien, sauf de légères différences de détail , ainsi que le constate la charte d'affranchissement accordée à cette ville par le roi de Navarre Sanche-le-Sage (1170) [1]. Etait-ce une imitation de

[1] *Dictionnaire géographique historique d'Espagne,* tome II, p. 543.

l'usage bayonnais? nous sommes fort disposés à le croire ; car cette charte prouve elle-même que les gens de Saint-Sébastien venaient faire leurs achats à Bayonne pour l'approvisionne-ment de leur cité et du reste de la province.

Une autre ordonnance, qu'on peut égale-ment attribuer à Bertrand, bien qu'il ne soit désigné dans l'acte que par ces mots un peu vagues : le seigneur de « l'ancian poblemen», a pour but de réglementer la vente du poisson. Bertrand de Podensac, maire de Bayonne en 1255, en recueillit les dispositions essentielles dans la mémoire des anciens prud'hommes de la ville, et les fit transcrire au nombre des établissements coutumiers. La sagesse, l'à-propos si l'on veut, des mesures prescrites pour concilier l'approvisionnement des habi-tants avec l'intérêt des pêcheurs, des mar-chands poissonniers et des revendeurs , nous est attesté par le soin même avec lequel la commune libre adopta plus tard et respecta ce legs de l'autorité seigneuriale. Quelques passages de l'ordonnance [1] suffiront pour en

---

[1] Arch. de Bayonne *Rege AA —1*. p. 89. *(Voir aux pièces just.)*

faire apprécier l'esprit ; et l'on verra qu'elle peut, sans trop de désavantage, entrer en parallèle, malgré les incontestables progrès de la civilisation, avec nos modernes arrêtés de police :

1° Tout pêcheur de mer salée, au retour de la pêche, arrivera avec son embarcation à *la Pointe*, devant les cabanes du côté de la terre de Labourd ; là, il pourra vendre son poisson franchement à tout marchand (*mercadier*).

2° S'il veut le vendre à Bayonne, il pourra l'y apporter franchement ; mais s'il l'apporte et le vend ailleurs, il perdra poisson et embarcation. L'embarcation sera brûlée ; et du poisson, il sera fait trois parts : l'une pour le seigneur, l'autre pour les gardes, la troisième sera détruite (*barreiat*) à Bayonne.

3° Défense est faite, sous les mêmes peines, d'acheter ailleurs qu'au marché de Bayonne, le poisson pêché depuis le cap *jusan* de l'île de Belay jusqu'au cap *susan* de l'île de Corbeire.

4° Toute coalition, soit des pêcheurs pour faire la loi aux marchands poissonniers et au public, soit des marchands pour imposer leur prix au public et aux pêcheurs, sera punie, non-seulement des peines ordinaires (poisson détruit, barque de pêche brûlée), mais le coupable demeurera corps et biens à la discrétion du seigneur, qui pourra le traiter comme un parjure.

5° Toutefois, si le roi, ou son fils, ou son sénéchal, se trouvaient du côté de Labenne, les pêcheurs pourront s'y arrêter et vendre leur poisson.

6° Défense est faite aussi à tout revendeur d'aller au-devant des poissonniers, et d'acheter en route toute espèce de poisson, baleine, chien de mer (*toilh*), etc., destiné au marché de Bayonne, et pêché depuis Sordes, Dax et Hourgave, pour les poissons de rivière, et à Fontarabie, Saint-Jean-de-Luz et Biarritz, pour ceux de mer.

7° Chaque année « le premier esturgeon » doit être porté à Bayonne, pour y être débité; chaque fois que des esturgeons sont apportés au marché, un, au moins, doit y être taillé.

8° Il est défendu d'égorger, de fendre, de scier le poisson à *la Pointe*, à moins qu'il ne soit destiné à la nourriture du pêcheur; le poisson doit être apporté intact au marché.

9° Le poisson apporté au marché devra rester en offre aux habitants depuis le premier coup de cloche annonçant la messe matinale jusqu'à ce que prime ait fini de sonner ; à partir de ce moment, le poisson pourra être vendu à n'importe qui (aux étrangers, par exemple), ou bien emporté.

10° Du mercredi saint au samedi paschal, personne, à l'exception des religieux et *deus homis dou biler au cot*, ne pourra emporter du poisson hors de Bayonne.

11° Depuis leur arrivée au port, il est défendu d'acheter pour les revendre, les brochets (*luz*), lamproies (*lamprède*), bars ou loubines (*lobiatz*), esturgeons (*creagads*), ou tout autre poisson de Bertaut, etc., etc.

Nous devons une explication à propos de cette station de *la Pointe* mentionnée dans l'ordonnance. Autrefois, ainsi que certains érudits l'ont pressenti plutôt que démontré [1], l'embouchure de l'Adour se trouvait proche

[1] Ceci était écrit avant que n'eût paru la belle étude de M. l'abbé Puyol, *l'Adour et le gouf de Capbreton.*

de Capbreton, en face du quartier de Boret, l'une des limites extrêmes de la juridiction de Bayonne. Au lieu de se jeter, comme aujourd'hui, dans la mer à environ quatre kilomètres de la ville, le fleuve, à la hauteur de Blancpignon, déviait brusquement vers le nord, courait le long de la côte à travers les territoires d'Ondres et de Labenne, et ne débouchait dans le golfe de Gascogne qu'aux environs du point désigné sur les cartes marines sous le nom de fosse (*gouf*), point situé à dix-huit kilomètres environ de l'embouchure actuelle, artificiellement ouverte en 1578 par le célèbre ingénieur Louis de Foix. Un hameau de Capbreton, celui de la Pointe, doit son nom (que la configuration des lieux rendrait maintenant incompréhensible), à la circonstance qu'il occupait jadis l'extrémité septentrionale de l'étroite langue de terre serrée, depuis Blancpignon jusqu'au gouf, d'un côté par la mer, de l'autre par le fleuve. De là aussi le nom de *port de la Pointe*, donné au havre ou boucau de Bayonne dans le courant du XIIe et du XIIIe siècle. L'exact et judicieux Compaigne n'ignora pas, comme Oihé-

nart, l'ancien état de choses; il cite même
un extrait de l'acte (que du reste nous ne
connaissons pas autrement) par lequel notre
Bertrand gratifia l'abbaye de Lahonce d'une
baleine, à prendre chaque année sur celles
qui seraient capturées au port de la Pointe[1].
Le golfe de Gascogne, riche en poissons de
toutes sortes, paraît avoir nourri, à cette
époque, de nombreuses familles de baleines:
C'est surtout la pêche de ce terrible cétacée
qui attirait nos hardis marins, et il y a lieu de
croire que, pendant longtemps, ils en reti-
rèrent leur revenu le plus régulier; car les
redevances seigneuriales exigées des populations maritimes de la vicomté de Bayonne, se
payaient généralement en baleines et balei-
neaux : les langues de baleines furent le régal
de nos ancêtres, on les tenait pour morceau
de roi; les dernières parurent sur la mense
épiscopale. Tout était matière à profit dans
cet énorme et précieux animal: la graisse, la
chair employée à l'alimentation du bas peuple,
jusqu'aux os, dont les pêcheurs se servaient

---

[1] Compaigne, *Chronique de Bayonne*, p. 23.

pour clôturer leurs jardins, à ce qu'assure Rondelet.

Fortaner, faut-il le dire? ne portait point à la politique libérale de l'Angleterre toute la sympathie que lui manifestait Bertrand : il en prit néanmoins, pour le moment, son parti, et sut utilement s'isoler d'un mouvement d'idées qui lui déplaisaient, en poursuivant sous toutes les formes la grandeur temporelle de l'église cathédrale : poursuite habile, souvent couronnée de succès, imprudente cependant, car parfois il heurta de front les intérêts de cette bourgeoisie à laquelle, quelque dépit qu'il en eût ; la pêche et le trafic mercantile ouvraient chaque jour la route de la fortune; et la bourgeoisie a toujours été rancunière.

Au premier rang marquaient P. de Luc, Fremald de Labruguéire, et R. W. de Ardir; ils avaient amassé de l'argent, pendant qu'autour d'eux, au contraire, la noblesse terrienne, étrangère au commerce qu'elle méprisait, s'était endettée et appauvrie, pour satisfaire aux exigences d'un luxe toujours croissant depuis les croisades. Le résultat est facile à

déduire : grâce à l'attrait d'une caisse bien
garnie de reluisants écus, la modeste boutique du serf à peine affranchi reçut plus
d'une fois la visite du maître de la veille, de
maître naguère si arrogant, si orgueilleux,
transformé maintenant en humble et caressant
solliciteur. C'est ainsi que Condesse, vicomtesse de Marempne [1], avait engagé (*impignoré*)
pour 1520 sols, aux bourgeois bayonnais que
nous venons de nommer, et plus probablement à toute la corporation des marchands,
la dîme de Saint—Martin—de—Seignans et les
serfs ruraux (*rusticos*) qu'elle possédait dans
la même paroisse. A la mort de Condesse,
Navarre, son fils, qui lui succéda dans la
vicomté, eut hâte de rompre un lien qu'on
lui représenta comme humiliant ; il rem-
boursa aux bourgeois les 1520 sols qu'il leur
devait : mais le même jour il réengagait à
l'évêque Fortaner, moyennant la même
somme, la dîme de Saint—Martin seulement,
sous la condition de ne pas se libérer d'au
moins trois ans, et, le terme arrivé, de ne

[1] *Livre d'or*, p. 15.

payer qu'avec *son propre* argent ; il gardait les paysans, mais perdait la faculté de nova-tion par changement de créancier. Comme au moment de la passation du contrat, les sols de Poitou valaient autant que ceux de Morlaas, il fut bien entendu que si le jour du rembour-sement, la monnaie de Poitou avait diminué de valeur, il serait donné autant de sols poi-tevins qu'il en faudrait pour équivaloir à un paiement fait en sols de Morlaas. Les fidé-jusseurs furent B. vicomte de Bayonne et ses fils Pierre et Arnaud, A. de Ordozon et son fils, Adémar de Saint–Martin et P. de Moli-naire.

Il est clair que Fortaner avait dicté les con-ditions, d'ailleurs très légitimes, du contrat. L'affaire était bonne pour le vicomte, puisque pour la même somme de 1520 sols il n'enga-geait que la dîme de Saint–Martin, et retrou-vait la libre disposition des serfs ruraux engagés à l'origine par Condesse ; mais la cathédrale y gagnait plus encore, car là clause de ne pouvoir rembourser avec des fonds d'emprunt, mettait indéfiniment Na-varre, à moins d'un retour de fortune peu probable, à la discrétion de l'église ; et c'est ce qui importait à l'évêque. Le chapitre de Bayonne n'en était plus au temps de Narremon de Bazas, au temps assez dur des aumônes et des donations misérables : il était grand propriétaire ; il avait des capitaux nombreux à placer. On sait avec quelle sévérité les théologiens du moyen-âge proscrivaient le prêt à intérêt, cette source vivifiante des sociétés modernes ; l'antichrèse n'échappait pas à leur violente censure. Un prêteur à intérêt, à usure, comme on disait alors, c'était un voleur, presque un homicide. On était donc très friand, dans le monde clérical, du contrat d'engagement ou d'impignoration (sorte de contrat de vente à réméré), qui permettait, en échange d'un capital livré comme prix, de recueillir les fruits naturels des terres engagées, ou les prestations, soit en nature, soit en argent dues par les tributaires de la dîme. Mais que pensèrent les bourgeois d'avoir perdu les profits d'une si excellente affaire ? Que dirent-ils des chanoines ? Ne les accusèrent-ils point d'abandonner le temple pour envahir le comptoir des marchands ?

Dans le courant de l'année 1168, le désir de revoir le toit paternel décida Fortaner à visiter la Basse-Navarre et la Soule ; à ce désir bien naturel, se joignaient aussi des projets d'affaires d'un haut intérêt. On prit par les vallées de la Nive. En passant à Ossez, le prélat, afin de dégager les abords du sanctuaire qui y était établi sous le vocable de saint Julien, acheta plusieurs pièces de terre avoisinantes :

A Borcebiscans [1], pour 8 sols « morlans » le sol du moulin et le terrain qui y touche ;

A Brascosaro [2], pour 3 sols morlans, la terre qu'il possède près du moulin ;

A Lop Sanz [3], pour neuf sols, toute la terre située le long de la route de Saint-Jean ;

A Apalo [4], pour 3 sols morlans et deux deniers, la terre dans le marais qui touche à l'église Saint-Julien.

Nous ne parlons de ces achats, fort peu importants en eux-mêmes, que pour montrer

[1] *Livre d'or*, p. 14.
[2] *Livre d'or*, p 14.
[3] *Livre d'or*, p. 14, d.
[4] *Livre d'or*, p. 15

que la monnaie de cours en Basse-Navarre
c'était la monnaie de Morlaas; on n'y faisait
pas usage, comme à Bayonne, de celle du Poitou; et peut-être faut-il demander à la préférence que les Basques accordaient aux sols
de Béarn, l'explication des craintes assez
extraordinaires qu'avait manifestées Fortaner
au sujet des sols poitevins, lorsqu'il stipulait
avec le vicomte de Marempne, Navarre, en
vue de la possibilité de leur future dépré-
ciation.

Une brillante réception attendait le prélat
dans le pays de Cize. Sanche Remire [1], qui,
nous le croyons, appartenait à la famille vicomtale de Baïgorri, donna à l'évêque et à
l'église de Bayonne tout ce que lui-même ou
ses prédécesseurs avaient pu posséder de
droits ecclésiastiques, à titre héréditaire ou
autrement, sur les églises de la vallée d'Ossez.
Dans l'effusion de sa reconnaissance, Fortaner
lui conféra un canonicat de la cathédrale,
temporellement et spirituellement. Ces actes
furent entourés d'un grand apparat; ils eurent

---

[1] *Livre d'or*, p. 15, d.

lieu à l'église de Saint Jean de Cize, en présence des chanoines R. de Rocha, W. R. de Cize et G. de Baïgorri (ce dernier alors archidiacre), de la vicomtesse Navarre de Mauléon et de plusieurs gentilshommes du pays, entre autres les frères de Fathse (Haïtze), Lop Mothce de Saint–Vincent, B. Sancii de Cize, Aner de Olete, Othsoe de Ferriete.

De Saint–Jean, Fortaner se rendit à Mauléon, et y reçut l'hospitalité de la vicomtesse Navarre et de son époux Auger de Miramont, l'ancien compagnon d'armes de Gaston et de Guilhem de Poitiers aux journées de Saragosse et de Cutenda. C'était si bien pour le prélat bayonnais un voyage d'affaires, qu'il avait mené avec lui une bonne moitié du chapitre; outre les chanoines que nous avons déjà désignés, nous trouvons au château de Mauléon, le vieux B. de Baïona, Guilhem Bertrand, fils du vicomte, et futur évêque de Dax, enfin Bernard Lacarre, jeune ecclésiastique jouissant, par sa famille, d'une grande influence en Basse–Navarre, comme il le prouva pendant ce même voyage en décidant Semero Garcia, vicomte de Baïgorri, à resti-

tuer aux moines de Sordes la terre de Bo-
lunce[1] dont il les avait dépouillés. Hôtes
généreux et magnifiques, Navarre et Auger
de Miramont concédèrent à Sainte-Marie de
Bayonne, pour la rédemption de leur âme,
la moitié de la dîme d'Ossez à perpétuité ;
il faut dire que l'évêque leur donna cent sols
morlans, mais simplement pour rendre la
donation plus ferme et plus inviolable.

Si l'on rapproche ce dernier acte de la
renonciation récente de Sanche Ramire, si,
surtout on veut bien se rappeler que le
vicomte Bertrand et son épouse Ataresse
avaient déjà donné l'autre moitié de la dîme
d'Ossez, on comprendra le légitime orgueil
qu'éprouva Fortaner lorsqu'il put reprendre
le chemin de sa ville épiscopale, après avoir
rétabli Sainte–Marie de Labourd dans la
plénitude de ses droits temporels sur la belle
vallée d'Ossez.

C'est à la suite de ce mémorable voyage, ou
peu de temps après, que Fortaner termina
une autre négociation d'un certain intérêt,

---

[1] Oihénart. *Not. utr. Vasconiæ*, p. 250.

rappelant celle de Sanche Ramire à Saint
Jean de Cize. Galin de Beariz [1] s'offrit personnellement, avec son fils G., à l'évêque, à
Guilhem de Saint-Martin, archidiacre, à
P. de Salbainac et au reste du chapitre, en
abandonnant à Sainte-Marie de Bayonne tout
le temporel ecclésiastique qu'il possédait, par
droit héréditaire ou d'autre façon, dans la
paroisse de Biarritz, consistant en dîmes,
oblats, redevances d'autel, du sanctuaire de
Saint-Martin. Touchés de cette dévotion,
l'évêque et les chanoines gratifièrent d'un
canonicat chacun des donateurs; mais le fils
G. ayant sans doute peu de vocation pour la
prêtrise, passa, d'accord avec le chapitre, la
place de chanoine qui lui était destinée à un
de ses cousins recommandé par la famille.
Les fidéjusseurs furent Aner de Archagos et
A. de Naubeis; les témoins étaient nombreux
et divisés en deux catégories, ceux de la cité
et ceux du dehors : parmi les premiers figu-
rait l'élite de ces bourgeois que nous connaissons déjà, et que nous rencontrerons désormais

[1] *Livre d'or*, p. 16.

à côté des plus vieux noms du pays : R. W. de
Ardir, Fremaut de la Brugueyre, Pons dels
Puis, P. Sarracin, Johannes de Sinossa et
A. de Meis.

Cependant le vicomte Bertrand touchait au
terme de sa longue carrière si bien remplie.
Mais, avant sa mort, il eut la double joie de
voir l'un de ses fils, Guilhem Bertrand,
monter au siége épiscopal de Dax (1168 à
1169), et de rendre à Sainte-Marie de Labourd un dernier et signalé service. Arbitre
avec Vibien évêque de Lectoure, et son fils le
nouvel évêque de Dax, dans le grand procès
des quarts décimaux de la vallée de Baztan,
qui divisait depuis plus de 30 ans la cathédrale de Bayonne et P. Fortun, vicomte de
cette vallée, il décida que celui-ci devait
abandonner ses prétentions si sept chanoines
du chapitre, c'est-à-dire la moitié plus un,
consentaient à jurer que la cathédrale avait
possédé les dîmes, objet du litige, de temps
immémorial, et que ni l'église particulière,
ni les habitants de Maya n'avaient jamais pu
exercer de droit dans la vallée qu'au nom et
par mains de Sainte-Marie de Bayonne.

P. Fortun ne se tint pas pour battu ; il voulut aller jusqu'au bout ; mais au jour indiqué, sept chanoines prêtèrent le serment judiciaire qui leur était déféré ; ce furent W. de Saint-Martin archidiacre de Bayonne, G. de Baïgorri archidiacre de Cize, B. de Baïona, S. de Irumendie, A. de Formated, Julian de Arribeire, R. de Orcuit. Il fallait se résigner et subir la chose jugée : le vicomte donna pour fidéjusseurs Bonion d'Urtubie et Messeriath de Sault, qui garantirent le fait du vicomte, et promirent pour lui et ses descendants de ne plus élever aucune espèce de réclamation. L'acte fut rédigé en présence de tous les prud'hommes de Labourd, d'Arberoue et de Baztan [1].

On inhuma Bertrand à l'abbaye de Lahonce, dont il avait été le restaurateur et non pas le fondateur, comme l'ont cru quelques-uns : le martyrologe de la Case-Dieu mentionne son décès à la date du 30 octobre, mais sans indication d'année : nous croyons que ce fut en 1170. Déjà sur le retour, le vicomte avait

[1] *Livre d'or.* p. 12, d.

convolé et pris pour femme la Navarraise doña
Tota de Orkeiem ; cette dame, en se mariant,
avait fait donation à Fortaner de la dîme du
moulin de son village natal[1]. Demeurée veuve,
elle dut rentrer en Navarre , et c'est d'elle
probablement que parle Moret lorsqu'il rapporte le traité intervenu , vers l'année 1175,
entre l'évêque de Pampelune « et doña Toda
de Biota, vizcondesa de Bayonna[2]. »

[1] *Livre d'or,* p. 5, d.
[2] Moret, *Annales de Navarre.* l. XIX, chap. VI.

CHAPITRE VI

1170 à 1177,

A l'heure où Bertrand fermait les yeux, laissant la vicomté de Bayonne à Pierre, l'aîné des trois fils qu'il avait eus du premier lit, une intrigue s'agitait dont nous ne connaissons avec exactitude ni l'instigateur ni les vraies fins, mais qui, si elle eût abouti, aurait eu pour conséquence forcée de rejeter, définitivement peut-être, dans le mouvement espagnol, une bonne partie du sud-ouest de la France. Ainsi, la jeune souveraine de Béarn, Marie de Gavarret, compromettait, sans motif apparent, l'indépendance de ses états par une inféodation volontaire à la couronne d'Aragon. En même temps, Henri II unissait au roi de Castille sa fille Aliénor, à laquelle il assignait en dot la Gascogne, avec cette circonstance curieuse à relever, que l'alliance dont le sol national des Gascons formait le prix, c'étaient des Gascons qui l'avaient préparée, Pierre de Lamothe, le vicomte de Castillon, et Ramon, vicomte de Tartas[1]. Il y a apparence que des mains espagnoles menaient l'intrigue, et qu'elle était dirigée contre le roi de Navarre, Sanche VI. Ce prince éclairé, que ses contemporains surnommèrent *le Sage,* était parvenu, à force d'habileté patiente, à cicatriser les blessures longtemps saignantes

---

[1] Marca, *Histoire de Béarn,* liv. VI, chap 12.

de son héroïque patrie : le souvenir de la fu-
nèbre journée de Fraga s'effaçait de jour en
jour ; des concessions de franchises et priviléges, semées à propos d'une main libérale sur
divers points du territoire, y avaient rappelé
le mouvement et la vie ; à côté de Pampelune
commençaient à fleurir Tudela, Estella, et
Corella ; le principal port du royaume, San
Sébastian, était devenu pour toute la contrée
un vaste marché d'approvisionnement [1] ; en
un mot, et c'est, croyons-nous, le mot de
l'énigme, la Navarre achevait de prendre assez
de consistance pour inspirer de l'inquiétude
aux princes circonvoisins. Reste à expliquer
la part politique d'Henri II dans l'affaire.
Certes, avec la puissance dont il disposait, nul
ne croira que les Navarrais, pour prospère
que fût leur situation, pussent sérieusement
lui porter ombrage ; d'un autre côté, l'alliance de la Castille, moins enviable qu'elle
ne le sera plus tard, ne valait pas que le
prince anglais lui sacrifiât la frontière méridionale de ses provinces du continent. A quel

---

[1] *Charte de San Sebastian* (Voir pièces justificatives).

mobile obéissait-il donc? quel but secret pour-
suivait-il ?

De toutes les hypothèses, celle qu'il fut
victime de l'intrigue espagnole doit être re-
gardée comme la plus inadmissible. Que
Marie de Gavarret, jeune fille dépourvue
d'expérience, eût trébuché au premier piége
tendu sous ses pas, on le comprend; mais
prêter le rôle d'une *ingénue* au redoutable
adversaire de Thomas Becket, à l'illustre
chef de la maison royale des Plantagenet, ce
serait aussi absurde que ridicule. Notons en
passant que la cession de la Gascogne correspond précisément au moment le plus étrange
de la vie d'Henri II. A ce moment (1170),
quoiqu'en pleine vigueur de corps et d'esprit,
il a l'air de plier sous le faix du pouvoir
royal, et, pareil à ces vieillards assiégés d'im-
béciles terreurs, qui se flattent, au moyen
d'un partage anticipé, d'enlever à d'avides
héritiers le prétexte de vœux homicides et
d'odieuses discordes, on le voit se dépouiller
de la plupart de ses possessions françaises,
et, de même qu'il avait attribué la Gascogne
à la future reine de Castille, donner le Maine

et l'Anjou à Henri, son fils aîné, — qu'il fait, en outre, couronner roi, — le comté de Poitiers à Richard, son second fils, et la Bretagne au troisième, nommé Geoffroy : morcellement funeste qui, tout en rappelant les siècles des Mérovingiens, devait, comme alors aussi, ouvrir le champ à de tristes compétitions de famille et à des luttes impies.

Certains historiens, John Lingard entre autres, prétendent qu'Henri II ne contracta ces divers engagements qu'avec l'arrière-pensée de les violer ; que ce n'était là qu'une de ces fraudes auxquelles il n'hésitait pas à s'abaisser lorsqu'elles lui offraient la chance d'un bénéfice immédiat. Ils pourraient bien avoir raison : à voir comment tourna la constitution dotale de la Gascogne, on peut se laisser aller sans trop de peine à partager leur sentiment. Nous devons reconnaître cependant qu'il n'y eut pas, dans cette circonstance, de la part d'Henri, fraude ouverte ou violation patente de la foi jurée. Si l'intrigue princière, aragonaise ou castillane, qui croyait déjà nous tenir, échoua misérablement, c'est qu'elle rencontra sur sa route un contradic-

teur inattendu. Dans toute la Gascogne, en
Béarn surtout, les populations, qu'on n'a-
vait pas jugé à propos de consulter, mon-
trèrent par des attitudes diverses, mais également significatives, qu'elles n'entendaient
plus servir de matière à d'insolents trafics,
et ne permettraient point dorénavant que,
sans leur aveu, on les emportât, vulgaire
présent de noces, dans une corbeille de
mariée.

Au Béarn appartient l'honneur d'avoir
donné l'exemple de la résistance ; la noblesse
prit la direction du mouvement ; on proclama
la déchéance de Marie. A sa place, un cavalier
de Bigorre fut élu ; mais au bout d'un an,
comme il trahissait tous les jours avec plus
d'arrogance le serment qu'il avait prêté de
respecter les *fors* et coutumes du pays, les
gentilshommes le mirent à mort. On essaya
alors d'un cavalier d'Auvergne ; celui-ci ne
valait pas mieux que le Bigourdan, peut-être
moins, et le glaive de la justice mit un terme
à ses déportements : il périt au pont de
Saranh, sur les frontières de la Soule, après
avoir exercé le souverain pouvoir durant

deux années environ. Alors, des envoyés de
la Cour Majeure se rendirent auprès d'un
seigneur catalan fort en renom de prud'hom-
mie, et qui avait deux enfants. Quand les
envoyés de Béarn arrivèrent, les deux enfants,
deux jumeaux sans doute, reposaient dans le
même berceau; l'un dormait les mains ouvertes : « Il sera libéral ! s'écrièrent les
« Béarnais, qu'il soit notre seigneur! » et du
consentement du père, ils emmenèrent l'enfant
aux mains ouvertes. En plaçant à leur tête
Gaston, chef de la brillante lignée des
Moncade, les gentilshommes de Béarn affir-
mèrent noblement l'indépendance de leur
belle patrie. A la faveur du brouillard
légendaire répandu sur cette page si dramatique des annales béarnaises, Marca a essayé
de rattacher par une filiation directe le jeune
Gaston de Moncade à Marie de Gavarret, et
de transformer en un retour repentant vers
l'autorité légitime l'acte suprême par lequel,
au contraire, les Béarnais prirent possession
d'eux-mêmes. Sans nous inscrire absolument
en faux contre une assertion qui a réuni les
plus imposants suffrages, nous nous borne-

rons à faire observer que le repentir eût, ce semble, précipité la noblesse aux pieds de Marie : en elle, en elle seule, résidait l'autorité légitime. La thèse ingénieuse de Marca n'a donc guère de portée ; Gaston fût-il le fils de Marie de Gavarret et du seigneur catalan de Moncade, les plus habiles détours du monde n'empêcheront jamais qu'on puisse voir en lui autre chose qu'un prince d'origine révolutionnaire.

Rien de pareil ne survint à Bayonne ; ni insurrection, ni protestation violente contre le souverain. Seulement chacun s'y conduisit comme si la Gascogne n'eût pas été cédée au roi de Castille, Fortaner tout le premier : il courut à Poitiers porter au nouveau comte l'hommage du clergé de Bayonne. Richard, enfant de douze ans à peine, n'était encore qu'un jouet aux mains de sa mère Aliénor, la vraie dame et maîtresse du duché de Guyenne : il ne déplut pas à la noble dame de renouer la chaîne des temps ; un diplôme confirmatif des droits de la cathédrale fut gracieusement délivré à l'évêque : « Vous saurez tous, y faisait-on déclarer au jeune comte de Poi-

tiers, « que je donne et concède à l'église
« Sainte-Marie de Bayonne, ainsi qu'à ceux
« qui y cohabitent (c'est-à-dire l'évêque
« et les chanoines), tout ce que mes prédé-
« cesseurs ont donné à la dite église, comme
« l'a approuvé le témoignage des vieux
« prud'hommes; et afin que ma donation de-
« meure ferme et inviolable, j'ai ordonné
« qu'elle fût placée sous la garantie de mon
« sceau. » Les termes vagues de cette déclaration coloraient d'avance, au profit de la
cathédrale, toute revendication de droits
récents ou antiques, qu'ils fussent tombés
en désuétude ou formellement abolis. Ainsi
en était-il de la justice; on sait que les
anciens vicomtes en avaient donné la moitié
à l'église Sainte-Marie; mais on a vu
aussi que sous le gouvernement de Bertrand
ce droit avait été abandonné à la bourgeoisie. Y eut-il concession, ou simple
abandon? Bertrand marcha-t-il d'accord
avec Fortaner? tous deux n'avaient-ils pas
cédé sur ce point à la pression déterminante
d'Henri II?

Quoi qu'il en soit, à peine de retour de

Poitiers, l'évêque déployant le diplôme qu'il venait d'obtenir, réclama aux bourgeois la moitié de son droit de justice. Ceux-ci opposèrent à la demande un refus péremptoire. Malheureusement Bertrand n'était plus là, prêt à apaiser la querelle ; et sur Pierre, son successeur, il n'y avait nul fond à faire : caractère faible, sans autorité ni crédit, c'était bien un de ces êtres par lesquels les races finissent. Du reste, il ne donna pas signe de vie dans cette affaire ; son effacement même fut si complet que vraiment on pourrait douter qu'il eût jamais exercé les fonctions vicomtales, s'il ne restait de lui deux actes de libéralité pieuse, témoignant de la réalité de sa puissance seigneuriale. Par le premier, il concéda à la cathédrale, en main de Fortaner, la dîme de Bassussarri ; et le chanoine Arnaud de Formatel (Romated ?), afin de mettre l'église à l'abri de certaines éventualités révocatoires, imprima à la concession le caractère d'un contrat onéreux au moyen d'un payement de deux cents sols poitevins fait en présence de plusieurs gentilshommes du pays de Labourd : A. de Naubèis, A. de

Urrucega et P. de Iruber [1]. Dans le second acte, qui suivit d'assez près le premier, Pierre Bertrand, à son lit de mort, entouré de A. de Ordozon archidiacre, frère W. Furt de Lefonce (Lahonce), P. de Arribeire, A. de Naubeis et B. de Urtubie, donna pareillement à la cathédrale le cens du susdit village de Bassussarri, avec tous les droits de seigneurie qui y étaient attachés [2].

Entre l'évêque et les bourgeois, faute d'un médiateur autorisé, la lutte paraissait donc sans issue; elle se termina toutefois par un arrêt que dut consulter plus tard, à titre de jurisprudence, le juge du bon Lafontaine dans le fameux procès de l'huitre que deux pèlerins se disputaient; mais avant de toucher au dénouement que nous indiquons, comme ce dénouement se rattache d'une manière très directe au drame armé dont une vaste partie de la France était le théâtre, on nous permettra de revenir de quelques pas en arrière.

---

[1] *Livre d'or*, p. 11. L'acte constate que le nom de Bassussarri venait d'être substitué à celui de Villenave.

[2] *Livre d'or*, p. 11.

Au sein du second hymen, dont l'amour seul, au moins pour elle, avait formé les nœuds, Aliénor de Guyenne, par un triste retour des choses d'ici-bas, avait éprouvé toutes les angoisses de cœur qu'elle avait fait subir à son premier époux. Henri II, bientôt après son mariage, n'avait plus gardé de mesure : il fut même scandaleux dans un siècle où le scandale était de mode. La reine offensée pardonna d'abord; puis, quand elle comprit enfin qu'elle était délaissée sans espoir, une soif inextinguible de vengeance la prit et lui dévora les entrailles. La tradition vulgaire l'accuse d'avoir poursuivi jusqu'au fond du labyrinthe de Woodstock sa rivale la plus belle, Rosemonde (dont Henri eut plusieurs enfants), et de lui avoir donné la mort de sa propre main; imputation fausse de tous points, mais qui prouve combien profondément avait pénétré dans les couches populaires, avec les bruyants désaccords du royal ménage, la croyance que l'épouse irritée ne reculerait devant aucun moyen d'assouvir sa haine furieuse. Non ! Aliénor ne recourut pas au poignard; elle ne força point Rosemonde

à boire dans une coupe empoisonnée. A quoi
bon d'ailleurs faire disparaître une rivale
qui ne tarderait pas à être remplacée? Elle
se retira en Guyenne; et là, seule, sans confi-
dent comme sans complice, elle prépara en
silence une vengeance plus directe, plus sûre
dans son but, plus digne de la civilisation
raffinée à laquelle elle appartenait. Idole des
troubadours, objet privilégié de leurs chansons poétiquement expressives, on la vit
s'abandonner avec une feinte insouciance,
comme pour y chercher un baume d'oubli,
à toutes les frivolités galantes de la cour
d'amour que, noble émule d'Ermengarde
vicomtesse de Narbonne, de Marie de France
comtesse de Champagne, sa fille du premier
lit, de Sybille d'Anjou comtesse de Flandres,
elle dirigeait avec une distinction suprême.
Qui eût pensé que lorsque, d'une voix charmante et fort écoutée, elle donnait des con-
sultations ou rendait des arrêts « sur l'infi-
« délité ou l'inconstance des amants, sur les
« rigueurs et les caprices de leurs dames[1]; »

[1] Raynouard (*Choix des poésies des Troubadours*, t. II).

qui eût pu penser que l'exécution du dessein
le plus pervers l'absorbait tout entière? Ses
trois fils aînés, Henri au court mantel, Richard de Poitiers et Geoffroy de Bretagne,
demeuraient auprès d'elle, s'y assouplissant
à tous les exercices dont la science pédago-
gique du temps avait composé son bagage de
luxe, parmi lesquels, la danse, l'équitation,
l'escrime, la musique, et, au premier rang,
l'art exquis de « trouver » *trobar* [1]. Mais sait-
on ce qui fit le fond de l'enseignement spécial
que la mère s'était réservé? elle apprit à ses
fils à détester leur père, à le détester jusqu'à
la haine! L'enseignement porta les fruits
attendus, même au-delà : chevaliers accomplis, les élèves d'Aliénor devinrent aussi des
monstres d'ingratitude filiale.

Leur coup d'essai leur réussit : ils demandèrent des apanages, et en obtinrent; quand
ils eurent des apanages, ils voulurent les
augmenter. Dans une entrevue qu'Henri II
eut à Limoges avec le comte Raymond de
Toulouse, celui-ci l'avertit de se défier de ses

---

[1] *Trobar,* d'où vient le nom de *troubadour.*

fils et de leur mère : avis sinistre, bientôt réalisé (13 février 1173). Peu de jours après l'entrevue, Henri au court mantel quitte son père, et s'échappe suivi de Richard et de Geoffroy. Le roi de France Louis VII, le premier mari de leur mère, les accueille, et promet de les aider dans leur rébellion. Aliénor veut fuir aussi ; elle est arrêtée sous des habits d'homme, et reléguée dans une prison d'Etat où pendant dix ans elle souffrira en punition de son inexpiable crime. Henri *le Jeune* est proclamé *en France* roi d'Angleterre : le vieil Henri est sommé d'abdiquer. Le feu de la révolte est partout allumé, en Normandie, en Bretagne, en Aquitaine! En Aquitaine, la captivité d'Aliénor, cette vivante image de la patrie, arrache de toutes les poitrines animées du souffle national des cris de douleur et de colère :

« Tu as été enlevée de ton pays et emmenée « dans la terre étrangère, s'écrie un chroni- « queur obscur [1]. Elevée dans l'abondance

---

[1] Augustin Thierry, *Histoire de la conquête de l'Angleterre*, t. III.

« et la délicatesse, tu jouissais d'une liberté
« royale; tu vivais au sein des richesses; tu
« te plaisais aux jeux de tes femmes, à leurs
« chants, au son de la guitare et du tambour;
« et maintenant tu te lamentes, tu pleures et
« te consumes de chagrins. Reviens à tes
« villes, pauvre prisonnière..... Où est ta
« cour, où sont tes jeunes compagnes?.....
« Crie donc! ne te lasses pas de crier, élève
« ta voix comme la trompette pour que tes
« fils t'entendent ; car le jour approche où
« ils te délivreront, où tu reverras ton pays
« natal. »

Henri II, le cœur gonflé de chagrin, mais
supérieur aux souffrances morales qui le
torturaient, fit, sur tous les points, tête aux
agresseurs : il avait amassé à la hâte des
Brabançons ou routiers; vrais bandits en
temps de paix, mais excellente milice en
temps de guerre. D'incontestables succès cou-
ronnèrent ses premiers efforts, et attiédirent
soudain l'ardeur des Français. Le roi d'Angleterre se conduisit en père : il proposa la paix,
une paix avantageuse et cordiale (entrevue de
Gisors, 3 août 1173). Dans une paix sincère

l'ambition de Louis VII ne trouvait pas son
compte ; il fit échouer les négociations. Le
mauvais temps survint ; on dut suspendre les
hostilités. Les fils rebelles mirent l'hiver
à profit pour préparer une défense vigoureuse.
Richard parcourut tout l'ancien duché d'A-
quitaine, du Poitou aux Pyrénées : seulement
La Rochelle lui ferma ses portes. Il arriva à
Bayonne le jour de l'Epiphanie (1174?), au
milieu d'un brillant cortége de chevaliers
poitevins, angoumois, gascons, etc., dont sa
bonne mine, l'élégance de ses manières et
l'éclat de son armure le distinguaient facilement. Parmi les seigneurs de l'entourage, on
remarquait W. Maengot seigneur de Surgères
du pays d'Aulnis, Foulques de Mastas seigneur de Cognac et sénéchal de Poitou, le
vicomte de Castillon, le vicomte de Tartas,
Foucault de Archiac et le routier A. Brun,
dont le Midi connut longtemps la furieuse
valeur. Le duc de Guyenne (car depuis sa
révolte Richard avait pris ce titre) trouva les
bourgeois bayonnais en pleine querelle avec
Fortaner. Chacun dit sa raison. Grande fut
la perplexité de l'auguste arbitre ! Ce n'est

pas que les titres fussent douteux, le droit
de l'église apparaissait manifestement : mais
était-il prudent de mécontenter la bourgeoisie?
on rencontrait dans ses rangs l'élément militaire, des soldats et des marins, dont Richard
avait tant besoin. Tout pesé, tout arbitré, le
fils de la spirituelle Aliénor, normand croisé
de gascon, ne donna tort à personne, et.....
garda la justice pour lui-même.

Garder la justice purement et simplement,
sans compensation aucune pour les parties
lésées, n'eût été qu'un procédé brutal. Deux
chartes conservées, l'une au trésor de la cathédrale, l'autre aux archives de la ville,
montrent avec quel art Richard sut ménager
tous les intérêts, et trouver, au fond d'une
difficulté judiciaire fort délicate à résoudre,
un accroissement de sa propre puissance.

La charte concédée à la cathédrale est ainsi
conçue :

« Richard [1] fils de Henri roi d'Angleterre,
« comte de Poitiers, duc d'Aquitaine, aux
« archevêques, aux évêques, aux abbés, aux

---

[1] *Livre d'or*, p. 17, d. (*Voir aux pièces justificatives.*

12

« comtes, aux vicomtes, aux barons, aux
« chevaliers, et à tous ses fidèles de Poitou
« et d'Aquitaine, salut. Sachez que j'ai
« concédé et par ma charte confirmé à For-
« taner, évêque de Bayonne, la donation
« que Gui, duc d'Aquitaine, mon prédé-
« cesseur, avait faite à l'évêque Ramon de
« Martres et à l'église de Bayonne, ainsi
« que l'atteste la charte de Gui lui-même ;
« mais, à cause du débat qui s'agitait entre
« le susdit Fortaner et les bourgeois de
« Bayonne, au sujet de la *viguerie,* dont
« Fortaner prétendait que la *moitié* lui
« appartenait, et afin d'*abolir ce dernier droit,*
« j'ai donné audit évêque et à l'église de
« Bayonne toute la coutume de la boucherie,
« en quelque lieu qu'elle soit perçue dans la
« ville de Bayonne, de laquelle coutume
« l'évêque et l'église ne possédaient par droit
« ancien que la moitié, et j'ai *retenu dans ma*
« *main toute la viguerie.* Cette donation, je l'ai
« faite après avoir pris conseil de mes barons,
« à ma première entrée dans Bayonne, pour
« le salut de l'âme de mon père Henri et de
« la reine Aliénor ma mère, pour mon

« propre salut , celui de mes frères et de mes
« prédécesseurs. Témoins : W. Bertrand
« évêque de Dax , W. Maengot , Foulques de
« Mastac alors sénéchal de Poitou, le vicomte
« de Castillon, le vicomte de Tartas, Foucault
« de Archiac, A. Brun et plusieurs autres.
« Donné à Bayonne , le lendemain de l'Epi-
« phanie. »

Voici maintenant la charte des bourgeois :
« Que tous présents et à venir [1] sachent
« que moi Richard, etc., j'ai donné et concédé
« pour toujours, à mes chers *citoyens* de
« Bayonne , les coutumes et les droits que
« Guilhem comte de Poitiers, présent Ramon
« de Martres évêque de Bayonne , leur ac-
« corda lorsqu'il commença à édifier Bayonne,
« à savoir : Quiconque est déjà venu à
« Bayonne, ou y viendra dans la suite pour
« s'y établir, sache que toute franchise lui
« est octroyée, sur terre et sur mer , dans
« les landes et les forêts, tout autant qu'il
« pourra en parcourir (aller et retour) en une
« journée , sous la condition qu'après une ré-

---

[1] Archives de Bayonne, AA-1, p. 64. (V. pièces justificatives.

« sidence continue d'un an et jour, il acquitte
« les droits accoutumés au maître du sol
« qu'il occupe, si toutefois il n'en est pas le
« propriétaire. De tous les procès (*clams*)
« qui seront portés devant le seigneur ou
« devant son vicaire (*viguier*), celui qui aura
« tort devra lui payer 6 sols. Si quelqu'un
« des habitants voulait quitter la ville et
« aller s'établir ailleurs, il aurait la pleine
« faculté de vendre ses maisons, jardins,
« prairies, moulins et autres biens qu'il
« pourrait posséder. Mon sénéchal, quel
« qu'il soit, doit prêter à tous aide et
« protection, sur toute ma terre et au-delà.
« En outre, si quelqu'un fait tort à mon
« sénéchal ou à mes hommes, chacun doit
« le suivre en expédition pour tirer vengeance
« du tort ou de l'injure reçus ; celui qui
« refusera de marcher paiera 6 sols. Mais si
« le sénéchal, soit qu'il ait reçu le prix du
« dommage, soit qu'on ne lui ait fait ni à lui
« ni à mes hommes aucun tort, veut tout de
« même faire une expédition, on ne sera pas
« tenu de le suivre. J'ai décidé aussi que
« tous les habitants paieront annuellement

« un marc d'argent de Morlaas, en remplace-
« ment de l'impôt (*exactio*) de la baleine qu'on
« exigeait d'eux, et que, pour chacun des
« navires de la ville de Bayonne, à chaque
« retour, on acquittera deux sols de Morlaas.
« J'ai octroyé encore à tous les Bayonnais
« qu'ils puissent apporter leur pêche partout
« où ils voudront, sans payer d'coutume, à
« moins qu'ils ne soient en société avec des
« étrangers, auquel cas ils acquitteront la
« coutume. J'ai octroyé enfin que tout séné-
« chal que j'enverrai à Bayonne, avant d'en-
« trer en charge, *prêtera serment* aux Bayon-
« nais de respecter leurs coutumes. Les
« témoins sont : Fortaner évêque de Bayonne,
« Guilhem Bertrand évêque de Dax, W.
« Maengot, Foulques de Mastac sénéchal du
« Poitou, R. Robert vicomte de Tartas,
« Foucault de Archiac, en Guilhem Arn. de
« Tosse[1], Guilhemet d'Andonhs, en Narnaut
« Bernat archidiacre d'Ordezon, en Peis de
« Luc, en Bidau de Luc son fils, en Narremon
« Guilhem d'Ardir. Donné à Bayonne. »

[1] Archives de Bayonne, 14-11, p. 8. (*V. pièces justificatives.*)

A bien considérer l'ensemble des dispositions énumérées dans les chartes que nous
venons de citer, on voit qu'elles consacrent
toute une révolution : l'abolition à Bayonne
de l'autocratie vicomtale. C'est un nouveau
régime qui commence; au gouvernement du
vicomte va succéder directement celui du duc,
ou plutôt du roi; et ici, comme dans le reste
de la France, l'unité se fera dans le pouvoir :
en place de mille petits despotes, tyrans de
cités ou de villages, il n'y aura plus qu'un
administrateur, qu'un législateur et qu'un
juge : ce sera le roi ! au nom du roi seul, seront dorénavant exercés tous les actes qui
constituent la puissance souveraine.

Et d'abord remarquons que le vicomte
Pierre Bertrand ne figura pas au nombre des
souscripteurs des deux chartes. Doit-on voir
dans l'abstention du vicomte, un refus de
concours, une protestation muette? C'est bien
possible. Peut-être aussi était-il malade, et se
crut-il suffisamment représenté par son frère
Guilhem Bertrand, évêque de Dax, l'un des
témoins; il mourut, en effet, peu de mois
après, sans laisser de postérité, et la vicomté

revint à son plus jeune frère, Arnaud Bertrand. Mais, quelle qu'en fût la cause, l'absence du vicomte n'en est pas moins significative; c'est la marque évidente de sa déchéa ce en tant que vicomte de Bayonne. Il exercera peut-être encore dans la ville des fonctions civiles ou militaires, ce ne sera plus que par délégation; l'autorité dont il apparaîtra revêtu ne sera plus qu'une autorité d'emprunt. Et puis Richard ne se borne pas à prendre en main la justice; il l'organise et la tarife, faisant en cela acte de législateur; il dispose en maître du droit de boucherie; il règle les impôts; il substitue à la prestation en nature, connue sous le nom d'*exaction de la baleine,* une redevance fixe, annuellement payée en argent, non subordonnée par conséquent aux éventualités de la pêche; il crée l'impôt *des navires en retour,* et pose des limites au droit coutumier dû par les pêcheurs; il établit enfin à son profit le service militaire, en déterminant toutefois dans quel cas son sénéchal pourra l'exiger. Mais le fait saillant, le fait capital, c'est l'obligation imposée au sénéchal, c'est-à-dire au représentant le plus élevé de l'autorité royale, de prêter serment aux habitants, à son arrivée en ville. Qui ne reconnaîtra, à ce dernier trait, l'érection de Bayonne en ville de bourgeoisie ?

Nous disons *bourgeoisie* et non pas *commune*. Ces deux mots ont souvent été confondus, parce que les états politiques qu'ils désignent ont eu la même origine, et que leur but a été le même, comme le dit Leber : « mettre les biens et la personne des citoyens sous la sauvegarde des lois, faire revivre des droits violés ou comprimés par l'abus de la puissance féodale, donner aux coutumes locales une base ferme et durable [1]. » Mais les deux institutions n'en différaient pas moins profondément de leur nature : « L'une des conditions fondamentales du pacte de commune était, pour la ville qui l'obtenait, d'être administrée par des magistrats de son choix, de jouir des avantages du régime municipal; et les simples bourgeoisies excluaient ce régime, ou du moins ne le rendaient pas nécessaire. Les villes municipales ont pu faire des

---

[1] Leber. *Hist. critique du pouvoir municipal*, passim.

statuts en matière civile, criminelle et de police ; les villes de simple bourgeoisie, soumises à la juridiction des *juges royaux*, recevaient leurs lois et leurs règlements du roi ou des seigneurs dont elles dépendaient. C'est en cela que le titre de *bourgeoisie* différait essentiellement du titre de *commune*[1]. »

Evidemment, l'analyse à laquelle nous nous sommes livrés des chartes concédées par Richard aux Bayonnais, ne laisse pas de doute sur le véritable caractère des institutions qu'il prétendit fonder. Dès ce moment Bayonne eut au moins une cour de justice ; nous croyons qu'elle fut calquée sur le modèle de la *cour des bourgeois* des Assises de Jérusalem, c'est-à-dire composée de douze bourgeois les plus sages et les plus notables, lesquels, sous la présidence d'un officier royal nommé *vicaire* ou *prévôt*, connurent en toute matière des litiges entre voisins. C'est pourquoi, à la place des gentilshommes qui y figuraient exclusivement autrefois, ou bien à leur côté, sur un pied d'égalité, nous verrons désormais dans

---

[1] Leber. *Hist. critique du pouvoir municipal*, passim.

tous les contrats de quelque importance,
ventes, échanges, compromis, transactions,
etc., des bourgeois signer comme témoins,
ceux-là probablement qui avaient l'honneur
de remplir les fonctions judiciaires au moment de la passation des actes : tels Peis de
Luc, Bidau de Luc, Narremond' Guilhem
d'Ardir, de Meis, etc.; hommes vénérables
dont nous ne tarderons pas à trouver les noms
mêlés aux luttes viriles de la période communale, et à qui il n'a manqué, pour être admis
à l'immortalité de l'histoire, que la faveur de
naitre dans quelqu'une de ces républiques
écloses au moyen-àge sous le ciel de l'Italie.

Au printemps de l'année 1174, Henri II
prit vigoureusement l'offensive. Pendant que
les chevaliers normands demeurés fidèles à sa
cause tenaient en respect le roi de France,
lui-même, à la tête des routiers, se précipite
sur les rebelles d'Anjou et du Poitou. En
vain Richard essaie-t-il de lui résister, il est
mis en déroute. Tout à coup le vainqueur
s'arrête en pleine victoire, passe en Angleterre, réprime une sédition que les partisans
de son fils aîné y avaient excitée, mais bientôt

revient sur le continent dans un appareil formidable, emmenant, outre ses dévoués Brabançons, des troupes fraiches, composées en
grande partie de Gallois. Alors la France demanda à parlementer : Henri accorda à ses fils
un généreux pardon, et la paix fut signée (septembre 1174).

Voilà Richard au comble de ses vœux ; la
rébellion lui avait plus rapporté que n'aurait
pu le faire une fidélité à toute épreuve : il
était duc de Guyenne ; aussi n'oubliera-t-il
jamais par quel chemin il y était arrivé, et se
fera-t-il de la désobéissance à l'autorité paternelle une lucrative habitude. Le nouveau
duc songea tout d'abord à prendre possession
réelle des états qu'il était appelé à gouver-
ner sous la suzeraineté de l'Angleterre. Habile dans tous les exercices du corps, poète
comme son bisaïeul Guilhem-le-Troubadour,
partout sur ses pas il excita l'admiration et
l'enthousiasme des populations, par l'éclat
de son luxe, sa grâce personnelle et des pro-
digalités sans exemple. Bayonne, qu'il visitait
pour la seconde fois, reçut les plus gracieuses
marques de sa bienveillance. En présence de

Pierre d'Espelette, gentilhomme de la maison labourdine de ce nom, qui avait remplacé Fortaner sur le siége épiscopal, d'Arnaud, le dernier fils survivant du vicomte Bertrand, et des chefs des principales familles de la contrée, accourus pour lui prêter hommage, les Navailles, d'Orthe, Marsan, Baïgorri, Saint-Pé, Urtubie, Belsunce, Armendaritz, Sault, Parambure, Saint-Martin, Garro, Richard accorda aux marchands de Bayonne la franchise des droits de coutume dans toute l'étendue de son duché. Les termes non moins honorables que flatteurs de la charte qui constate cet important privilége, méritent assurément d'être remarqués : « Sachent « tous présents et à venir que moi Richard, « etc., etc., avec le conseil des barons, che- « valiers, damoiseaux de Poitou et de Gas- « cogne, j'ai concédé aux *très fidèles citoyens* « de Bayonne, pour les bons services qu'ils « ont rendus à mon père et à moi, quittance « et franchise de toute coutume tant dans « leur cité que dans tout le territoire de « Poitou, Aquitaine et Gascogne. Je veux et « j'ordonne qu'ils aient librement cette quit-

« tance et franchise à perpétuité; et ce don
« je l'ai fait avec le consentement du roi mon
« seigneur et père, et je l'ai confirmé en
« présence et avec l'approbation des témoins
« suivants : Pierre d'Espelette, évêque de
« Bayonne, Foulques de Mastas, Ramon
« Robert de Tartas, Arnaud-Bertrand de
« Bayonne, etc., etc. Donné à Bayonne l'an
« de l'Incarnation MLXX. »

C'est à Compaigne que nous devons la
conservation de ce document si précieux
pour notre histoire locale. Un instant nous
l'avons cru apocryphe, car il fourmille d'erreurs : les noms des personnages signataires
y sont mal orthographiés, et, chose plus
grave, la date en est fausse : on lit, dans
le texte de la chronique MLXX (1070) et en
marge 1170 : mais la rectification de 1170,
due sans doute à Compaigne lui-même, et
suivie par les auteurs de la *Gaule chrétienne*,
ne vaut pas mieux. En 1170 Richard ne portait pas encore le titre de duc d'Aquitaine, et
l'évêque Pierre d'Espelette ne pouvait siéger,
puisqu'il est établi que Fortaner survécut au
vicomte Pierre, lequel ne succéda à son père

que dans l'année 1170, ou 1169 au plus
tôt. Cependant, en faisant la part de l'erreur,
part qu'il faut toujours plus ou moins faire
quand il s'agit de copies d'actes anciens,
après une lecture attentive de la charte, nous
n'avons plus douté : le style dans laquelle
elle est conçue et la bonne foi de l'érudit
qui la rapporte ont triomphé de nos derniers
scrupules.

A côté de qualités brillantes, Richard avait
d'insupportables défauts. Dur, hautain, emporté, effréné dans ses passions, avide d'argent comme tous les prodigues, il ne tarda
pas à compromettre bien vite l'espèce de
popularité dont il avait joui. Cette popularité
tenait d'ailleurs à d'autres causes que sa
brillante et fastueuse personne. La haine de
l'étranger, la noble ambition de l'expulser
du sol national, avaient groupé autour du
fils rebelle d'Aliénor, autour de l'adversaire
d'Henri II, toute la noblesse méridionale, qui
se maintint ferme et fidèle tant qu'elle espéra
marcher sous ses étendards à la délivrance de
la patrie ; mais quand la paix fût signée entre
son père et lui, Richard perdit tout prestige :

cruellement trompés dans leurs plus chères
espérances, les gentilshommes aquitains et gascons se déterminèrent à combattre l'ennemi
commun ; leur voix fut entendue au sein
des principales villes de bourgeoisie, spécialement au centre du duché. Alors éclata
cette guerre patriotique d'Aquitaine qui rappela par plus d'un trait les jours glorieux de
l'antique lutte contre les Franks. Bertrand
de Born, le guerrier poète, en fut l'âme ; re-
tentissante comme le clairon des batailles, la
mâle poésie du belliqueux troubadour, volant
de tourelles en tourelles, des bords de la
Loire aux pieds des Pyrénées, donna le signal
de l'insurrection. Ni terrifié, ni étonné, malgré
les périls incontestables de sa position, Richard n'hésita pas à prendre en main la terrible charge de la répression militaire. A la
tête des bandes brabançonnes que son père
avait amenées contre lui sur le continent, il
marcha sur les villes et les châteaux des rebelles, avec ce courage indomptable et cette
incomparable bravoure qui lui méritèrent le
surnom de *Cœur-de-Lion*. Pendant deux
longues années on n'entendit plus dans nos

malheureuses provinces que d'horrib'es cris
de guerre, entremêlés toutefois des plus généreux accents qu'ait jamais inspirés la muse
de la patrie méridionale.

Le vicomte Arnaud Bertrand, que Richard,
dans une folle confiance, avait chargé du
commandement militaire de la ville et du château de Bayonne, n'avait pas été des derniers
à entrer dans la ligue générale : toute la noblesse de Labourd l'imita et vint se joindre
à lui, autant pour l'aider à défendre la place
que pour tenir en respect la bourgeoisie
bayonnaise; car on ne saurait douter qu'à
Bayonne comme à la Rochelle, quiconque
vivait de trafic, marchands et marins, n'in-
clinât du côté de l'Angleterre, dont l'alliance,
déjà connue et appréciée, avait ouvert au
commerce d'importants débouchés.

De Bordeaux, où l'avait conduit une série
de brillants faits d'armes, le duc de Guyenne,
dit l'Anglais Roger Hoveden, « après la Noël
« de l'année 1177, investit la cité de Dax,
« que Pierre vicomte de Dax et le comté de
« Bigorre avaient fortifiée contre lui, et au
« bout de dix jours s'en empara. Ensuite il

« assiégea la cité de Bayonne, qu'Arnaud
« Bertrand, vicomte de Bayonne, avait for-
« tifiée contre lui, et également au bout de
« dix jours il s'en empara : il fit ensuite
« avancer son armée jusqu'au port de Cize,
« appelé maintenant *la porte d'Espagne* ;
« assiégea le château de Saint-Pierre, le prit
« et le démolit. Il obligea aussi par la force
« les Basques et les Navarrais à jurer qu'à
« l'avenir et toujours ils observeraient la
« paix avec les étrangers et entre eux-
« mêmes, et enfin détruisit toutes les mau-
« vaises coutumes qui s'étaient intro-
« duites à Sorges et Espurin. » (Sordes et
Ispoure ?)

Ce récit un peu sec de l'expédition de
Richard dans nos contrées, n'en montre pas
moins clairement qu'après la soumission de
Bayonne, le prince victorieux fouilla le pays
basque jusque dans ses recoins extrêmes, et
qu'il rangea sous son obéissance immédiate
toutes les parcelles du territoire que Guilhem
le Troubadour avait anciennement possédé.
On peut croire qu'en agissant de la sorte, il
avait moins en vue les affaires du roi de Cas-

tille que les siennes propres, et qu'il songeait plutôt à arrondir son duché qu'à payer la dot de sa sœur Aliénor.

Du vicomte Arnaud Bertrand il n'en fut plus question; sans doute il eut le sort du vicomte de Dax, et, mourut comme lui sur les remparts qu'il n'avait plus la force de défendre, fièrement enveloppé dans son drapeau de bataille. C'est ainsi du moins que nous aimons à nous représenter la fin du dernier vicomte de Bayonne.

CHAPITRE VII

1177 à 1188.

Richard, à ce qu'assure Compaigne, usa avec modération de sa victoire; il confirma

aux Bayonnais les priviléges que son père et
lui-même leur avaient accordés, tout en prenant la précaution, suffisamment justifiée par
les derniers événements, de remettre le commandement militaire des villes de Bayonne et
de Dax entre les mains de Jean seigneur de
Gaujac, gentilhomme dévoué, appartenant à
l'une des plus anciennes familles du pays des
Lannes.

Aucun texte que nous connaissions n'ap-
puie l'assertion de Compaigne; on peut y
croire cependant, car c'est alors, d'après
toutes les probabilités, que fut mis en sérieuse pratique, sinon comme la légitime
conséquence du droit de bourgeoisie, au moins
comme l'extension libérale et progressive de
ce même droit, un nouveau mode de gouvernement local sous lequel Bayonne devait
vivre pendant un assez long espace de temps,
et que nous appellerons *gouvernement prévôtal*,
du nom que parait avoir spécialement porté
le magistrat appelé à le diriger [1]. Et, par ces

---

[1] Le prévôt de Bayonne est également appelé *baile* ou *bailli*,
vicaire ou *viguier*, dénominations qui servent toutes à désigner
un juge de justice royale.

mots *gouvernement prévôtal* nous n'entendons
pas uniquement *la cour de justice bourgeoise*,
par nous déjà mentionnée, dont un *vicaire*,
bailli ou *prévôt*, représentant du seigneur
(vicomte ou roi), avait la présidence, mais un
pouvoir à la fois administratif et judiciaire,
dont l'organisation donna sous quelques rapports à notre cité les apparences extérieures
d'une commune jurée.

M. Laferrière [1] enseigne qu'indépendam-
ment du droit fondamental d'élire tous ses
magistrats, la commune organisée possédait
sept droits différents : l'échevinage, — le
conseil, — le droit de mairie, — le sceau, —
le trésor ou droit d'impôt, — le beffroi ou
droit d'appeler la milice, — enfin la juridiction; droits au moyen desquels elle touchait
aux trois éléments constitutifs de la puissance
souveraine : pouvoir législatif, pouvoir judiciaire et pouvoir exécutif. Nous possédons
trop peu de notions pour nous permettre de
déterminer avec une rigoureuse exactitude
lesquels de ces droits furent remis à l'admi-

---

[1] F. Laferrière, *Histoire du droit français*, passim.

nistration prévôtale de Bayonne, et dans
quelle mesure ils lui furent remis; mais il
nous semble qu'à l'envisager abstractivement,
le nouveau régime peut être considéré comme
un état intermédiaire entre le droit pur de
bourgeoisie et celui de commune, entre la
liberté civile et la liberté politique.

Un prévôt et douze juges-conseillers composaient tout le personnel du gouvernement[1].
L'office de prévôt était essentiellement un
office royal, et par conséquent à la disposition
du roi. Peut-être y appela-t-on d'abord des
étrangers; mais la confiance du prince tendit
de jour en jour à investir de cette charge importante les plus notables bourgeois de la
ville, si même il n'alla jusqu'à l'abandonner
à l'élection des citoyens. A l'égard des fonctions de *juges - conseillers*, nous sommes
plus embarrassés : il va sans dire qu'elles
furent toujours exercées par des bourgeois;
furent-elles toujours électives? Dans tous les
cas, si le droit d'élire soit le prévôt, soit les

[1] On les appelait simplement *los dotze*, les douze. *(Voir
aux pièces justificatives.)*

juges–conseillers, appartint à la cité, on peut être sûr que ce droit resta le monopole d'un petit nombre de familles de la haute bourgeoisie : les de Luc, Sarresin, Labrugueire, Castetgelos, d'Ardir, de Meis, de Mente, d'Arribeyre, de Manx, de Perer ; noms que nous avons déjà cités en partie, et que nous répèterons encore, pour les mieux tirer de l'oubli où les avait laissé tomber et se perdre l'insouciance de générations ignorantes ; aristocratie essentiellement plébéienne, quoique mêlée de quelques gens de noblesse ; souche vigoureuse du futur patriciat de la commune, qui, à son tour, saura fournir, outre d'utiles magistrats à la cité, des dignitaires à l'Eglise, et jusqu'à des prélats.

Le prévôt, assisté des juges–conseillers, et formant *cour de prévôté ou de bailliage*, rendait la justice en matière civile, criminelle et de police ; il procédait seul à l'exécution des jugements, et percevait au profit du roi le montant des condamnations ; quelques amendes cependant, relatives à des contraventions de police, étaient versées au *trésor* de la ville. — Réunis en conseil, les mêmes magistrats représentaient la ville ; ils parlaient et agissaient au nom de la communauté bayonnaise. Voilà dans quelle sphère nous verrons se mouvoir le gouvernement prévôtal, et nous aurons soin d'en noter les rares mouvements, à cause de l'obscurité bien regrettable de cet intéressant sujet.

L'organisation de Bayonne en ville de prévôté eut pour conséquence nécessaire de la séparer complètement du pays de Labourd. Les diverses paroisses labourdines continuèrent à dépendre de la juridiction féodale du vicomte ; car le valeureux Arnaud Bertrand, bien qu'il n'eût pas laissé de descendance directe, n'avait cependant point manqué de successeur : un de ses neveux, Guilhem Ramon de Sault, petit-fils par sa mère du vieux Bertrand, avait recueilli ce qui restait encore intact de l'antique patrimoine qu'avaient possédé ses ancêtres. Néanmoins, le nouveau vicomte, renonçant à toute protestation comme à toute résistance, probablement parce qu'il les savait inefficaces, accepta avec résignation les faits accomplis, transporta sa cour de justice à Ustaritz, et n'hé-

sita pas à constater lui-même l'amoindrisse-
ment de sa situation politique en abdiquant
le titre de *vicomte de Bayonne,* pour *reprendre*
celui de *vicomte de Labourd.* C'était agir sage-
ment, et cette conduite l'eût sauvé du naufrage si la sagesse humaine suffisait pour
arrêter le torrent des transformations sociales;
mais le vieil édifice féodal craquait de tous
côtés; partout les populations se précipitaient
vers l'autorité royale, autorité à la fois élevée
et lointaine, dont l'impartialité relative leur
garantissait une somme moyenne de sécurité
et de bien-être impossibles à trouver sous la
main toujours présente, toujours à portée de
sa proie, du petit autocrate local, aussi beso-
gneux que fantasque. Aussi le Labourd
n'échappera pas à la loi commune : encore un
peu de temps, et non-seulement la cour
vicomtale d'Ustaritz se changera en bailliage
royal, mais même les fiers barons de la maison de Sault ne dédaigneront pas d'aspirer à
la charge modeste de bailli de la terre de
Labourd.

Pendant que Richard poursuivait la soumission du duché d'Aquitaine, faisant partout des

ruines, et versant à flots le sang de ses propres
sujets, une parole de repentir rendait la paix
au monde catholique, et mettait fin au schisme
déplorable que subissait l'Eglise depuis dix-
huit longues années. Alexandre III avait été
élu pape le 7 septembre 1159; tous les cardinaux lui avaient donné leur voix, à l'exception
de trois. Les dissidents, Jean de Morson, Gui
de Crême et Octavien, s'étant bruyamment
séparés de leurs collègues, eurent l'audace
de se constituer en conclave, et de conférer la
tiare à l'un d'eux, Octavien. Celui-ci prit
le nom de Victor IV, et, appuyé de la garde
civique, obligea son rival à quitter le siége
traditionnel de la papauté. Rome était alors
échauffée par les déclamations d'Arnaud de
Brescia; ce fougueux disciple d'Abailard, pré-
curseur d'un autre âge, avait, sans beaucoup
d'efforts, enflammé l'imagination des Italiens,
toujours sous le prestige des grands souvenirs
que réveille leur patrie; il était même arrivé,
de succès en succès, à organiser un sénat dans
la Ville Eternelle, et à découronner la tiare
de son pouvoir temporel. D'un autre côté,
l'empereur Frédéric Barberousse ayant pris

parti pour l'antipape, force fut à Alexandre III, déjà reconnu par l'Angleterre, de venir demander un asile à la France et d'y attendre la fin de la crise. Victor mourut bientôt ; mais les schismatiques lui substituèrent Gui de Crême, autre dissident, sous le nom de Pascal III : ce dernier, étant mort peu après (1168), Jean de Strume fut élu à sa place et s'appela Callixte III. Le schisme ne vivait plus que de l'appui matériel que lui prêtait l'empereur ; aussi quand Barberousse, cédant enfin aux obsessions de sa conscience troublée et repentante, sollicita son pardon, le schisme tomba de lui-même. Alexandre rentra à Rome, au milieu des plus grands honneurs, reçut l'abjuration de Jean de Strume (Callixte III), et ne s'occupa désormais que de réparer les maux dont l'Eglise avait souffert.

C'est dans ce but qu'eut lieu le concile célèbre tenu à Latran dans les premiers jours de mars 1179 : 302 archevêques tant de l'Orient que de l'Occident y assistèrent. La province d'Auch ne manqua point à l'appel : le Bayonnais Guilhem Bertrand représenta le clergé de Dax ; l'évêque Adhémar, celui de

Bayonne. Adhémar n'a pas laissé de trace au *Livre d'or* de notre chapitre; nous l'affirmons, malgré le dire de Veillet, qui lui attribue, par une erreur évidente, des actes passés sous l'épiscopat d'Arnaud de Romated, successeur immédiat de Bessabat : selon toute apparence, notre évêque n'était autre que ce chanoine Adhémar de Saint-Martin qui avait figuré comme témoin ou caution, avec le vicomte Bertrand et ses fils, au contrat par lequel Navarre vicomte de Marempne avait, du temps de Fortaner, engagé à la cathédrale la dîme de Saint-Martin-de-Seignans.

Détruire les restes du schisme qui s'agitait encore en efforts impuissants, rétablir la discipline ecclésiastique gravement relâchée dans ces dernières années, et condamner les hérésies, au développement desquelles le relâchement des mœurs cléricales n'avait que trop aidé, tel fut le triple objet que se proposa l'illustre assemblée, en formulant 27 canons ou décrets, éloquent résumé de ses mûres et graves délibérations. On nous permettra d'en reproduire les principaux passages; pour notre part, nous y tenons, parce que c'est évidemment, sous une forme non suspecte d'exagération, le plus véridique tableau qu'on puisse tracer de la société chrétienne d'alors : tableau à la fois triste et piquant, dont nos évêques du midi, témoins justement émus des maux de toute sorte que la guerre et l'hérésie avaient déchaînés sur leurs diocèses, fournirent sans doute plus d'un trait, mais, au demeurant, bien fait pour montrer avec un relief suffisant la saisissante grandeur de l'édifice catholique.

Le concile déclara nulles toutes les ordinations faites par les antipapes, et décida qu'à l'avenir le candidat à la papauté qui réunirait les deux tiers des voix serait reconnu pape légitime : prescription claire et nette, qui devait couper court aux interprétations de mauvaise foi qu'avait fait naître l'ancienne règle, déclarant que, pour être élu, il fallait obtenir les suffrages de la majeure et *plus saine* portion de l'assemblée. Parfois la minorité s'était prétendue *plus saine* que la majorité, et de là les conflits et les schismes. Il décida encore que personne ne serait élu évêque qu'il n'eût trente ans accomplis ; et doyen, archidiacre, bénéficier à charge d'âmes, qu'il n'eût vingt-cinq ans.

Il fut établi que les archevêques, dans leurs visites, ne pourraient amener que de quarante à cinquante chevaux; les cardinaux, vingt-cinq ; les évêques, de vingt à trente ; les archidiacres, sept; les doyens et leurs inférieurs, deux : ils ne devaient avoir à leur suite ni meutes, ni oiseaux pour la chasse, et étaient tenus de se contenter pour leur table d'être servis *suffisamment et modestement.* Tel avait été l'étalage de valets, de chevaux et de chiens, déployé en pareille occasion par certains prélats, que des chapelains de campagne, pour suffire aux dépenses d'un aussi coûteux hébergement, s'étaient vus réduits à la douloureuse nécessité de vendre jusqu'aux ornements de leur église : habitudes d'un luxe tout barbare que le clergé avait contractées en prenant place dans les rangs de la féodalité, et dont l'effet fut déplorable, en ce qu'elles donnèrent prise aux clameurs des hérésiarques, Vaudois, pauvres ensabottés de Lyon et Albigeois, tonnant, à qui plus fort, contre les fastueuses corruptions de l'église de Rome.

Défense fut faite aux évêques et aux abbés de commettre des exactions sur les églises, de rien exiger pour l'installation des prêtres ou pour l'administration des sacrements (qu'on avait refusés quelquefois à qui ne les pouvait payer), d'ordonner des prêtres sans leur assigner au préalable un revenu ecclésiastique, de conférer des bénéfices avant qu'ils ne fussent vacants. Il fut pareillement défendu aux chapitres et communautés d'exiger quoi que ce fût pour l'intronisation des évêques et des abbés.

Le concile ordonna qu'il y aurait en chaque église cathédrale, pour l'instruction des *pauvres* clercs, un maître qui enseignerait gratuitement et à qui l'on devrait assigner un bénéfice suffisant : il ordonna encore que les écoles jadis établies, avec fonds spécial, soit dans les autres églises, soit dans les monastères, seraient partout rouvertes; qu'on ne devait rien exiger pour accorder la permission de tenir école, ni refuser cette permission à ceux qui seraient capables d'enseigner.

Outre certaines prescriptions tendant au maintien des bonnes mœurs, il fut interdit à

tous les clercs, prêtres, diacrés et sous-diacres,
d'exercer les fonctions de baillis, d'intendants
de terres, d'avocats et autres offices de judica-
ture devant les juges laïques ; de cumuler
plusieurs bénéfices : par contre, il fut enjoint
aux magistrats laïques, recteurs, consuls, etc.,
de ne point diminuer la juridiction des seigneurs d'église sur leurs sujets, et de ne
pas étendre aux clercs les taxes municipales,
soit pour fournir aux expéditions de guerre
et aux réparations des fortifications, soit autrement.

Des plaintes avaient été portées contre les
nouveaux ordres militaires des Templiers
et des Hospitaliers : l'épiscopat prétendait
« qu'ils recevaient des églises de la main des
« laïques, que dans les leurs ils instituaient
« et destituaient des prêtres à l'insu du prélat
« diocésain ; qu'ils admettaient aux sacre-
« ments les excommuniés et les interdits, et
« leur donnaient la sépulture ; qu'ils abu-
« saient de la permission donnée à leurs
« frères quêteurs de faire ouvrir une fois l'an
« les églises interdites, et d'y faire célébrer
« l'office divin, d'où plusieurs de ces quê-

« teurs prenaient occasion d'aller eux-mêmes
« aux lieux interdits, et de s'associer des
« confrères à qui ils communiquaient leurs
« privilèges. Le concile condamna tous ces
« abus, non-seulement à l'égard des ordres
« militaires, mais encore de tous les autres
« religieux[1]. »

La société laïque, les masses, comme on
dit aujourd'hui, ne furent ni oubliées ni
abandonnées.

Le concile prohiba, sous peine de privation
de la sépulture ecclésiastique, les tournois et
foires, spectacles de la force brutale où ac-
couraient « des soldats qui, pour faire montre
« de leur adresse et de leur bravoure, se
« battaient au péril de leur âme et de leur
« corps. » Il ordonna, à peine d'excommunication, d'observer strictement *la trêve de Dieu*,
laquelle consistait à n'attaquer personne depuis le coucher du soleil le mercredi jusqu'au
lever du soleil le lundi, — de l'Avent à l'octave de l'Epiphanie, et de la Septuagésime à
l'octave de Pâques. — Il défendit aux petits

---

[1] C.-L. Richard : *Analyse des Conciles,* tome II, p. 117.

14

seigneurs d'établir de nouveaux péages sans l'autorisation du souverain; il défendit aussi, d'une manière générale, de maltraiter les moines, les clercs, les pèlerins, les marchands, les paysans allant en voyage ou occupés aux travaux de l'agriculture, et même *les animaux employés au labourage;* de piller les naufragés, en vertu du prétendu droit de bris et naufrage; enfin de pratiquer l'usure.

Les lépreux furent l'objet de la sollicitude du concile : partout où ils vivaient en commun en assez grand nombre, on devait leur accorder le droit d'avoir une église, un cimetière et un prêtre particulier, et les exempter de la prestation de la dîme, soit pour les fruits de leurs jardins, soit pour le bétail qu'ils élevaient.

Les inspirations d'un prosélytisme militant dictèrent d'autres dispositions : il fut défendu aux chrétiens, sous peine d'excommunication, de porter aux Sarrasins des armes, du fer et du bois, pour la construction des galères; Juifs et Sarrasins ne pouvaient garder à leur service des esclaves chrétiens; cependant les Juifs furent admis à porter témoignage en justice contre des chrétiens.

Enfin le concile lança de formidables excommunications, non-seulement contre les Brabançons, cotereaux, Basques, et routiers de toute sorte, qui portaient partout l'épouvante et la désolation, mais encore contre les Albigeois, hérésie formidable par l'influence qu'elle avait acquise en Gascogne, l'Albigeois, le pays toulousain et lieux environnants; lointaine avant-garde — quoiqu'avec un fonds doctrinal emprunté au manichéisme — de la protestation luthérienne et calviniste du xvie siècle. Chaque dimanche et autres jours de fêtes, l'excommunication prononcée contre les Albigeois et les Brabançons devait être dénoncée aux fidèles du haut de la chaire; il fut même permis de les attaquer *en armes,* et quiconque se croiserait contre eux était placé sous la protection immédiate de l'Eglise au même titre que ceux qui partaient pour visiter le Saint Sépulcre.

Adhémar revint, à Bayonne tout plein du souffle puissant qui animait l'assemblée dont il avait eu l'honneur de partager les travaux : nous le retrouvons à Saintes (1181) figurant comme témoin, à côté de Henri ancien abbé de Clairvaux, maintenant cardinal-évêque d'Albano et légat du Saint-Siége, dans l'arrangement qui fut conclu entre Gérard abbé Dalon et Aldeberge abbesse de Sainte-Marie de Saintes [1] : sans doute, il faisait partie de la suite du légat et l'accompagnait dans sa croisade contre les Albigeois. Cette année-là en effet, Henri entra, à la suite d'une multitude de catholiques armés, sur les terres du vicomte de Béziers, protecteur avoué de l'hérésie, prit de vive force le château de Lavaur, et obligea le vicomte à confesser la vraie foi.

Cependant une autre guerre bien plus terrible — guerre sans trêve, celle-là, malgré les injonctions du concile — continuait à désoler l'Aquitaine. En dépit des foudres de l'Eglise, Richard entretenait à sa solde tous les routiers du pays, Basques, Béarnais, Navarrais : hideux mercenaires appartenant, n'importe pour quelle cause, à qui les voulait payer ;

[1] *Gallia christiana,* tome I, p. 1313.

véritables *Brabançons du midi*, qui ne le
cédaient à ceux du nord ni en bravoure ni en
déportements. Il ne marchait jamais qu'entouré de cette *gent exécrable;* un de leurs
chefs, héros de grand chemin, qu'une série
d'aventures finit par conduire à la potence,
le béarnais Mercadet, était devenu son com-
mensal, son compagnon de toutes les heures:
le goût de la vie effrénée des camps formait
le lien commun de cette association assez
étrange ! Il est vrai qu'ils avaient fait de si
beaux coups ensemble: furieux assauts, sacs
de villes, grandes ripailles, et le reste; quelle
joie à se les rappeler! Avec de pareilles
natures, la guerre pouvait–elle jamais finir?
Richard aimait la guerre pour la guerre;
la guerre, c'était pour lui le but et non pas
un moyen[1]. Du reste, on en peut dire autant
des Aquitains et des Gascons. Sans doute,
Bertrand de Born, l'implacable adversaire des
Plantagenet, obéissait à un noble sentiment; il
voulait chasser l'étranger, il voulait soustraire
à l'homme du nord le sol national des méri-

[1] Henri Martin, *Histoire de France*, tome III.

dionaux : mais lui aussi ne cédait-il pas, dans
ses patriotiques rébellions, à ce besoin d'agitation et de mouvement qui faisait le fond du
caractère gascon et aquitain, à l'attrait du
péril affronté, à la poésie des batailles? Ecou-
tons-le « Oh! spectacle enivrant! s'écrie-t-il
« dans quelqu'un de ses belliqueux sirventes.
« Voyez ces chevaux, ces écus, ces heaumes,
« ces glaives : ici, les murailles brisées, les
« tours renversées; là, les châteaux attaqués,
« emportés d'assaut; partout, des coups frap-
« pés et répétés sans relâche; partout, les
« têtes fracassées. » Et dans une autre : « Je
« ne trouve pas au manger, au boire, au
« dormir, un plaisir aussi savoureux que
« celui d'entendre crier des deux côtés :
« *A l'aide! A l'aide!* et d'ouïr les hennisse-
« ments des chevaux abandonnés dans la
« campagne, et ces exclamations : *Courage!*
« *Courage!* Je jouis en voyant capitaines et
« soldats rouler dans les fossés profonds, en
« voyant les morts étendus et les drapeaux
« et les guidons couchés à leurs côtés [1]. »

---

[1] Raynouard, *Choix des poésies des Troubadours*, tome II.

Le roi d'Angleterre ne connaissait que trop le malheureux tempérament de Richard et de ses autres fils, tempérament qu'ils tenaient de leur mère Aliénor et les faisait plus méridionaux que Bertrand de Born ne le pensait. La douleur, une douleur mortelle, le dévorait en voyant détruire, à chaque instant, sous ses yeux, par la folie de ses enfants, les éléments de grandeur qu'il leur avait laborieusement préparés. Louis VII était mort (1180), laissant la courónne de France à Philippe-Auguste, son fils, enfant de quinze ans; et, grâce à Richard et à ses frères, grâce à leur légèreté, à leur peu de portée politique, Henri II s'était vu arracher le bénéfice de cette sorte d'interrègne : ce fut pour lui un cruel désappointement. Sans illusion désormais, il ne songea plus qu'à rétablir la paix dans sa famille, sûr par là d'arriver à l'apaisement des sujets : il mit en liberté Aliénor, réintégra Henri au court mantel dans les honneurs anticipés de la royauté, et, comme conséquence, invita Richard et Geoffroy à faire hommage à leur frère ainé pour l'Aquitaine et la Bretagne. Richard se révolta de nou-

veau, et non-seulement Geoffroy, mais Henri
au court mantel lui-même, s'associèrent, on
ne sait pourquoi, au rebelle. La mort de ce
dernier prince (11 juin 1183) fit tomber les
armes des mains des combattants; toutefois
la paix ne fut signée qu'en 1185. Richard,
maintenant héritier présomptif du trône
d'Angleterre, conserva le gouvernement de la
Guyenne, et rendit à sa mère le comté de
Poitiers.

Nous sommes assez portés à croire que
Bayonne reçut cette année-là (1185) la visite
du duc de Guyenne, et qu'il contribua
dans une certaine mesure (s'il ne la détermina
tout-à-fait) à l'intronisation épiscopale de
l'ancien chanoine de la cathédrale Bernard
de Lacarre. Voici sur quels faits reposent nos
conjectures. Après l'entrevue de Najac, où il
forma une ligue avec don Alonzo, roi d'Aragon, contre le comte de Toulouse [1], Richard
se rapprocha de nos contrées pour recevoir
l'hommage du jeune vicomte de Béarn, Gaston
de Moncade, en ce qui touche seulement les

---

[1] Marca, *Histoire de Béarn.*

vicomtés de Gavardan et de Brulhois. Du moins Marca l'affirme. Or, c'est à ce moment qu'eut lieu l'élection de Bernard de Lacarre; et lorsqu'en regard de la faveur marquée dont notre évêque ne cessa de jouir auprès de Richard devenu roi d'Angleterre, nous aurons déroulé les actes d'opposition tracassière par lesquels les chanoines manifestèrent leur mauvaise humeur et leur dépit, on inclinera peut-être à penser, comme nous, que, sans une haute et décisive intervention, l'Eglise de Bayonne eût compté une gloire de moins au catalogue de ses prélats. Il ne serait pas facile d'expliquer d'une autre façon, la tardive victoire de Bernard, dont la personne devait plaire bien médiocrement à ses collègues, puisque, malgré d'éminentes qualités et une naissance d'une notoire illustration, ils lui avaient préféré Pierre d'Espelette et surtout Adhémar de Saint-Martin.

Une bulle du pape Urbain III, datée de la première année de son pontificat[1], nous garantit que nous avons raison de fixer à 1185, et non

---

[1] *Gallia Christiana*, tome Ier, p.1313.

pas à 1186, comme l'ont écrit Oyhénart et
Veillet, la consécration de Bernard de Lacarre; car notre prélat y est désigné, conjointement avec l'évêque de Tarragona et l'abbé
de Populeto, afin de juger arbitralement des
difficultés qui avaient surgi entre l'abbé de
San Salvador de Leyre et l'évêque de Pampelune, don Pedro de Artajona, surnommé
Paris, parce qu'il avait étudié en Sorbonne.

A peine Bernard de Lacarre eut-il pris en
main le bâton pastoral, que le chapitre engagea la lutte. S'autorisant des prescriptions
sévères qu'avait édictées le concile de Latran
pour mettre un terme au luxe effréné des
évêques, nos chanoines, parmi lesquels la
bourgeoisie bayonnaise avait déjà réussi
à glisser quelqu'un des siens, saisirent
adroitement ce point d'attaque : le goût
du faste, le désir de briller, c'était, qui
en doutera, le côté faible du prélat; il était
basque et gentilhomme ! Le partage des revenus communs fut donc le sujet de la dispute.
Soit que l'ancien partage de Bernard d'Astarac laissât à désirer sous le rapport de
la clarté, soit plutôt que la part faite jadis

à la mitre ne parût plus en harmonie avec la situation actuelle d'un évêque, et que Bernard de Lacarre eût tenté de se la faire plus grosse, toujours est-il que le chapitre voulut plaider ; il fallut recourir à la voie arbitrale ! Les arbitres nommés d'un commun accord — Géraut de la Barthe archevêque d'Auch et légat du Saint-Père, notre Guilhem Bertrand évêque de Dax, et B. abbé de Sordes — choisirent la ville de Dax pour le lieu de leur réunion. Avant tout débat, chacune des parties (représentées sans doute par des procureurs fondés) jura, la main droite posée sur les saints Evangiles, qu'elle respecterait la chose jugée, quelle qu'elle fût. C'est dans le courant du mois d'octobre 1186, sous le pontificat d'Urbain III, Frédéric Barberousse étant empereur et Philippe-Auguste roi des Français, que Géraut de la Barthe prononça la sentence dont nous donnerons tout à l'heure une courte analyse, en présence de Garsias Donat archidiacre, de Gérard de Archamonde archidiacre d'Auch, de Cize chanoine d'Auch, de Raymond de Benac archidiacre de Lescar, d'Auger archidiacre de Dax, et de

Lombard, Garsias, Arnaud de Tastet, Arnaud Seguin, chanoines ou prêtres du clergé dacquois. Des bourgeois de Bayonne, ceux qui, d'après nous, formaient le *conseil de ville,* et aussi des gentilshommes de la cour vicomtale de Labourd, jurèrent, tant du côté de l'évêque que de celui des chanoines, qu'ils s'emploieraient de toutes leurs forces à maintenir la sentence; savoir : A. de Luc, Guilhem A. de Luc, Ramon Guilhem de Ardir, Guilhem de Castedgelos, P. de Mas, F. de Lebrugueire, P. Sarrazin, A. R. de Luc, Tomas del Maine, A. de Garitan, J. de Navar, P. de Lebrugueire, et Pons dels Pois, bourgeois de Bayonne; Messeriat de Saut, Aner de Saut, P. de Ussi, G. B. de Garro, B. de Juncas, et W. de Juncas de Ustaritz, gentilshommes de Labourd. Les parties se donnèrent ensuite réciproquement pour cautions (*sponsores*) les arbitres eux-mêmes, auxquels fut adjoint l'abbé de Cagnotte. Ces *sponsores* ne sont-ils pas un débris du droit formulaire de Gaïus? Déjà sous Justinien, il n'était plus question que des fidéjusseurs.

Aux termes du jugement arbitral [1], et en

---

[1] *Livre d'or,* p. 34.

règle générale, les revenus ordinaires de la cathédrale de Bayonne devaient être partagés par tiers : un tiers pour la mitre et les deux autres pour les chanoines. Etaient exceptés les vignes ou vergers, jardins et taillis que la cathédrale possédait en propre, l'église de Narbonne (*Arbone*), avec ses dîmes, celle d'Ossez également avec ses dîmes, celle de Saint-Jean-de-Luz avec ses terres particulières et ses dîmes, et la terre de Sincos : tous les produits devaient en revenir moitié au chapitre et moitié à l'évêque. Par exception aussi, l'évêque pouvait assigner à un chanoine de son choix la chapellenie ou cure de la cathédrale, mais sous la condition que les revenus en seraient attribués, un quart au chapelain, et le reste, moitié par moitié, à l'évêque et au chapitre. Quant aux offrandes que faisaient d'habitude les chanoines nouvellement élus, celles qui consistaient en immeubles se partageraient par moitié; celles qui étaient mobilières par tiers, un tiers pour la mitre, deux tiers pour les chanoines, lesquels étaient tenus de les employer par égales portions à la mense et au vestiaire. Toutes les autres acquisitions

étaient partageables par moitié. L'évêque au_
rait droit à une double prébende, pourvu
qu'il la consommât dans le réfectoire. Si
quelque trouble possessoire ou autre, émané
de tiers, venait inquiéter les chanoines, ceux-
ci pourraient exiger l'intervention de l'évêque
avec toutes les mesures de coërcition dont il
disposait. Enfin chaque partie était tenue de
concourir, dans la proportion de ses droits,
aux impenses nécessaires pour la conservation
des biens communs, la mise en culture des
terres, etc., etc.

Peu de mois après, le prélat bayonnais,
quittant un moment l'arène judiciaire, accepta un rôle qui allait mieux à la mitre,
celui de conciliateur, et parvint, non sans
peine, à assoupir un procès que le chapitre,
plus que lui, quoiqu'il y fût personnellement
intéressé, avait entamé avec beaucoup de
vivacité.

Les Hospitaliers de Saint-Jean-de-Jéru-
salem avaient fondé au faubourg de Cap dou
Pont (Saint-Esprit), qui dépendait, on le
sait, au point de vue spirituel, du diocèse de
Dax, un hôpital et une église. L'église Saint-

Jean, dont les dernières ruines ont disparu
il y a quelques années, embrassait, avec ses
dépendances, tout le mamelon connu encore
aujourd'hui sous le nom de *Fort;* elle con-
frontait du midi à la place de Saint-Esprit,
et de l'ouest à la rue Maubec; l'hôpital s'élevait de l'autre côté de la rue, et faisait face
au portail de l'église. Nous ignorons à quelle
époque les Hospitaliers vinrent se fixer chez
nous; ce fut sans doute dès la fondation de
l'ordre militaire, c'est-à-dire au commencement du xiie siècle : généralement, on les vit
choisir pour siége de leurs maisons succur-
sales, les ports de mer fréquentés, afin de
favoriser l'embarquement des pèlerins et des
hommes de guerre qui partaient pour la
Terre-Sainte. Le corps des Hospitaliers se
composait de trois classes de religieux[1]. On
mettait dans la première ceux que leur naissance destinait au maniement des armes;
c'étaient les chevaliers. La seconde était composée de prêtres, qui, outre les fonctions
ordinaires attachées à leur caractère, soit à

[1] Vertot, *Histoire de l'ordre de Malte.*

l'église, soit auprès du lit des malades, devaient partir, à tour de rôle, pour servir d'au-
môniers à la guerre. Les roturiers laïques
formaient la troisième classe, dite des *frères
servants ;* ils avaient pour mission spéciale de
soigner les malades et les pèlerins : de pieuses
femmes les assistaient, en qualité de sœurs
hospitalières. Les Hospitaliers des trois classes
faisaient vœu de chasteté, d'obéissance, et
ne pouvaient rien posséder en propre. L'habit
régulier consistait dans une robe de couleur
noire, avec un manteau à pointe de la même
couleur, auquel était cousu un capuce pointu.
Cette sorte de vêtement se nommait *manteau
à bec,* et avait sur le côté gauche une croix
de toile blanche à huit pointes, habillement
qui dans les premiers temps, aussi bien que
le nom d'*Hospitaliers,* étaient communs à tous
les religieux de l'ordre ; mais depuis que les
Hospitaliers eurent pris les armes, on établit
une différence entre les frères servants et
les chevaliers : ceux-ci purent seuls porter
dans la maison le manteau de couleur noire,
et dehors, en campagne ou à la guerre, une
sopraveste ou cotte-d'armes rouge avec la

croix blanche. Les frères que l'âge ou de glorieuses mutilations rendaient impropres à la vie des camps, étaient envoyés dans les diverses provinces sous le nom de *précepteurs*, et y administraient les biens de l'ordre, qui ne tardèrent pas à devenir considérables.

Un bourgeois de Bayonne, sans doute de noble extraction, Guilhem de Castedgelos [1], s'étant pris d'enthousiasme pour l'œuvre de Saint–Jean–de–Jérusalem, avait offert aux Hospitaliers un enclos qu'il possédait au quartier Saint–Léon, un peu au–delà de la chapelle paroissiale, avec charge d'y construire un hôpital et un oratoire ; il leur donnait, en outre, la moitié du moulin de Castetgelos, et de plus un verger et un cellier avec une grande *tonne* (pressoir?) tout près de la porte de Saint-Léon. La libéralité était subordonnée à plusieurs conditions : c'était d'abord que le donateur aurait le droit de résider, sa vie durant, au nouvel hôpital, en qualité de *prieur ;* ensuite, que les membres de sa famille, désireux d'entrer dans l'ordre, y seraient

[1] *Livre d'or*, p. 21.

15

librement admis à Bayonne ou ailleurs, notamment sa femme, ses sœurs et frères, etc.;
enfin que si on ne permettait pas aux frères
de l'Hôpital de construire ledit oratoire, toutes les donations sus-mentionnées devaient
être considérées comme nulles et non avenues.
Cette dernière clause n'était pas inutile. Le
chapitre de Bayonne avait vu de fort mauvais
œil les Hospitaliers de Saint-Jean fixés à
demeure sur la rive droite de l'Adour, dans
un faubourg dépendant d'un autre évêché;
il n'avait nulle envie de leur voir prendre pied
sur la rive gauche, où leur établissement ne
pourrait que détourner au détriment de
l'hôpital de Saint-Nicolas, propriété de la
cathédrale située précisément à Saint-Léon,
une partie des offrandes que les malades au
lit de la mort ou les voyageurs reconnaissants
avaient coutume de faire à l'établissement
qui les avait recueillis. On refusa donc aux
Hospitaliers la permission de bâtir; un procès
fut la suite naturelle de ce refus, procès
grave dont le Pape lui-même eut connaissance, et c'est pour y mettre un terme que
Bernard de Lacarre intervint : il entra en

pourparlers avec le frère Donat, qui s'intitulait *humble ministre des frères de l'Hôpital de Jérusalem dans la province de Gascogne,* et tous deux amenèrent Castedgelos à écarter les causes du litige par la simple modification des clauses de la donation. Il consentit à donner purement et simplement l'enclos et dépendances, par main de l'évêque de Bayonne, à la maison hospitalière du bout du pont de Bayonne (diocèse de Dax); les frères de l'Hôpital, sous la même teneur, lui donnèrent leur dite maison du bout du pont, pour y vivre, sa vie durant, avec le titre et les prérogatives de prieur soumis à la volonté du grand-maître, sans omettre le droit réservé aux membres de sa famille d'être admis librement à leur volonté dans les maisons de l'ordre. Castedgelos et les frères de l'Hôpital s'engagèrent, en outre, pour eux-mêmes et pour leurs descendants, à ne construire ni hôpital ni oratoire, soit dans l'enclos de Saint-Léon, soit dans les environs de la ville, qu'ils n'eussent, au préalable, obtenu l'assentiment de l'évêque de Bayonne. Les témoins de l'acte furent pour la cathédrale,

W. Raymond l'archidiacre, Aimeric le chapelain, S. de Maya le sacriste, P. de Arribeire
et P. de Saint-Johan, prêtres, Johan de Mas
et Ponce de Perer, laïques; et pour l'hôpital,
frère Johan de La Roche Courbœuf, frère de
Sainte-Croix, frère Laurence, prêtres, frère
Robert de Lobenx, frère Brunet de Laurède;
enfin pour Castedgelos, W. A. de P. Luc,
de Mas, A. de Meis, Estienne de Chabreire,
Fortaner de Castedgelos et ses autres parents
consanguins, entr'autres, Ar. P. de Engresse·
et Limozin. L'acte se passa à Bayonne l'an
de l'Incarnation mil cent quatre-vingt-sept,
sous le pontificat de Urbain III, Philippe
(Philippe-Auguste) étant roi des Français, et
Richard duc d'Aquitaine et comte de Poitou.

Malgré les soins qu'on y avait apportés, il
paraît que le partage de 1186 manquait encore de précision ou de clarté. C'était jouer de
malheur. De nouveaux démêlés s'élevèrent
donc : l'un fut terminé par les mêmes juges
de la sentence de 1186 ; on décida que les
chanoines auraient exclusivement le droit de
présenter le chapelain ou curé pour les églises
d'Ossez, de Saint-Jean-de-Luz et de Saint-

Léon, et que ce même droit appartiendrait à
l'évêque seul pour les églises de Narbonne
(*sic*), Biarritz, Pagassu et Bassussarri[1]. Le
second démêlé fut remis à l'arbitrage unique
de l'évêque de Dax, Guilhem Bertrand[2], qui
trancha ainsi les difficultés : l'église d'Ossez
fut attribuée à l'évêque, avec cette réserve que
si dans l'avenir quelques terres ou prérogatives d'honneur advenaient à l'église par suite
de la libéralité des fidèles, les chanoines en
auraient leur part, c'est-à-dire la moitié. En
dédommagement, l'évêque donnait aux chanoines 40 sols morlans et tous les droits y
afférents à prélever sur son tiers des cens
domaniaux vulgairement appelés *cirmanadges*
(c'était un droit de bornement ou de plaçage
que payaient les boutiquiers étalagistes). Les
revenus de l'église de Pagasu devaient être
perçus deux tiers par les chanoines, un tiers
par l'évêque. Il était entendu néanmoins que
dans chaque église on assurerait l'existence
du chapelain, en lui abandonnant une portion

[1] *Livre d'or*, p. 19 d.
[2] Id. p. 20.

des fruits, conformément à la coutume, et
en proportion du patrimoine particulier de
l'église qu'il desservait. Cependant, au sujet
de la cure de Narbonne, il fut décidé que le
chapelain affecterait à son propre usage la
moitié de tous les produits de la quête
tricennaire, fiançailles et baptêmes, les droits
pénitentiaux des malades, la dîme seulement
de ceux que payaient les gens bien portants,
et enfin les oblations de chaque messe.

Mais c'est aux dernières prescriptions formu-
lées par l'évêque de Dax qu'il faut demander
le vrai sens de la conduite des chanoines
bayonnais. Fondés ou non, leurs griefs contre
Bernard de Lacarre y sont relevés avec une
transparence qui ne laisse rien à deviner; on
y voit aussi, à la mesquinerie de quelques détails, tout ce qu'il y avait de malveillance personnelle dans cette attaque d'un déplorable
terre-à-terre.

L'évêque devait continuer à jouir du droit
de procuration ou d'hébergement, lors des visites pastorales dans les églises anciennement
soumises à cette prestation; il ne pourrait
point l'exiger dans les églises récemment édi-

fiées ou qu'on édifierait à l'avenir. Il était
formellement défendu, tant à l'évêque qu'aux
chanoines, de gratifier leurs domestiques avec
les oblations des fidèles. Quant au cellier du
chapitre, l'évêque avait droit au tiers des bar-
riques qu'il renfermait ; mais il n'y pouvait
rien loger, si ce n'est les futailles vides, et encore devait-il les en retirer si les chanoines
avaient besoin de la place ; cependant les ca-
ves du palais épiscopal et de la tour qui y était
annexée demeuraient à sa disposition exclusive. Enfin, suivaient quelques dispositions
relatives à la cuisine, et limitant l'usage des
ustensiles, du cuisinier, et même du bois de
chauffage.

Une haute et noble mission vint heureusement arracher Bernard de Lacarre aux irri-
tantes préoccupations que devaient lui causer
ces misérables taquineries.

CHAPITRE VIII

1188 à 1192.

Le troisième fils d'Henri II, Geoffroy, duc de Bretagne, n'avait pas tardé à rejoindre dans la tombe son frère aîné, Henri au court man-

tel ; il était mort à la cour de France, des sui-
tes de blessures qu'il avait reçues au milieu
des périls inutiles d'un tournoi (1186), et avait
eu pour successeur au duché de Bretagne son
fils unique Arthur, pauvre enfant voué dès
la naissance aux orages d'une destinée aussi
tragique qu'éphémère. Henri ressentit peu la
perte de ce fils ; depuis longtemps il s'en était
détaché, au moins autant que de Richard
Cœur-de-Lion ; tout ce que son cœur pouvait
contenir d'affection légitime, il l'avait concen-
tré sur la tête de son dernier né, Jean-sans-
terre, ainsi nommé parce que, seul entre tous
ses frères, il n'avait point obtenu d'apanage.
Sans gouvernement ni province, Jean n'en
était pas moins la consolation et l'espérance
du roi son père, qui nourrissait depuis quelque temps déjà la pensée de lui assurer, au
mépris des droits de Richard, la couronne
d'Angleterre.

Abandonné à lui-même, le duc de Guyenne
n'aurait probablement rien soupçonné des projets paternels, si des yeux plus clairvoyants que
les siens n'eussent veillé auprès de lui et pour
lui, La reine Aliénor était plus que sexagénaire

lorsqu'elle avait vu s'ouvrir les portes de la prison d'état où, pendant dix ans, l'avait tenue renfermée la colère de son royal époux; mais l'âge n'avait nullement amorti en elle les fureurs d'une jalousie haineuse, d'autant qu'Henri II ne cessait jamais de les alimenter. Au moment où nous sommes, il était fort occupé d'une jeune fille, Alix de France, sœur du roi Philippe-Auguste et fiancée de Richard. On la lui avait confiée au berceau; et depuis qu'elle était nubile, comme il la gardait mystérieusement dans des châteaux dont il défendait l'accès, surtout au fiancé, la malignité publique, rapprochant cette conduite d'une tentative de divorce vainement poursuivie au Vatican, s'était habituée, avec une apparence de raison, à voir dans le monarque anglais plutôt un amant ombrageux qu'un père vigilant gardien de l'honneur de son fils.

Ces soupçons de la malignité publique, Aliénor les tenait pour une certitude irrécusable; elle n'eut pas de peine à faire partager à Richard la conviction dont elle était animée. Elle dut même lui révéler les secrets desseins d'Henri II au sujet de Jean — desseins qui

n'avaient pas échappé à la vive pénétration
de l'instinct maternel avivé par l'expérience
de l'épouse, — et lui montrer tous les dangers qu'ils faisaient courir à sa juste ambition ;
car, à partir de cette heure, Richard parut
subir une transformation : un grain de bon
sens vint corriger sa grande folie ; et ce qui
valut encore mieux pour lui, c'est qu'il laissa
prendre à la vieille reine l'ascendant politique
auquel lui donnait droit une trempe d'esprit
et de caractère bien rare, bien extraordi-
naire chez une femme.

L'égal intérêt que Philippe-Auguste et Richard, pour des motifs différents, prenaient
à la situation d'Alix, avait lié ces deux princes : « Chaque jour, » dit Roger Hoveden, à
propos d'un séjour du duc de Guyenne auprès du roi de France, « ils mangeaient à la
« même table, au même plat ; et la nuit un
« même lit les réunissait encore. » Henri II,
qu'alarma une pareille intimité, transmit à
son fils l'ordre de venir le rejoindre ; celui-ci
obéit, passa à Chinon, où se trouvait l'un des
trésors royaux, en pilla la plus grande partie,
et essaya d'une nouvelle révolte. La révolte

n'eut pas grand succès[1]; mais, pour y couper court plus sûrement, le monarque anglais provoqua un *parlement* dans le but de traiter avec Philippe-Auguste d'une paix définitive. L'*orme* de Gisors fut indiqué comme point de réunion.

La conférence eut lieu le 24 janvier 1188 : tous les barons de France, d'Angleterre et d'Aquitaine y étaient accourus, non pas qu'ils eussent grand souci des intérêts personnels des deux rois, mais parce qu'ils savaient qu'une autre question plus haute, plus émouvante, devait aussi y être agitée. A la suite de la trop célèbre bataille de Tibériade (1187), Jérusalem venait de retomber sous le sabre de Saladin (Salah–Eddin), l'illustre fondateur de la dynastie des Ayoubites ; Guy de Lusignan, roi de Jérusalem, les princes d'Antioche, d'Edesse et de Tyr, étaient restés prisonniers aux mains du vainqueur, et les deux grands-maîtres de l'Hôpital et du Temple avaient payé de leur tête, ainsi que les chevaliers de l'ordre pris avec eux, leur bra-

---

[1] Aug. Thierry, *Histoire de la conquête de l'Angleterre par les Normands,* passim.

voure et leur dévouement au Saint-Sépulcre.
Partout on prêchait la croisade, et personne
n'ignorait qu'à la conférence de Gisors la
voix d'un grand prélat se ferait entendre. A
peine eut-on pris séance, qu'on vit s'avancer
plusieurs chevaliers, soudain reconnus, à leurs
vêtements blancs, à leurs croix rouges et à leurs
longues barbes, pour des Templiers. Ils précé-
daient les légats du pape, Henri, cardinal-évêque d'Albano, et Guillaume, archevêque de
Tyr, l'éloquent historien des premières croisades. Quand Guillaume eut dépeint en traits dé-
chirants les sanglants épisodes de la journée
de Tibériade, le supplice des chevaliers de
l'Hôpital et du Temple, tombant tour à tour
sous le glaive du bourreau musulman, l'assemblée entière tressaillit de douleur et de colère ;
Henri II s'élança le premier avec une ardeur
juvénile, et, le genou en terre, demanda la
croix ; Philippe – Auguste n'arriva que le
second. L'Angleterre se croisa de blanc, la
France de rouge, et les Flandres de vert.

Beau feu de paille, cependant! Au lieu de
songer à la Terre–Sainte, Richard, pour une
misérable affaire d'argent, envahit les états

du comte de Toulouse ; Bertrand de Born,
profitant de ce mouvement, soulève l'Aquitaine, et Philippe-Auguste, sans motif, instinc-
tivement excité par le tumulte des armes, pénètre dans le Berry et achève le tableau. Le
roi d'Angleterre en appela encore à Philippe-
Auguste ; celui-ci accepta des pourparlers, et
proposa comme bases de la paix (entrevue de
Bonmoulins 1188), qu'Alix serait remise à
son fiancé, que Richard recevrait le titre
officiel d'héritier présomptif de la couronne,
et que tous les barons lui prêteraient serment
en cette qualité. Henri, déconcerté de propo-
sitions si précises qui tendaient à ruiner de
fond en comble ses vues les plus chères au
sujet de Jean, le fils bien-aimé, ne sut que
balbutier une réponse évasive. A ce refus,
Richard, indigné, ou feignant de l'être,
détacha son épée, et, s'agenouillant aux pieds
de Philippe, lui fit l'hommage direct de
toutes les provinces relevant de l'Angleterre
sur le continent français.

Le projet de former, même sous la vassa-
lité de la France, un grand état dont Poitiers
serait la capitale, et qui embrasserait la Nor-

mandie, la Bretagne, l'Aquitaine, le Poitou,
l'Anjou et le Maine, sortit évidemment d'un
cœur méridional ; sans attribuer d'une manière formelle à la reine Aliénor la conception
de ce projet, on peut être certain qu'elle n'y
fut pas étrangère ; du reste, il rencontra partout dans le Midi un succès d'enthousiasme.
Henri II, qui en comprit rapidement la dan-
gereuse portée, n'hésita pas, pour s'y opposer, à tenter la fortune des armes ; mais
bientôt, abandonné de la plupart de ses
barons et chevaliers, adorateurs éternels,
comme tous les hommes de cour, du soleil
levant, il ne marchanda pas sa défaite et sollicita la paix. Dès la première entrevue qu'il
eut avec le roi de France, il vit clairement
que ses adversaires ne le ménageraient plus ;
le cœur lui faillit, et il tomba malade. C'est
de son lit de souffrance qu'il accueillit les
envoyés de Philippe, chargés de lui soumettre
les divers articles du traité qu'on lui imposait. Quand on fut arrivé au paragraphe qui
regardait les personnes engagées secrètement
ou ostensiblement dans le parti de Richard,
le roi ayant demandé leurs noms pour savoir

combien il y avait d'hommes à la foi desquels
on l'obligeait de renoncer, le premier nom
prononcé fut celui de Jean. « Est-ce bien
« vrai, s'écria-t-il éperdu de douleur, et
« voulant douter encore, est-ce bien vrai
« que Jean, mon cœur, mon fils de prédi-
« lection.... s'est aussi séparé de moi? » Et
« comme on lui répondit qu'il en était ainsi :
« Eh bien! dit-il, en tournant son visage
« contre le mur, que tout aille dorénavant
« comme il pourra. Je n'ai plus souci ni de
« moi ni des autres[1]! » Peu de jours après,
il expirait à Chinon en maudissant ses fils
(6 juillet 1189).

Richard, accompagné de son frère Jean,
franchit en toute hâte le détroit, et se fit couronner à Londres. Un horrible égorgement de
juifs assombrit les fêtes du couronnement.
Bientôt arrivèrent les ambassadeurs de Philippe-Auguste, pour rappeler au nouveau roi
qu'il avait donné parole d'aller en Palestine.
Richard n'y tenait guère, mais il était cheva-

---

[1] Aug. Thierry, *Histoire de la conquête de l'Angleterre par les Normands.*

lier. Désormais les préparatifs de l'expédition furent l'unique objet de ses préoccupations. Afin de s'attacher Jean-sans-terre par les liens de la reconnaissance, il le maria à la fille du comte de Glocester, et lui donna pour cadeau de noces, outre le comté de Mortain en Normandie, ceux de Cornwall, Dorset, Somerset, Glocester, Nottingham, Derby et Lancaster, en Angleterre, environ un tiers de tout le royaume [1]. Puis il passa en Aquitaine, confia à la vieille Aliénor la régence de ses états, mit en réquisition toutes les marines de l'Océan, et les plaça sous le commandement de Géraut de la Barthe archevêque d'Auch, Bernard de Lacarre évêque de Bayonne, Richard de Camvil, Robert de Sabluil, et Guilhem de Fors d'Oléron, chevaliers de Normandie et d'Aquitaine ; ces cinq amiraux reçurent le titre de *connétables* de la flotte.

Le choix de Bernard de Lacarre prouve à la fois l'estime que Richard faisait de sa personne, et le rôle important que les Bayonnais étaient appelés à jouer dans

[1] John Lingard, *Hist. d'Angleterre.*

16

l'armement militaire et naval de l'Angleterre.

Un règlement d'une sévérité monstrueuse, dont Matthieu Pâris nous a conservé le texte, fut publié devant chaque équipage réuni sur le pont du navire : « Que celui qui aura tué « un homme sur les vaisseaux de la flotte soit « lié au mort et jeté à la mer; que celui qui « aura tué un homme sur terre soit lié au « mort et enterré avec lui. Si quelqu'un a « été convaincu d'avoir tiré un couteau pour « en frapper un autre, ou de l'avoir frappé « jusqu'au sang, qu'il ait le poing coupé ; que « celui qui aura frappé avec la paume de la « main, soit plongé trois fois dans la mer. Si « quelqu'un prononce contre son compagnon « opprobre, insulte ou malédiction de Dieu, « qu'il lui paie autant d'onces d'argent qu'il « l'aura insulté de fois. Si quelqu'un est dé- « noncé et convaincu pour vol, qu'on lui verse « sur la tête de la poix bouillante, et qu'on y « secoue de la plume d'oreiller, afin de le re- « connaître; qu'il soit ensuite abandonné sur « la première terre où le vaisseau touchera[1]. »

---

[1] Matthieu Pâris, traduction de A. Huillard-Bréholles.

C'est probablement au milieu des préparatifs de la croisade, et pour assurer dans nos
contrées la sécurité publique durant l'absence
du souverain, que parut à Bayonne l'ordonnance royale dont une copie existe aux archives sous le titre de *Charte des malfai-*
teurs [1]. Ce document, fort curieux et encore
inédit, ne porte pas de date ; mais on peut y
suppléer aisément, au moyen des énonciations
contenues dans le préambule, énonciations
qui, tout en fixant ce point, nous paraissent
en même temps offrir d'intéressantes in=
dications au sujet de nos institutions municipales. On en jugera :

« Afin de maintenir la justice, et pour le
« profit de la *terre de Bayonne* et de la *vi-*
« *comté ;* par l'ordre et avec la volonté du roi
« Richard, d'Angleterre ; étant témoins Guil-
« hem Bertrand évêque de Dax, Bernard La-
« carre évêque de Bayonne, et Jaufre de
« Batèle sénéchal de Poitou et de Gascogne ;
« étant également témoins tous les preux
« chevaliers de la terre, *tous les prud'hommes*

[1] Archives de Bayonne ; *AA.-II,* p. 8.

« de Bayonne, et tout l'autre peuple de
« Bayonne, avec l'assentiment du *conseil de*
« *Bayonne*, pour toute l'étendue de la vi-
« comté, ainsi qu'en fait foi la présente charte
« relatant l'établissement (ordonnance) qui
« fut fait dans ce temps-là, et qui fut confirmé
« par le serment du conseil de Bayonne et
« de toute la communauté, etc. »

La date, on le voit tout d'abord, n'est pas
douteuse; les noms accolés du roi Richard,
de Guilhem Bertrand évêque de Dax, et de
Bernard de Lacarre évêque de Bayonne, dé-
montrent sans réplique possible qu'il s'agit
d'un acte émané de Richard Cœur-de-Lion,
lequel régna de 1189 à 1199 : c'est arbitraire-
ment, il est vrai, que nous plaçons cet acte
avant la croisade (1190); mais il nous semble
qu'à ce moment l'état général de la Gascogne
n'en justifiait que trop les rigoureuses et salutaires prescriptions. On ne manquera pas
de remarquer aussi la distinction constamment maintenue entre Bayonne et la vicomté
de Labourd, entre les preux chevaliers de la
terre, c'est-à-dire les gentilshommes labourdins, et les prud'hommes de Bayonne. Le

serment par lequel le conseil de ville et
toute · la *communauté* confirmèrent l'ordonnance royale, mérite encore d'être relevé.
Mais nous demandons la permission de nous
arrêter, avec quelques détails, sur une institution dont le document que nous analysons
révèle l'existence, et qui ne dut pas être spéciale à la ville de Bayonne, quoique personne,
à notre connaissance, n'en ait encore fait men-
tion : nous voulons parler des prud'hommes.

En général, le mot *prud'homme* s'employait
au moyen-âge pour désigner un homme re-
commandable par sa fortune ou les charges
qu'il avait exercées ; c'était une qualification
d'honneur et de notabilité personnelle. Au
premier abord, il semblerait qu'il faut le prendre en ce sens dans la charte des malfaiteurs,
où les prud'hommes de Bayonne figurent entre
les gentilshommes de Labourd, d'une part,
et, de l'autre, les artisans et menu peuple de
Bayonne. Néanmoins, en continuant la phrase,
on s'aperçoit bien vite que les prud'hommes
et le conseil de ville sont mentionnés distinc-
tement, et que dès lors il y a lieu d'attribuer
au mot de *prud'homme* une autre portée que

celle d'une épithète plus ou moins banale.

En effet, les prud'hommes bayonnais n'é-
taient pas seulement de simples notables, une
classe vague d'aristocratie bourgeoise, sans
limites certaines comme sans attributions ;
c'était, au contraire, un collége, une sorte de
sénat, chargé de conserver la tradition coutumière. La loi ne fut longtemps chez nous
que la coutume non écrite; et comme, par
coutume non écrite, on doit se garder d'entendre le caprice ou l'arbitraire, il fallait
bien que quelqu'un la conservât. Conserver
la coutume, telle fut donc la mission des
prud'hommes ! A la fin du xiiie siècle, grâce
aux efforts des juristes imbus des doctrines
romaines, et surtout de l'Eglise, la loi écrite
tendit à supplanter la coutume de tradition
orale. Un maire de Bayonne, maire d'occasion
imposé par le roi, et probablement jaloux de
l'influence énorme que donnait aux pru'hommes la connaissance exclusive de *la coutume*,
les convoqua pour qu'ils eussent à *la fixer*.
Les prud'hommes, s'étant réunis au nombre
de quatre-vingt-dix-neuf, décidèrent *qu'ils
n'écriraient rien de leurs délibérations,* parce que

le maire en saurait autant qu'eux [1]. Qui ne se croirait, à quelques égards, au beau temps du patriciat de Rome, au temps des formules obscures, mystérieuses, impénétrables surtout à la tourbe des plébéiens?

La charte des malfaiteurs présente quelques obscurités de texte, que notre traduction a essayé parfois d'éclaircir; la voici. On remarquera que, dans ses diverses prescriptions, elle a retenu, des lois barbares, *la composition*, somme d'argent que le coupable était tenu de payer à l'offensé ou à sa famille, et le *droit de paix*, ou amende payée au magistrat en réparation de la violation de la paix publique; néanmoins, et c'est une différence essentielle, le coupable ne pouvait jamais se racheter de la peine de mort. D'ailleurs le traitement favorable accordé aux étrangers au cas de certains délits ou contraventions, l'exacte répression des fraudes commerciales, et d'ingénieuses combinaisons pour concilier l'intérêt contradictoire du marchand et de l'acheteur, témoignent, avec une irréfutable éloquence,

[1] Archives de Bayonne, *AA.-III*, p. 12.

des progrès qui s'étaient déjà accomplis dans les mœurs et les idées de la société gasconne à la fin du xiie siècle.

« 1. Quiconque sera pris volant sur un
« grand chemin, et sera convaincu de son
« crime, qu'il soit pendu.

« 2. Quiconque commettra un homicide et
« en sera convaincu, qu'il soit pendu.

« 3. Tout homme qui en blessera un autre
« avec barre, couteau et autres armes émou-
« lues, si ce n'est en guerre, sera condamné à
« 366 sols, à moins que la blessure n'ait oc-
« casionné la mort, auquel cas le coupable
« sera pendu. De ces 366 sols, la moitié ap-
« partiendra au seigneur justicier et 6 sols
« en sus, et le reste de l'autre moitié au plai-
« gnant.

« 4. Tout homme qui en assaillira un au-
« tre avec barre, pierre, couteau, épée, ou
« autre arme émoulue, mais sans le blesser,
« sera condamné à 66 sols : la moitié pour le
« seigneur et 6 sols en sus, et le reste au plai-
« gnant.

« 5. Tout homme qui en blessera un autre
« avec la main sera condamné à 12 sols, et

« également de toute autre rixe, la moitié
« pour le seigneur et l'autre moitié pour le
« plaignant.

« 6. Tout homme qui portera à un autre
« homme un coup dont il restera marque,
« sera condamné à 6 sols, pourvu que le
« plaignant jure qu'il n'a point porté plainte
« par méchanceté, mais parce qu'il a été
« frappé, et que l'autre jure pareillement,
« avec six hommes mariés ou non, qu'il n'a
« pas voulu faire d'affront ni au plaignant ni
« à son lignage.

« 7. Tout homme qui en blessera un au-
« tre à la tête sera condamné, pour chaque
« os extrait, à 6 sols, moitié pour le sei-
« gneur, moitié pour le plaignant ; et pour la
« blessure elle-même, à 366 sols, s'il peut en
« être convaincu.

« 8. Tout homme qui tendra son arc con-
« tre quelqu'un, sera condamné à... sols, la
« moitié pour le seigneur et 6 sols en sus, et
« l'autre moitié pour le plaignant.

« 9. Tout homme qui en assaillira un autre
« de quelque assaut que ce soit, devra 18 sols,
« la moitié au seigneur, l'autre moitié au
« clamant.

« 10. Tout homme qui en assaillira un au-
« tre dans sa maison devra 18 sols, la moitié
« pour le seigneur et 6 sols en sus, et le reste
« pour le plaignant ; il devra en outre répa-
« rer en double le dommage. •

« 11. Tout homme marié qui sera surpris
« avec une femme mariée sera condamné à
« courir nu par la ville, selon la coutume de
« la ville, et également la femme mariée.

« 12. Tout homme qui violentera une fem-
« me, s'il en est convaincu, sera condamné à
« payer 66 sols, la moitié pour le seigneur et
« 6 sols en sus, et l'autre moitié pour la par-
« tie plaignante, ou à épouser la femme si
« elle le veut. Mais si le coupable est de telle
« sorte qu'elle ne le veuille pas pour mari, il
« sera livré corporellement aux parents de la
« femme pour en être fait à leur volonté.

« 13. Quiconque entrera dans le verger
« d'autrui et y prendra 60 pommes ou plus,
« sera condamné à 66 sols : la moitié pour le
« seigneur, plus 6 sols, et l'autre moitié pour
« le plaignant. S'il a pris moins de 60 pom-
« mes, la condamnation sera de 10 sols.

« 14. Quiconque prendra dans la vigne

« d'autrui plus de deux grappes de raisin,
« sera condamné à 66 sols ; et au-dessous de
« deux grappes, 10 sols.

« 15. Quiconque entrera dans le jardin
« d'autrui, sera condamné envers le maître
« du jardin à payer le double du dommage, et
« en outre à 3 sols d'amende, et également à
« 3 sols envers le seigneur.

« 16. Tout étranger surpris dans une vi-
« gne ou dans un verger, pourvu qu'il jure
« qu'il ne connaissait pas la coutume de la
« ville, ne sera condamné qu'à payer 12 de-
« niers au seigneur et 12 deniers au plai-
« gnant.

« 17. Le maître de tout animal pignoré en
« vigne, verger ou jardin, sera condamné à
« payer 12 deniers pour le seigneur, et 12
« deniers pour le plaignant, et à réparer en
« double le dommage.

« 18. Tout homme qui en surprendra un
« autre dans le jardin d'autrui et jurera qu'il
« l'a *vu* dans le jardin, recevra 12 deniers.

« 19. Quiconque surprendra de nuit un
« animal dans verger, clos, vigne ou jardin,
« s'il n'y a pas de dommage, ne recevra rien.

« 20. A tout étranger qui se plaint d'un
« voisin, celui-ci est tenu de répondre instan-
« tanément, sans délai; mais pour les hom-
« mes de Lamarque ou de la terre de Larro-
« madet, on suivra la coutume.

« 21. Il est expressément recommandé que
« personne, dans toute la vicomté de Bayonne,
« ne donne asile aux voleurs, ou ne prête
« assistance aux malfaiteurs.

« 22. Il est établi que la preuve coutumière
« des deux témoins qui prêtent serment sur les
« cinq assignés, ou des six sur les neuf, soit
« abandonnée dans les témoignages, à moins
« qu'il ne s'agisse d'un procès de fonds de
« terre[1].

« 23. Tout homme qui aura un débat avec
« d'autres, si l'affaire est en cour, aura un
« premier délai de sept ou de quinze jours;
« au jour assigné, s'il ne comparait pas, il
« pourra obtenir un nouveau délai, et même
« jusqu'à trois délais successifs, pourvu qu'à
« chaque fois il jure qu'il a eu un motif légi-

---

[1] Dans ce passage assez obscur, nous croyons qu'il s'agit des
co-jurants de la procédure barbare. Ces co-jurants venaient
confirmer sous serment le dire du plaignant ou du prévenu.

« time de faire défaut : mais il ne pourra
« plus ensuite demander de nouveaux délais,
« et si le baile lui en accordait, qu'il en soit
« fait selon le jugement de la ville, par le ser-
« ment coutumier des deux sur cinq.

« 24. Tout plaideur qui, après les plaidoi-
« ries, se retirera pour ne pas recevoir juge-
« ment, perdra son procès. Si le seigneur se
« plaint de son bourgeois marié, celui-ci aura
« neuf jours pour fournir caution ; et si,
« au terme fixé, il ne la fournit pas, il sera
« condamné à 6 sols pour tenir lieu de
« caution ; et si le seigneur se plaint de son
« homme libre, la caution sera exigible sur
« l'heure.

« 25. Tout homme qui chargera du blé à
« destination de Bayonne ne pourra le ven-
« dre, ni personne le lui acheter, si ce n'est à
« Bayonne, où il devra être exposé en vente
« pendant huit jours. Quiconque contrevien-
« dra à ces prescriptions sera condamné à 6
« sols au profit du seigneur, 6 sols au profit
« de la ville ; et le blé sera vendu au prix d'a-
« chat primitif.

« 26. Quiconque mettra son blé ou son

« vin en boutique devra vendre toute sa mar-
« chandise au même prix qu'il aura vendu
« la première conque ou la première mesure ;
« le contrevenant devra 6 sols au seigneur et
« 6 sols à la ville. Que personne ne vende ni
« vin ni blé sans auparavant l'avoir fait crier
« par la ville, sous peine de payer également
« 6 sols au seigneur et 6 sols à la ville.

« 27. Quiconque vendra à faux poids ou à
« fausse mesure, tant en ville qu'au dehors,
« sera condamné à 6 sols au profit du sei-
« gneur ; pour la fausse mesure trouvée dans
« un moulin, le maître du moulin sera con-
« damné à 36 sols envers le seigneur, et à 30
« sols envers le plaignant.

« 28. Du reste, qu'autant en soit fait au
« sujet des voleurs par *le baile du seigneur qui*
« *sera établi hors de la cité de Bayonne,* qu'il
« en était fait auparavant par le seigneur,
« conformément à la coutume. »

Nous n'hésitons pas à voir dans cette dernière disposition le germe de l'institution judiciaire qui a fonctionné jusqu'à la révolution
de 1789 sous le nom de *bailliage de Labourd.*

Richard avait promis à Philippe-Auguste

de le rejoindre aux fêtes de Pâques (1190),
afin de partir avec lui pour la Terre-Sainte.
La mort de la jeune reine de France fit
remettre leur départ à la Saint-Jean.
Vézelay fut le lieu du rendez-vous général
des croisés ; plus de cent mille hommes y
parurent en armes. Après les avoir passés en
revue, les deux princes descendirent le Rhône
jusqu'à Lyon ; là ils se séparèrent : Philippe
alla s'embarquer à Gênes ; Richard prit la
route de Marseille, croyant y rencontrer sa
flotte de l'Océan. Plusieurs jours s'écoulèrent dans une vaine attente ; aucune voile ne
paraissait à l'horizon. Impatienté d'un retard
inexplicable pour lui, le prince anglais équipa
à la hâte quelques petits navires, côtoya l'I-
talie, et atteignit le port de Naples à la fin
d'août, non sans avoir couru mille périlleuses
aventures.

Si la flotte de l'Océan n'avait pas rallié à
jour fixe le port de Marseille, c'est qu'elle
était surtout montée par des marins de Gascogne et d'Aquitaine, de folles têtes du Midi,
et qu'elle avait fait ce que probablement Richard eût fait à sa place, l'école buissonnière.

Arrivés à l'embouchure du Tage, nos hommes, apprenant que le roi de Portugal, Don Sancho Iᵉʳ, organisait une *algarade* pour arracher aux Arabes la cité de Silvès, dans les Algarves, sautent à terre, et, sous les ordres du monarque chrétien, infligent au lieutenant de l'émir Almohade Yacoub une cruelle défaite. Mais, hélas! l'émir n'eut pas seul à souffrir de leur victoire : dans l'ivresse du triomphe, ne distinguant plus les amis des ennemis, ils se débandent par les rues et places de Lisbonne, forcent les maisons, insultent les femmes, et tuent les citoyens portugais qui essaient de résister à leurs frénétiques emportements. Il fallut toute l'énergique fermeté des *connétables*, vigoureusement secondés par le roi de Portugal, pour avoir raison de ces forcenés; il y eut sans doute des poings coupés, des têtes emplumées, sans compter les bains de correction au fond du Tage. L'ordre rétabli, la flotte regagna Marseille à travers le détroit de Gibraltar, embarqua rapidement l'armée des croisés, et cingla vers Messine, où elle arriva le 16 septembre (1190). Philippe-Auguste et Richard la suivirent de près.

Le trône de Sicile, demeuré vacant par la mort du dernier roi, Guillaume, beau-frère de Richard, dont il avait épousé une sœur nommée Jeanne, venait d'être usurpé par Tancrède, fils naturel du défunt. Tancrède accueillit les princes croisés avec les marques apparentes d'une franche et respectueuse cordialité; il fit disposer en ville des appartements pour le roi de France, et logea Richard hors des portes, dans une charmante habitation entourée de vignes. Au fond, il ne se souciait ni de l'un ni de l'autre, et ne songeait qu'aux moyens de les éloigner tous deux : il voyait dans Philippe l'allié de l'empereur, à qui la couronne de Sicile aurait dû revenir du chef de son épouse Constance, fille unique et légitime du dernier roi Guillaume; et dans Richard, il redoutait le frère de la reine Jeanne, douce victime à laquelle il n'avait pas ménagé les mauvais traitements. Malheureusement pour lui, les tempêtes de l'équinoxe étant brusquement survenues, les croisés décidèrent qu'ils hiverneraient en Sicile. Il y a lieu de croire que c'est le spectacle de la mer en délire, rejetant sur ses côtes les

nefs fracassées, et livrant celles que les bri-
sants avaient épargnées à l'inévitable pillage
des riverains, qui inspira au monarque anglais la célèbre charte sur les bris et nau-
frages de navires : bienfait immense, dont
toutefois la pensée première appartient au
génie éminemment civilisateur d'Henri II.
En vertu d'un prétendu droit d'épaves, les
seigneurs côtiers s'appropriaient tout navire
qui échouait sur leur territoire, et cela dans
toutes les circonstances, alors même que
l'équipage parvenait à se sauver. Richard
proclama que, tant pour le navire échoué
que pour les marchandises contenues dans
le navire, le droit des propriétaires survivrait
au bris et naufrage, et qu'il n'y aurait ouverture à l'exercice du privilége seigneurial d'é-
paves, qu'à défaut des propriétaires et de
leurs héritiers. Bernard de Lacarre rapporta
sans doute une copie de cette charte, car
elle figure textuellement dans nos livres
coutumiers [1].

En Sicile, Richard vivait sans plus de gêne

---

[1] Archives de Bayonne, AA—I, p. 65.

que s'il eût foulé le sol de l'Aquitaine ou de
la Gascogne. Un jour, il entend le cri d'un
épervier sortir de la maison d'un paysan : la
chasse à l'épervier était en Angleterre un
droit régalien ; il pénètre dans la maison, et
s'empare de l'oiseau. Outré de colère, le
paysan tire son couteau, et appelle des voisins
qui assaillent Richard à coups de pierre. En
pareil cas, que vaut d'être un héros? Voilà
Richard contraint de fuir, et d'abandonner
à ces vilains le champ de bataille et l'épervier.
De cette sotte équipée et d'autres aussi peu
avouables, le prince anglais demanda raison à Tancrède; et comme la satisfaction fut
lente à venir, il prit des échelles, escalada les
murailles de Messine, et mit la ville à sac.
Quand Philippe-Auguste vit flotter au haut
des tours l'étendard d'Angleterre, il s'en plai-
gnit comme d'un outrage infligé à la majesté
royale par un vassal irrespectueux ; des hommes de paix intervinrent, parmi lesquels Géraut de la Barthe et l'évêque de Bayonne : un
traité fut signé, et Tancrède devint le meilleur
ami de Richard [1].

---

[1] Rymer, *Fœdera*, etc. etc., tome Ier, première partie, p. 21.

Nous n'en saurions dire autant du roi de France : Philippe commençait à détester Richard; il le jalousait pour sa bravoure, sa générosité, et ce grand air de suprême magnificence dont il sentait autant que personne la puissance fascinatrice. On passa donc l'hiver au milieu de relations douteuses, de bouderies aboutissant à des réconciliations plâtrées. Tout-à-coup on apprend à Messine que la reine Aliénor a débarqué à Naples, et qu'elle amène avec elle la jeune Bérengère, fille du roi de Navarre, Sanche-le-Sage. La mère de Richard, ne l'oublions jamais, était une enfant de l'Aquitaine; en politique, la duchesse d'Aquitaine oubliait volontiers la reine d'Angleterre : conserver le sol national, héritage glorieux des comtes de Poitiers, aider au développement de sa grandeur, tel était le cercle dans lequel se renfermait avec une naturelle complaisance la pensée de l'illustre femme. Or, au point de vue aquitain, le roi de France ne pouvait être un ami sincère; c'était un rival, un adversaire forcé, toujours en quête de surprises, toujours en tentation de passer sur le corps de son vassal pour atteindre à la limite gauloise des Pyrénées. Ce n'était donc pas devant soi qu'il fallait chercher des alliances impossibles, mais sur ses derrières ; l'amitié des princes espagnols, voilà quelle était notre vraie sauvegarde : il nous la fallait absolument pour ne pas nous trouver placés un jour entre la pointe de deux épées ennemies. C'est pourquoi Aliénor avait sollicité pour son fils la main d'une Navarraise, et c'était pour mieux assurer la conclusion d'un hymen auquel elle attachait une importance capitale, que, forte et courageuse, elle n'avait pas hésité, malgré son grand âge, à affronter les périls d'une pénible navigation. Philippe-Auguste n'avait-il rien soupçonné des menées de la vieille reine ? comptait-il toujours sur l'union de Richard avec sa sœur Alix ? Selon nous il n'y comptait pas du tout. Néanmoins il fit beaucoup de tapage, souffrit que Richard prouvât par témoins l'indignité d'Alix, et, en fin de compte, composa pour une somme d'argent. Quelques jours après, le roi de France faisait voile pour Saint-Jean-d'Acre.

Richard ne tarda pas, lui non plus, à dire

adieu à la Sicile ; mais un nouvel incident, qu'on pourrait prendre assurément pour une page détachée de quelque roman de chevalerie, vint encore le détourner de la Terre-Sainte. Presqu'au sortir du port de Messine, la flotte anglaise fut assaillie et dispersée par une violente tempête : trois vaisseaux ayant échoué sur la côte de Chypre, leurs équipages y furent cruellement maltraités par les insulaires. Un tyran bas et cruel, Isaac Comnène, de la famille de Constantinople, qui régnait despotiquement, avec le titre emphatique d'empereur, sur ces beaux lieux consacrés jadis à Vénus par l'admiration poétique de la Grèce, refusa même l'accès du port de Limisso à l'infante de Navarre Bérengère, et à Jeanne reine de Sicile. A ces nouvelles, Richard, bouillant de colère, débarque sous les yeux de sa belle princesse, qu'il jure de venger, s'empare de Limisso, et marche en avant dans l'intérieur de l'île. Battu sur tous les points, Isaac ne tarda pas à tomber au pouvoir du monarque anglais, qui, par moquerie et pour insulter à sa vanité, le chargea de chaînes d'argent.

C'est à Limisso ou Limassol, sous le ciel en-
chanteur d'Idalie, Paphos et Amathonte, que
Richard Cœur-de-Lion épousa Bérengère ; elle
fut couronnée par l'évêque d'Evreux, assisté
de Géraut de la Barthe et de Bernard de Lacarre, en présence des marins bayonnais, qui
purent contempler avec un noble orgueil leur
évêque et leur amiral comblé de tous les témoignages de la faveur souveraine.

A propos de cette conquête improvisée de
l'île de Chypre, un historien, contemporain
de la croisade [1], parlant d'une entrevue de
Richard et du malheureux Isaac Comnène,
s'arrête avec une visible admiration à décrire
l'appareil que déploya dans cette occasion le
fils d'Aliénor : « Il était monté, dit-il, sur un
« cheval d'Espagne et assis sur une selle bro-
« dée d'or, derrière laquelle on avait figuré
« deux petits lions qui se menaçaient l'un
« l'autre ; il portait des éperons d'or, une tu-
« nique de soie rose, et un manteau parsemé
« de petits croissants d'argent massif ; la poi-
« gnée de son épée était d'or et le fourreau

[1] Vinisauf.

« garni d'argent ; il avait un baudrier de soie;
« un bonnet d'écarlate, sur lequel on avait
« brodé en soie et à l'aiguille divers oiseaux
« ou autres animaux, couvrait sa tête ; il te-
« nait à la main un bâton de commandement
« qu'il agitait d'un air martial[1]. » Ce goût de
Richard pour les magnifiques draps et tissus
de l'Orient, la joie naïve qu'il éprouvait à s'en
parer, notre Bernard de Lacarre les partagea;
il apporta à Bayonne tout un vêtement épiscopal fabriqué avec des étoffes dont celles que
Vinisauf a décrites peuvent donner une idée
approchante:

En fouillant les contreforts latéraux de la
chapelle Sainte-Anne, à la cathédrale de
Bayonne, on trouva il y a quelques années,
murée dans l'un des contreforts, à 5 mètres de hauteur environ, une boîte de 1 mètre
de long sur 0,30 de large. Quand on ouvrit la boîte, on n'aperçut d'abord qu'un
hideux amas d'ossements et de chiffons, auxquels adhéraient encore des morceaux de peau
avec du sang coagulé; mais bientôt on se con-

[1] Michaud, *Bibliothèque des Croisades*, tom. II, p. 685.

vainquit aisément que c'étaient les restes
d'un évêque : une crosse et un anneau épiscopal [1] ne pouvaient laisser le moindre doute
à cet égard. Tout fut emporté à Paris, et c'est
là qu'au prix de mille précautions minutieu-
ses et de soins infinis, M. Boëswillwald, in-
specteur général des monuments historiques,
et architecte du gouvernement (chargé en cette
dernière qualité de la direction supérieure
des travaux de restauration de notre cathédrale), eut la joie de reconnaître qu'il avait
sous les yeux les fragments d'un vêtement
épiscopal ayant dû appartenir à un évêque qui
vivait au XIIᵉ siècle, et que nous attribuons,
nous, à Bernard de Lacarre : son voyage en
Palestine, à côté de Richard Cœur-de-Lion

---

[1] La crosse, en cuivre émaillé de bleu, ressemble à toutes
les crosses du XIIᵉ siècle : c'est la même douille, sur laquelle
s'allongent les trois lézards traditionnels, ornés de turquoises,
le même nœud dont les deux hémisphères montrent une chaîne
sans fin de dragons qui s'enroulent et se mordent, et la volute
à tête de serpent se repliant en cercle pour encadrer, dos à dos,
le Christ bénissant et la sainte Vierge. La hampe de la crosse,
en bois de sapin (peut-être de cèdre), peint en outre-mer sur
couche de blanc, est terminée par un pied pointu en cuivre
doré. Quant à l'anneau, c'est tout simplement un anneau de
fer doré, sans caractère propre, orné d'un morceau de verro-
terie imitation de saphir.

et de Philippe-Auguste, explique, selon nous d'une façon très probable, comment on a pu trouver à Bayonne, mêlés à des ossements d'évêque, ces objets précieux, devenus aujourd'hui l'une des richesses du musée de Cluny.

La trouvaille consiste en fragments de mitre, tunique, aube, chasuble, pallium, et chausses. Il reste de la mitre le tour de tête, les deux bandes allant de la base au sommet, l'une des bandes transversales et les fanons ou antennes. Ces bandes, tour de tête et fanons sont en tissu d'argent avec des ornements et sujets en tissu d'or; on y distingue des aigles et des losanges alternés, et aussi des couples de colombes becquetant une rose ; chaque couple, pris entre deux filets bleus, est séparé par un ornement qui présente tout le caractère d'une inscription arabe. La mitre, dont le fond ou soufflet était en soie, n'avait qu'environ 21 centimètres de haut. Des franges fines, en soie rouge assortie à la couleur du fond, garnissaient l'extrémité des fanons. La tunique, de soie rouge, était bordée et galonnée sur toutes les coutures d'étroites bandes en étoffe d'argent. L'aube, dont on conserve un beau morceau, est en étoffe de soie blanche de Chine ou de l'Inde, dans laquelle sont tissées en damassé des rangées alternatives de perruches affrontées et de grosses palmes. Une large bordure de 35 centimètres, en tissu d'or très souple, dans laquelle s'enlacent des rinceaux de la plus belle ornementation, et contenant une inscription en caractères cufiques, formait, d'après toutes les apparences, le bas de la chasuble. L'inscription est en caractères de couleur bleue; les rinceaux ont les tiges en rouge, et les feuilles ou fleurs en bleu, rouge et blanc, gamme de tons prédominante dans la décoration arabe. Le pallium est représenté par une bande de 6 centimètres de largeur, en drap d'or bruni ou métallique, assez lourde, et refendue à l'un des bouts. Enfin les chausses que portait le prélat étaient d'une étoffe de soie blanche, dans laquelle la main habile de l'ouvrier avait tissé en fil d'argent des couples de perruches regardant un croissant, isolés les uns des autres par un fer de lance renversé : un morceau de ces chausses, ayant sans doute appartenu à la genouillère, se termine par des boutons enlacés à la manière orientale et des cordons en fils de soie verte[1].

Après la célébration de son mariage, Richard partit enfin pour la Palestine, emmenant avec lui Bérengère et la reine de Sicile, mais traînant aussi à sa suite la fille d'Isaac Comnène, dans laquelle on assure que la nouvelle reine ne tarda pas à trouver une rivale ; fantaisie musulmane qui n'offre rien d'étrange chez le fils d'Henri II.

Et maintenant, aurons-nous besoin de raconter la croisade elle-même, la prise de Saint-Jean-d'Acre par les croisés, le départ peu chevaleresque de Philippe-Auguste, les prouesses de Richard, imprimant à son nom, par des exploits d'une incomparable audace, cette renommée sinistre dont les tribus arabes devaient, de génération en génération, se transmettre longtemps le souvenir? Dirons-nous, enfin, la trêve conclue avec Saladin,

---

[1] Ces détails si pleins d'intérêt, c'est M. Boëswillwald qui nous les a donnés. Nous en remercions ici de tout notre cœur l'artiste aimable et bon, qui, malgré les nombreuses affaires dont il est surchargé, sait toujours trouver du temps pour obliger ses amis, même lorsqu'il ne s'agit, comme dans l'occasion présente, que de répondre à leur vaine curiosité.

par le héros anglais, son départ et sa captivité en Autriche, œuvre de la plus honteuse félonie? A quoi bon? Les épisodes de cette illustre épopée, à laquelle les marins de Bayonne prirent une part qui ne fut pas sans honneur, ne sont-ils pas dans toutes les mémoires?

Bernard rentra à Bayonne à la tête de sa flotte. Echangea-t-il sans regret l'épée de connétable pour la simple houlette du pasteur d'âmes? Qui le sait?

CHAPITRE IX

1192 à 1200

L'honneur d'avoir pris part à la croisade
dans l'intimité familière du souverain, assura
à Bernard de Lacarre, dès son retour, une

autorité contre laquelle nul ne songea plus à s'élever, et dont le prélat lui-même n'usa, il faut le dire, que pour le service de la cathédrale. Aussi de nombreuses affaires d'intérêt temporel, heureusement conduites et terminées, marquèrent-elles le rétablissement de la bonne harmonie entre les chanoines bayonnais et leur évêque. C'est surtout à faire triompher le droit revendiqué par l'église sur la dîme des *terres novales* que s'appliquèrent les efforts de notre clergé.

Guilhem Ramon de Sault, le dernier héritier des vicomtes labourdins, n'avait point suivi en Palestine Richard Cœur-de-Lion. Pendant qu'à Bayonne tous les regards et tous les cœurs, tournés vers l'Orient, suivaient avec anxiété les péripéties émouvantes de la croisade, lui, fort préoccupé des larges brèches qu'avait faites à sa fortune la perte de la ville et banlieue de Bayonne, essayait prosaïquement, laissant l'épée pour la charrue, d'utiliser les vastes solitudes du pays de Labourd. A cet effet, il avait construit quelques habitations à Urt, Guétari, Serres, Bassuren et divers autres lieux, et y avait appelé des travailleurs sous engagement de défricher, soit à son compte personnel, soit au leur, moyennant une redevance annuelle ou cens, les landes incultes d'alentour. On peut voir dans cette opération agricole, que favorisa sans doute l'octroi de quelques priviléges, une lointaine imitation de l'œuvre féconde réalisée à Bayonne par la triple influence de Ramon de Martres, du vicomte Bertrand et de Guilhem le Troubadour. Mais quand arriva le temps des premières récoltes, quand la faucille du moissonneur eut jonché d'épis mûrs les champs *nouvellement* défrichés, et que par ce motif on appelait *terres novales,* arriva aussi le clavier du chapitre réclamant la dîme de Sainte-Marie. La réclamation fut mal accueillie. Est-ce de Guilhem Ramon qu'émana directement le refus, ou bien des laboureurs censitaires? Nous l'ignorons. Néanmoins, Bernard de Lacarre, jaloux d'épargner à l'église l'éclat d'un procès dont il ne redoutait pas d'ailleurs les conséquences, eut la bonne pensée de s'adresser à l'oncle du vicomte labourdin, au vénérable Guilhem Bertrand, évêque de Dax, puissant intermédiaire, profondément dévoué aux in-

térêts dé la cathédrale de Bayonne. Guilhem
Bertrand alla trouver son neveu, lui rappela
ou lui apprit, « en faisant appuyer son propre
« témoignage par celui des barons de Labourd
« et d'Arberoue, que dans toute l'étendue de
« la vicomté de Labourd, le plein domaine
« des landes (cens, dîmes, viguerie et autres
« droits utiles) avait jadis appartenu intégrale-
« ment et sans aucune diminution au vicomte ;
« que le seigneur Bertrand, son grand-père,
« avait donné à l'église Sainte-Marie de Bayon-
« ne, avec l'assentiment du seigneur Gui (Gui-
« done), autrefois comte de Poitiers, la dîme
« des habitations et exploitations rurales nou-
« vellement créées, ou qu'on créerait à l'ave-
« nir dans les landes de la vicomté, recon-
« naissant que ces dîmes, autant d'après la
« loi mosaïque que d'après les divins précep-
« tes, constituaient des biens d'Eglise[1]. » La
leçon d'histoire n'était peut-être pas d'une
exactitude irréprochable ; elle n'en produisit
pas moins tout l'effet qu'on en pouvait attendre. Guilhem Ramon de Sault consentit à ve-

_____

[1] *Livre d'or*, p 18, d.

nir à Bayonne; et là, au milieu du chœur de
la cathédrale, le 5 des ides d'avril 1193, il
confirma publiquement la prétendue libéralité de son grand-père, en présence de son oncle l'évêque de Dax, de Bernard de Lacarre,
de Guilhem Ramon de Lui et de M.e Peis, archidiacres, de tous les autres chanoines, enfin
des barons de Labourd et d'Arberoue, R. A.
de Camer vicomte d'Arberoue, A. de Sault,
R. A. de Uhart, B. de Urtubie, Bonet de Hatse,
W. A. de Guiche, Arbèle d'Irube et autres.

A cette cérémonie, malgré l'importance de
l'acte qui y fut consommé, le conseil de ville ne
parut pas. Ce fut, du reste, le dernier soupir
de l'institution vicomtale dans nos quartiers,
la dernière exhibition du monde féodal, en
tant que personnel de gouvernement. Guilhem Ramon de Sault disparut de la scène politique, sans que nous puissions dire de quelle
façon, et le pays de Labourd passa définitivement sous l'administration de baillis royaux.

Un autre diocésain de Sainte-Marie de
Bayonne se montra moins accommodant que
le vicomte Guilhem Ramon de Sault. B., seigneur de la maison de Bardos, à qui la cathé-

drale avait réclamé la dîme des landes de la paroisse de Bardos, de Saudan et de Farauriz, s'é-
tait non-seulement refusé à toute prestation,
mais encore avait entouré son refus de mille actes vexatoires. On parvint cependant à une sorte
d'entente. Les deux parties choisirent d'un
commun accord six arbitres, auxquels fut adjoint, en qualité de *justicier*, Bonnet de Fache
(Haitze), seigneur de Guiche. On appelait *justicier* le magistrat chargé de présider la cour de
justice, et d'exécuter ensuite la sentence. C'est
le chapitre qui avait exigé la nomination de Bonet, afin d'avoir plus promptement raison de
son adversaire. Les juges choisis étaient B. de
Ladus, archidiacre de Bayonne, W. A. de
Luy, W. A. de Orcuit, F. A. de Garro, Arbèle d'Irube et P. de Ussi; trois chanoines et
trois gentilshommes. Ainsi constitué, le tribunal, après avoir entendu les raisons allé-
guées de part et d'autre, décida : « 1° qu'en
« matière de dîme et de tous biens d'E-
« glise, aussi bien d'après le droit écrit que
« d'après la coutume, les contestations de-
« vaient être vidées par des juges ecclésiasti-
« ques, en présence d'un justicier également

« ecclésiastique ; 2° qu'avant tout débat devant
« les juges compétents, P. B. de Bardos était
« tenu de donner bonne et valable caution de
« comparaître sur la citation de la cathé-
« drale. » Le seigneur de Bardos possédait
probablement moins d'écus que de quartiers
de noblesse, et n'avait pas plus de crédit que
d'argent comptant : hors d'état de fournir
la caution qu'au préalable on exigeait de lui,
il se résigna à comparaître devant la cour épiscopale, prêt d'avance à tout arrangement.
Moyennant une somme de 200 sols qui lui fut
payée sur l'heure, il renonça à rien prétendre
désormais des dîmes novales que l'église lui
disputait, et présenta comme fidéjusseurs sa
propre personne, Bonet de Fache et P. de Li-
zabe. L'évêque Bernard de Lacarre, R. de
Luc, P. A. d'Ardir, chanoines, W. A. de
Sanz, R. de Lancha et Sanz d'Ustaritz, composaient la cour épiscopale [1].

Déjà bien des fois, on a pu remarquer, à
l'occasion des affaires contentieuses dont nous
avons eu à nous occuper, que l'arbitrage était

---

[1] *Livre d'or,* p. 25.

la voie généralement adoptée pour les terminer. Ne nous hâtons pas d'en faire honneur à l'esprit conciliant de nos aïeux : ils aimaient fort les procès au contraire. S'ils recouraient si souvent à la juridiction arbitrale, c'était moins par goût que par nécessité ; c'était le résultat inévitable d'une mauvaise organisation judiciaire. Assurément les tribunaux ne manquaient pas ; noblesse, clergé, bourgeoisie, toutes les classes de citoyens avaient leurs *justices* particulières : de là une foule de motifs d'incompétence, tant à raison des personnes qu'à raison de la matière ou objet du litige. Lors donc qu'une difficulté s'élevait entre personnes sujettes à des juridictions différentes, par exemple entre la cathédrale et la ville, comme il était impossible de saisir soit la cour ecclésiastique, soit la cour des bourgeois, parce que les chanoines n'auraient pas plus voulu comparaître devant le prévôt que les bourgeois devant l'évêque, il fallait bien, pour sortir du conflit, en venir à l'arbitrage, c'est-à-dire à un tribunal amiablement composé. Cette circonstance capitale que l'arbitrage ne se fondait pas purement sur une

renonciation volontaire à la justice de droit
commun, et qu'on devait y voir bien plutôt
un moyen forcé de suppléer à l'insuffisance
des juridictions établies, servira peut-être, en
marquant une différence essentielle d'origine
entre l'arbitrage ancien et l'arbitrage moderne, à justifier la sentence, peu juridique
ce semble au premier abord, par laquelle se
dénantirent les arbitres dans l'affaire de la
cathédrale avec le seigneur de Bardos. Nommer des arbitres, c'est aujourd'hui, en droit
commun, pour les parties, substituer volontairement la juridiction privée d'amis ou de
juges de leur choix à la juridiction normale
des tribunaux institués par la loi; et les arbitres nommés puisent leur droit de juger,
c'est-à-dire leur compétence quant aux personnes et quant à la matière du débat, dans
la volonté, rien que dans la volonté des parties qui les ont élus. Comment Bonnet de Fache et consorts, s'ils eussent vécu sous l'empire de notre théorie légale de l'arbitrage,
auraient-ils jamais pu décliner, sous prétexte
que les questions de dîme étaient affaire de
tribunaux ecclésiastiques, la mission de juger

que les parties leur avaient donnée, et qu'ils
avaient acceptée?

. C'est par voie de composition amiable, si
ce n'est encore par sentence arbitrale, que la
cathédrale se débarrassa d'un procès que lui
avaient suscité Florence de Saubaignac et son
frère Guilhem Arnaud, opulente famille dont
une rue de Bayonne[1] a longtemps porté le
nom. Il s'agissait de la dîme du moulin de
Matebezin, situé, croyons-nous, dans le diocèse de Dax. Les chanoines alléguaient que, de
son vivant, le père de leurs adversaires avait
donné à la cathérale, impenses non déduites,
la dîme en question, et qu'à l'article de la
mort, il avait par testament confirmé sa libéralité, ajoutant qu'ils étaient prêts à en
faire la preuve : probablement le chapitre
de Bayonne s'étayait d'un testament oral.
Voici les clauses de l'arrangement que surent
ménager les deux évêques de Dax et de
Bayonne, assistés de plusieurs personnages,
entre autres de Fortanier de Mauléon et de
Navarre, archidiacres de Dax. Florence et son

---

[1] La portion de la rue Poissonnerie comprise entre la rue
Mayou et la rue Gosse, s'appelait autrefois *rue de Saubaignac*.

frère, qui n'avaient droit qu'à la moitié du moulin de Matebezin, furent tenus de payer chaque année sur leur part, à titre de cens, douze conques portables à deux termes, savoir : à la Noël, trois conques de froment et trois conques de millet (*milio*), et à la Nativité de saint Jean-Baptiste, pareille quantité de froment et de millet, sous la condition de livrer le grain sans le choisir et comme il entrerait au moulin. Cependant il leur était loisible de se libérer du cens ainsi arbitré, moyennant la prestation de la dîme réelle, impenses non déduites. Deux fidéjusseurs, Cainard de Saubaignac et J. del Pin, se portèrent garants de l'arrangement, qui eut pour témoins : V. de Perer, P. de Sarrazin, P. de Beios, Lamozin de Castetgelos, B. Duere et P. A. de Luc[1].

Au milieu de toutes ces difficultés judiciaires, Bernard de Lacarre, qui, malgré l'entente du moment, n'avait point perdu le souvenir des attaques auxquelles il avait été en butte de la part du chapitre, crut prudent de pren-

---

[1] *Livre d'or*, p. 22, d.

dre ses sûretés pour l'avenir. En conséquence, il supplia le Saint-Père de consacrer par une déclaration solennelle d'approbation, non-seulement les droits généraux de la cathédrale tels qu'ils résultaient soit de la bulle de Pascal II (1106), soit de tous autres actes postérieurs, mais surtout la sentence arbitrale de 1186, fixant la situation respective de la mitre et des chanoines au sujet de la jouissance des biens et revenus communs. Le pape Célestin III acquiesça avec beaucoup d'empressement à la juste demande du prélat bayonnais, et lui expédia, à la date du jour des nones de novembre 1194, une bulle qui figure au *Livre d'or,* et dont une rapide analyse permettra d'apprécier les principales dispositions.

L'acte pontifical constate d'abord que l'église de Bayonne est placée sous la protection de saint Pierre ; puis il énumère les lieux qu'elle possède en propre, ou qu'embrasse sa juridiction spirituelle et temporelle : — le sol sur lequel s'élève la cathédrale avec toutes ses appartenances et dépendances ; — les églises de Saint-Léon, Biarritz, Bassussarry, Narbonne,

Saint-Jean-de-Luz, Maia, Saint-Vincent d'Ustaritz, Urcuit, Pagazu, Orsais, Bonloc; —
l'hôpital et l'oratoire situés hors les murs de
Bayonne; les hôpitaux et oratoires d'Apate et
d'Irisuri (Irisarri); — les vallées de Labourd,
Arberoue, Orsais, Cize, Baïgorri, Bastan,
Lerin, Lessaca et Otarzu (Oyarzun) jusqu'à
San-Sebastian.—Viennent ensuite une confirmation en termes généraux de tous les droits
qui peuvent appartenir à la cathédrale, tels
que censives de maisons, jardins et fours;
péages et revenus de boucherie, vignes et
vergers; de moulandes, dîmes des *novales*,
des pêcheries d'eau douce et d'eau salée, des
terres en culture et des landes; enfin la reproduction textuelle de la sentence de l'année
1186 sur les revenus communs [1].

L'hôpital situé hors les murs de la ville
avait, on le sait, pour patron saint Nicolas.
Comme tous les hôpitaux de cette époque,
Saint-Nicolas de Bayonne recevait à la fois
des malades, des pèlerins et des voyageurs;
on ne peut s'en faire une idée à peu près

---

[1] *Livre d'or*, p. 31. d.

exacte qu'en se reportant à l'hospice actuel du Mont-Saint-Bernard. C'était, qu'on veuille bien nous passer l'expression, une hôtellerie de bienfaisance tenue par des religieux. La communauté, dirigée par un prieur, se composait de chapelains (*caperans*)[1] pour les fonctions de l'oratoire, et de servants des deux sexes (*frais* et *sorors*) employés aux bas offices de la maison. Offrir un lieu de halte et de reconfort aux hommes de foi qui, le bourdon à la main, et sans autres moyens d'existence que la charité publique, s'aventuraient sur les grands chemins pour aller en Terre-Sainte ou vers quelque sanctuaire en renom, ce fut évidemment le but primitif de l'institution ; plus tard, on y admit tous les voyageurs indistinctement, les marchands et les soldats. Aussi n'est-ce pas seulement au centre des villes populeuses qu'on rencontrait ces sortes d'établissements, mais en rase campagne, et d'étape en étape, le long des routes fréquentées. C'est pourquoi les lieux qui possédèrent autrefois des hospices four-

---

[1] *Livre d'or,* p. 45, et Veillet, *Manuscrit.*

nissent d'excellents points de repère qui per-
mettent de retrouver la trace des anciens
chemins. Nous en avons la preuve chez
nous : le prieuré ou hôpital de Saint-Jacques à Subernoa, entre Béhobie et Hendaye,
indique le point de la route de Bayonne à
San-Sebastian où l'on franchissait la rivière
Bidassoa ; de Bayonne à Pampelune par la
vallée de Bastan, la route est pareillement
signalée par les prieurés de Gostoro (Souraïde)
et d'Urdach ; enfin la grande voie romaine de
Dax à la capitale de la Navarre, nous semble
parfaitement jalonnée par les hôpitaux d'O-
rion, Saint-Palais, Harambeltz, Utxiat, Apat et
le couvent de Roncevaux.

En rapprochant la bulle de Clément III de
la charte d'Arsius, que confirma en l'année
1106 le pape Pascal II, il est aisé de s'aper-
cevoir que les limites de notre diocèse dans le
Guipuzcoa n'y sont pas décrites dans les mêmes termes. La charte d'Arsius attribuait de
ce côté à Sainte-Marie de Labourd, la terre
d'Hernani et *San-Sebastian* de Guipuzcoa jusqu'à Sainte-Marie de Arost et San-Adrian,
tandis que la dernière bulle ne parle que de

la vallée d'Oyarzun *jusqu'à* San-Sebastian. La ville de San-Sebastian a-t-elle dépendu jadis de l'évêché de Bayonne? La charte d'Arsius semble l'affirmer. Toutefois, comme les rois de Navarre et les évêques de Pampelune n'a-vaient jamais admis cette prétention, on peut croire que Bernard de Lacarre avait fini par céder, et qu'il fit consacrer l'accord pontifi-calement. A cause même de l'incertitude du sujet, il nous a paru intéressant de détermi-ner avec précision les vraies limites de l'an-cien diocèse de Bayonne, au moins depuis la bulle de Clément III. Un document extrait d'un petit ouvrage manuscrit, que nous avons eu la bonne fortune de trouver à Saint-Jean-de-Luz, a rendu notre tâche très facile[1] : c'est la nomenclature de toutes les paroisses dont les curés figurèrent au synode diocésain tenu à Bayonne dans l'année 1577[2]. Grâce à ce do-

[1] *Recueil de quelques éclaircissements relatifs au pays et au peuple Basque, par un Patriote.* (L'auteur présumé est M. le curé Larrégui, de Saint-Jean-de-Luz, mort en Espagne pendant l'émigration de 1793).

[2] Nous ne garantissons pas l'exactitude de cette date : elle doit être erronée, car la bulle du pape qui détacha de l'évêché de Bayonne les archiprêtrés espagnols est datée du 30 avril 1566. Le synode dut, ce semble, précéder la bulle, puisque les paroisses espagnoles y envoyèrent leurs curés.

cument, on arrive promptement à se convaincre que notre évéché, naturellement borné
à l'ouest par la mer, et au nord par l'Adour,
étendait sa juridiction, du côté de l'est et du
midi, jusqu'à une ligne que nous tracerons
fictivement, et qui, courant d'abord du nord
au sud de l'Adour aux Pyrénées, et puis de
l'est à l'ouest jusqu'à la mer, passait, en les
enclavant, par l'extrémité des paroisses suivantes : Guiche, Bardos, Labastide de Clai-
rence, Ayherre, Isturitz, Saint-Martin-d'Arberoue, Armendaritz, Iholdi, Suhescun,
Ainhice, Lacarre, Bussunaritz, Lecumberri,
Mendive, Behorlegui, chapelle de Saint-Sau-
veur au port de Roncevaux, port de Velate,
Arraiz, Oitz, Doña Maria, Ituren, Zubieta,
Aranaz, Yanci, Oyarzun, Renteria, Lezo et
Passage.

Pour en finir avec les affaires particulières
de la cathédrale, il nous reste à parler d'une
dernière négociation dont l'heureuse issue
témoigne moins de l'habileté des négociateurs,
que du rapprochement qui s'était fait pas à
pas entre le chapitre et la bourgeoisie. L'élément bayonnais commençait à prédominer à la

cathédrale; et, sous l'empire de cette situation nouvelle, tel résultat que naguères les chanoines eussent vainement poursuivi, devenait maintenant la chose du monde la plus coulante. On se rappelle les efforts qu'avaient tentés successivement Arnaud de Romated et Fortaner pour arrondir le domaine temporel de Sainte-Marie autour de la ville: Bernard de Lacarre réalisa d'un coup cette espérance, ce rêve constant de leur épiscopat. Auria de Beios [1], Pierre Romiu son fils, et ses deux filles Marquise et Comdor (*la belle aux cheveux d'or*), tous descendants ou alliés d'une ancienne famille seigneuriale des environs de Bayonne, consentirent, pour la rédemption de leur âme, à restituer à Dieu et à Sainte-Marie : —la moitié de la dîme de Berindos, le quart de celle d'Urcos, et là encore, au même lieu d'Urcos, outre la moitié de la dîme des maisons d'Arnaud d'Urcos, de Sanche Johan d'Urcos, et de Hanecourbio; la dîme entière de toutes les propriétés de Pierre fils d'Arnaud Guilhem, — la moitié de la dîme de Sincos, — le quart

[1] *Livre d'or*, p. 23.

de celles d'Andoz, Urruzague, le Lane, Usetarren et Honderitz, Igasc, Befinos, Belay, Navarriz, Fausegui et Balaisson, — la moitié de la dîme du marais, au delà du moulin de la Muhale, et enfin tout ce qui pouvait leur appartenir, à eux ou à leur race, par droit héréditaire, sur la dîme de Saint-Léon. En récompense de cette restitution, et par grâce et charité, ajoute l'acte que nous reproduisons, l'évêque et le chapitre donnèrent à Auria et à son fils 1500 sols de la monnaie de Morlaas; ils s'engagèrent, en outre, à servir à la mère et au fils conjointement une rente viagère de 4 deniers par jour, sous la condition que si l'un d'eux, la mère ou le fils, entrait en religion, celui qui resterait dans le monde aurait droit, partout où il séjournerait, à la rente intégrale de 4 deniers, laquelle deviendrait caduque si tous deux entraient en religion : en cas de refus par l'église de continuer le service de la rente, il était fait réserve aux crédi-rentiers de la faculté de saisir et pignorer, en quelque lieu que ce fût, les choses de la cathédrale.

Il paraît que Marquise de Beios n'avait

pas voulu d'abord souscrire à ce traité ; plus tard, autorisée par son mari Pierre de Labrugueire, elle donna son consentement, mais elle le fit payer cent sols morlans. Les fidéjusseurs de cette importante transaction furent Pierre Arnaud de Luc et Pierre de Beios, et les témoins : A. R. de Luc, Amat de Mente, B. deu Moliar, W. P. de Mangs, R. W. de Menta, Estienne d'Ardir, P. de Campet, Johannes de Arguenses prêtre, A. W. de Garros.

Nous appelons l'attention sur la formule de la date employée au bas de l'acte que nous venons de citer, parce que plusieurs dignitaires de la cathédrale y sont mentionnés : « Faite (la charte) l'année de l'Incarnation « de Notre-Seigneur 1198, Innocent III étant « pape, Philippe roi de France régnant, « Richard roi d'Angleterre étant comte de « Poitou, B. de Lacarre évêque de Bayonne, « B. de Laduis archidiacre de Bayonne, P. « de Arribeire *ouvrier,* S. de Maya *sacriste,* « et P. de Saint-Martin *maître des écoles.* » Parmi ces dignitaires, on remarquera la place qu'occupe l'ouvrier : il vient après l'archidiacre de Bayonne, mais avant le sacriste et le maître des écoles. Dans un autre acte du *Livre d'or*[1] nous le voyons signer avant le chapelain, ou curé majeur, et le clavier. Le rang d'honneur assigné à l'ouvrier prouve la grande importance qu'avaient acquise ses fonctions sous l'épiscopat de B. de Lacarre; et nous en sommes peu étonnés, parce que ce prélat imprima une énergique impulsion aux travaux de construction de notre cathédrale. Des fonds spéciaux furent même alors attribués à l'œuvre; le chapitre, réuni sous la présidence de Bernard, décida, d'accord avec P. d'Arribeire ouvrier, qu'il serait fait masse de tous les revenus appartenant à Sainte-Marie de Bayonne dans la paroisse de Saint-Martin de Bast, etc., etc., et que la moitié de ces revenus serait mise à la disposition de l'ouvrier pour l'œuvre de la cathédrale[2].

L'exemple d'Auria de Beios et de ses enfants trouva des imitateurs: d'abord Messeriat de Saint-Léon, frère de Ramane, qui donna à

[1] *Livre d'or*, p. 27, d.

[2] *Livre d'or*, p. 26, d.

la cathédrale, moyennant 300 sols morlans et sous la fiducie de deux membres de la famille Naubeis, la dîme à laquelle il avait droit dans la paroisse de Saint-Léon[1] ; ensuite P. S. de Ferriague et Messeriat de Sault, qui donnèrent, de la même façon, c'est-à-dire contre échange de terres ou somme d'argent : le premier, la dîme qu'il avait acquise à Urcos et Ucetarren ; le second, celle de Sance[2].

Nous avons laissé Richard Cœur-de-Lion aux mains de Léopold duc d'Autriche[3] ; il n'y demeura pas longtemps. Henri VI, empereur d'Allemagne, somma Léopold, son vassal, de lui livrer le captif, non assurément pour le mettre en liberté, mais par cette raison assez bizarre qu'il ne pouvait convenir qu'à un empereur de tenir un roi en prison. La vraie raison, la meilleure, c'est qu'Henri voulait avoir sa grosse part de la rançon du prisonnier, et qu'il était le plus fort. Richard

---

[1] *Livre d'or*, p. 24, d.

[2] *Livre d'or*, p. 24 d. et 25.

[3] Ce Léopold était beau-frère de l'empereur de Chypre détrôné, Isaac Comnène.

fut donc transféré dans le vieux donjon du château impérial de Worms, où des hommes armés le gardèrent à vue jour et nuit.

L'arrestation de son compagnon de pèlerinage parut au roi de France un coup de fortune : il s'empressa de nouer des intrigues avec le propre frère de Richard, Jean comte de Mortain, âme molle et pusillanime, ouverte à toutes les trahisons comme à toutes les bassesses, et dont il connaissait, si même il ne les avait déjà attisés, les profonds ressentiments. A Messine, dans un esprit de sage prévoyance, le monarque anglais avait, conformément au principe de la représentation des pères par les enfants, reconnu pour héritier présomptif, Arthur, fils du feu duc Geoffroy de Bretagne[1]; et Jean lui gardait rancune, comme d'un outrage personnel, de ce qui n'était après tout qu'un acte d'étroite justice. Dès les premières ouvertures du roi de France, le comte de Mortain se mit en campagne. Sous prétexte que Richard était

---

[1] Geoffroy était le troisième fils d'Henri II, tandis que Jean n'en était que le quatrième.

mort ou devait être considéré comme tel tant
que durerait sa captivité, il exigea d'abord, à
titre provisoire, le serment de fidélité des
officiers publics et des gouverneurs des villes,
fit des concessions libérales aux bourgeoisies,
et sema l'or à profusion ; mais quand il se
fut décidé à démasquer ses prétentions véritables, les grands dignitaires de la couronne
et la presque totalité du baronnage anglais
refusèrent formellement de le suivre dans sa
coupable tentative d'usurpation. N'attendant
plus rien de ce côté-là, il passa en France,
s'avoua vassal et homme-lige de Philippe-Auguste pour l'Angleterre et tous les autres
états de son frère, et jura de lui abandonner
une portion considérable de la Normandie,
Loches, Tours, Amboise, etc., aussitôt que,
par son secours, il serait devenu roi d'Angleterre [1]. Aux paroles succéda l'action ; en même temps qu'ils envoyaient des émissaires en
Guyenne auprès de Bertrand de Born et de
quelques autres barons aquitains toujours
prêts à la révolte, les deux complices péné-

---

[1] Aug. Thierry, *Hist. de la conquête de l'Angleterre*, passim.

trèrent en Normandie, et, après divers succès, mirent le siége devant Rouen.

Cependant Richard subissait toutes les tortures de la prison. Faussement accusé devant la cour de l'empire d'avoir à Tyr, en plein jour, fait tuer par des assassins gagés le marquis de Montferrat ; faussement accusé par le roi de France lui-même, qui, pour mieux accabler un rival malheureux et déchu, n'avait pas rougi de descendre jusqu'à la plus atroce calomnie, il s'était vu traiter comme un vil criminel. L'impérial geôlier avait eu l'insigne courage d'infliger le contact flétrissant de la chaîne aux mains du héros de la croisade, à ces nobles mains qui naguère encore portaient le sceptre et l'épée du chevalier ! Au milieu de tant de souffrances, aggravées, si c'est possible, par l'annonce de la trahison de Jean et de la levée de boucliers de Philippe-Auguste, nous admirons la sérénité relative de l'auguste captif, qui peut encore demander à la lyre du troubadour un adoucissement à ses mortelles angoisses. L'histoire [1] nous a conservé

---

[1] Raynouard, *Poésies des Troubadours*, tome IV.

la plainte attendrissante que, du donjon de
Worms, il adressait aux Aquitains dans leur
poétique langage :

Jamais homme captif ne dira sa raison
Tranquillement et bien, comme en liberté ; non !
Mais·pour se consoler on fait une chanson !
Assez d'amis j'en ai ; mais bien pauvre est leur don.
Honte, honte sur eux si, faute de rançon,
    Je suis deux hivers prisonnier !

Or, qu'il le sache bien, mien homme et mien baron,
L'Anglais, le Poitevin, le Normand, le Gascon,
Je n'ai jamais connu si pauvre compagnon
Que j'eusse délaissé, pour finance, en prison.
Je ne dis pas ceci par forme de raison ;
    Mais encor suis-je prisonnier !

Je le sais, je le vois aujourd'hui clairement :
Pour l'homme mort ou pris, nul ami, nul parent ;
Si je suis oublié pour or ou pour argent,
C'est douloureux pour moi, mais honteux pour ma gent.
Je leur lègue à ma mort un reproche cuisant,
    S'ils m'abandonnent prisonnier.

Ce n'est pas merveilleux si j'ai le cœur dolent,
Alors que mon seigneur met ma terre en tourment.
Il ne lui souvient donc plus du dernier serment
Que nous avons juré tous deux spontanément ?
Dieu m'aide toutefois, car éternellement
    Je ne serai pas prisonnier.

O comtesse, ô ma sœur, votre pauvre parent
Dieu sauve! garde Dieu celle que j'aime tant,
Et de qui je suis prisonnier[1] !

Dans cette détresse affreuse, un ami pourtant restait à Richard, un ami d'une fidélité inaltérable : c'était sa mère ! Aux premiers mouvements des barons de Poitou et d'Auvergne, Aliénor ramasse à la hâte quelques routiers dont elle est sûre, parmi lesquels Mercadet, parcourt à cheval l'Aquitaine et fait avorter la rébellion. Elle en appelle partout aux populations, à leurs sentiments de dévouement et d'honneur; elle adresse au chef de la chrétienté, en faveur de l'immortel champion de l'Eglise, d'éloquentes supplications, où, tour à tour reine et mère, elle sait doucement glisser le reproche sous la plus humble prière; enfin, elle entame avec l'empereur d'Allemagne des négociations qu'à force d'habileté et de patients efforts, elle a le bonheur de voir aboutir. Philippe et Jean étaient devant Rouen, impuissants à

---

[1] Traduction de Mary Lafon, *Histoire du Midi de la France,* tome II, p. 257.

triompher de l'énergique résistance des citoyens courageux et fidèles, lorsque tomba dans leur camp cette courte mais foudroyante dépêche qu'Henri VI écrivait au roi de France : « Tenez-vous sur vos gardes, le diable est « déchaîné ! » (février 1194).

Richard était libre en effet : la reine-mère, après avoir recueilli sou à sou l'énorme rançon exigée par l'empereur, l'avait portée elle-même à Worms. Vainement Philippe et Jean offrirent au dernier moment une somme égale à la rançon, pour que la captivité fût seulement prolongée d'une année ; c'était trop tard, le diable déchaîné était déjà hors d'atteinte. Est-il besoin d'ajouter qu'Henri VI le regretta autant que personne ? Accompagné de sa mère, Richard, après avoir traversé le territoire du comte de Louvain, s'embarqua à Anvers, où sa flotte l'attendait, et toucha terre au port de Sandwich, le dimanche après la fête de Saint-Georges, au milieu des acclamations enthousiastes de ses sujets [1]. Londres lui offrit des fêtes magnifiques.

---

[1] Matthieu Pâris, *passim*.

Avant de partir pour la Normandie, qu'il brûlait de revoir afin de s'y mesurer avec un rival odieux, un traître lâche et déloyal, le roi d'Angleterre se soumit, mais de très mauvaise grâce, aux cérémonies d'un nouveau couronnement, sorte de réhabilitation solennelle et publique, destinée, dans la pensée des jurisconsultes conseillers de la couronne, à effacer la souillure de l'emprisonnement. En droit-romain, l'état du prisonnier de guerre était assimilé à celui de l'esclave, sauf la fiction du *postliminium,* en vertu de laquelle le prisonnier qui revenait libre était réputé n'avoir jamais perdu les droits de cité et de famille. Quand l'illustre et malheureux Régulus, prisonnier de Carthage, fut envoyé à Rome pour y proposer des conditions de paix, il s'arrêta aux portes de la ville, que toutes les supplications du sénat ne purent lui faire franchir. « Je ne suis plus un citoyen, » répondit-il; et il repartit ayant même refusé les embrassements de sa femme Marcia, de peur que le baiser d'un esclave ne souillât le front de la noble Romaine.

Dès que les rois de France et d'Angleterre

se trouvèrent en présence dans les champs
de la Normandie, le prudent Philippe-Auguste commença à battre en retraite. Jean,
qui se sentit perdu, accourut bien vite se
jeter aux pieds de son frère, dont il connaissait
la facilité de cœur, et, grâce à l'intervention
de la reine-mère, qui mêla ses larmes à celles
du suppliant, Richard pardonna. L'armée
anglaise reçut en ce moment un puissant renfort : don Sanche de Navarre, frère de la reine
Bérengère et fils de Sanche-le-Sage, jaloux
de servir sous les étendards du glorieux
croisé, vint rallier le camp à la tête de
nombreuses troupes et d'un corps d'élite,
son escorte ordinaire, composé de 150 ar-
balétriers. Philippe-Auguste ne tint nulle
part : de la Normandie, le théâtre de la guerre
fut successivement transporté dans le Maine,
la Beauce et la Touraine ; guerre toutefois
un peu languissante, et qui eut pour terme,
d'abord une trêve, puis un traité formel de
paix (Louviers 15 janvier 1196).

Croire à une paix durable, c'était une illusion dont les deux rivaux couronnés ne se
berçaient pas plus l'un que l'autre. A Ri-

chard, l'illusion était peut-être encore plus
difficile, à cause de l'attitude inquiète, si
ce n'est hostile, de Bertrand de Born et des
autres seigneurs aquitains. Aussi, à tout
évènement, dans le but d'assurer ses derrières, il maria sa sœur Jeanne, l'ex-reine
de Sicile, avec Raymond VI comte de Toulouse, fils de ce Raymond V qui avait été
l'un de ses plus constants adversaires, investit du duché d'Aquitaine son neveu Othon
de Brunswick, et, selon toutes les apparences, restitua Saint-Jean-pied-de-port [1],
avec quelques autres terres du pays de
Cize ou Basse-Navarre, à son beau frère,
don Sanche-le-Fort, qui venait d'hériter du
trône de Navarre. L'efficacité de toutes ces
mesures, conformes d'ailleurs à la politique
déjà pratiquée, ne tarda pas à paraître. La
guerre se ralluma en Normandie; Jean, devenu l'enfant gâté de Richard, comme il
l'avait été de Henri II, et auquel le monarque
anglais essayait de former une àme de soldat,

---

[1] Moret cite le nom du gouverneur qui, en 1194, tenait la
place de Saint-Jean-pied-de-port pour le roi de Navarre. *Annal.
de Navarre,* etc., tome IV, p. 3.

y fut envoyé, et exécuta quelques bons coups de main avec l'aide de Mercadet et de deux autres routiers basques, Algaiz (Argaiz) et Lupescare. Un jour, aux portes de Beauvais, l'évêque de cette ville, Philippe, grand ennemi de Richard, tombe, avec son archidiacre, au pouvoir des routiers de Jean. Homme d'humeur belliqueuse, et ayant même acquis une certaine réputation militaire, le prélat était en habit de combat : « *Prins aï le canthathur et le respondethur*[1], J'ai « pris le chanteur de messe et le répondant, » s'écrie, sur le ton familier de la camaraderie, le soudard Mercadet, en présentant au roi les deux prisonniers. Or aucun présent ne pouvait être plus agréable à Richard; c'était à l'influence de Philippe *de Beauvais*, l'un des envoyés du roi de France à la cour d'Allemagne, qu'il attribuait le plus cruel affront de sa captivité, celui d'avoir été chargé de fers comme un infâme criminel. De puissantes interventions s'étant re-

---

[1] Tous les historiens modernes font de Mercadet un routier *basque :* on en jugera par le langage que lui prête Matthieu Pâris.

muées, le pape Célestin III écrivit en faveur
du prélat, qui, à son tour, commençait
à connaître l'horreur de la prison. Par
respect pour le Souverain Pontife, le monarque anglais se borna à lui envoyer le hau-
bert ensanglanté du captif, avec cette inscription qui ne manquait point d'humour :
« Voyez, Saint–Père, si vous reconnaissez la
« tunique de votre fils. — Celui-là n'est point
« mon fils, ni le fils de l'Eglise, se hâta de
« répondre Célestin; c'est plutôt un soldat de
« Mars que du Christ : qu'il soit mis à ran-
« çon [1]. »

Dans cette nouvelle campagne, dont nous
nous garderons de suivre pas à pas les
incidents divers, le succès le plus flatteur
pour l'orgueil de Richard, quoiqu'en réalité
aucun résultat sérieux n'en dût sortir, ce fut
le combat de Gisors. Philippe-Auguste y fut
battu à plate couture; il faillit même se
noyer dans la rivière d'Epte, par suite de la
rupture d'un pont, dramatique épisode que
Richard tourna en raillerie. « Je lui ai fait

---

[1] Matthieu Paris, *passim.*

« boire un bon coup dans la rivière, *Rex bibit*
« *de riviera,* » disait-il plaisamment dans une
lettre qu'à cette occasion il écrivit à ses amis
d'Angleterre[1].

· La destinée réservait au brillant fils d'Aliénor de périr dans l'entreprise la plus misérable
et la plus obscure : pour un trésor trouvé sur
les terres du vicomte de Limoges, et dont ce
dernier ne lui offrait que la moitié, Richard,
plein de fureur, courut mettre le siége devant
le château de Chaluz. Il en faisait le tour à
cheval en compagnie de Mercadet, recherchant
le point d'attaque, lorsqu'une flèche vint
le blesser à l'épaule gauche. Mal soigné par un
médecin inhabile, rejetant d'ailleurs avec une
méprisante forfanterie tout conseil de ména-
gement, la plaie s'étant gangrénée, il ne tarda
pas à succomber (avril 1199). Selon son désir,
on l'inhuma aux pieds de son père, dans le
couvent de Fontevrault. Ainsi périt, à l'âge
de 42 ans, ce prince remarquable à tant de
titres, et dont un historien illustre a retracé
la grande figure en quelques traits d'une fer-

---

[1] Rymer, *Fœdera.* etc.

meté toute magistrale : « Richard, dit-il [1],
« était le type des mœurs et des passions de
« son temps. En lui éclataient, dans toute leur
« énergie, cette soif de mouvement, d'action,
« ce besoin de déployer son individualité, de
« faire sa volonté toujours, partout, au risque
« non-seulement du bien-être et des droits de
« ses sujets, mais de sa propre sûreté, de son
« propre pouvoir, de sa couronne même.
« Richard Cœur-de-Lion est, sans nul doute,
« le roi féodal par excellence, c'est-à-dire
« le plus hardi, le plus inconsidéré, le plus
« passionné, le plus brutal, le plus héroïque
« aventurier du moyen-âge... » En feuille-
tant les pages de l'histoire, on aime cependant
à rencontrer ces types héroïques : pure ou
mêlée, leur gloire est la lumière même qui
éclaire et conduit dans l'obscurité des siècles
passés.

Aliénor était accourue auprès de son fils
mourant, assez à temps pour recueillir ses
dernières volontés ; au seuil même de la
chambre mortuaire, elle donna lecture d'un

---

[1] Guizot, *Histoire de la civilisation en France.*

testament par lequel le roi défunt désignait
Jean pour son héritier. De nombreux historiens ont accusé la reine-mère d'avoir supposé
le testament : leurs raisons sont graves. «Dans
« l'ordre rigoureux de la succession hérédi-
« taire, disent-ils, la couronne revenait à
« Arthur, fils du feu duc de Bretagne Geof-
« froi, aîné de Jean ; déjà, à Messine, Richard
« avait reconnu et proclamé les droits de son
« neveu. Le lâche caractère de Jean, son
« odieuse trahison, constituaient-ils donc des
« titres si puissants que, pour le récompen-
« ser, le chevaleresque Cœur-de-Lion crût
« devoir bouleverser la loi de succession?
« C'est l'ambitieuse Aliénor qui a tout ma-
« chiné. Arthur roi, elle a vu poindre l'in-
« fluence de Constance sa bru, la veuve de
« Geoffroy, la dernière représentante des
« vieux ducs de Bretagne, et, ne pouvant se
« résigner à abdiquer, elle a inventé les droits
« testamentaires de Jean. » On peut répondre
avec Lingard [1], que depuis longtemps déjà
Aliénor travaillait avec assiduité à resserrer
les liens de l'affection entre ses deux fils ; que,

---

[1] Lingard, *Histoire d'Angleterre*, tome I, p. 547.

guidé par elle, Jean avait presque effacé la mémoire de ses anciennes trahisons, et, en récompense de sa fidélité des derniers temps, avait obtenu la restitution de ses terres; qu'enfin, il était présent au lit de mort de son frère, et que les absents ont toujours tort.

Quoi qu'il en soit, Aliénor, dans ce douloureux moment, se montra aussi énergique, aussi active, aussi grande qu'à aucune autre époque de sa vie. Avec l'aide de Mercadet, elle s'assure de toutes les bandes de routiers campés autour de Chaluz et dans les environs; elle dépêche en Angleterre Hubert archevêque de Cantorbéry, pour agir sur le baronnage anglais. Des chartes de *commune* sont accordées à l'île d'Oléron, à la Rochelle, à Rouen; partout les anciens priviléges des villes sont confirmés. Puis, quand tous les actes de chancellerie sont expédiés, le nouveau roi et sa mère, apprenant que l'Anjou, le Maine et la Touraine ont, sous l'influence de Philippe-Auguste, proclamé le jeune Arthur, marchent sur la ville du Mans et s'en emparent d'assaut. C'était un coup terrible porté à la cause du fils de Constance. Jean, dont la présence à l'armée n'était plus désormais indispensable, se rendit à Rouen, y ceignit la couronne ducale, franchit ensuite le détroit, et se fit couronner à Londres, sans qu'aucune opposition se manifestât contre lui. Pendant ce temps, Aliénor et Mercadet attaquaient et prenaient Angers, dévastaient la contrée rebelle, et remportaient des succès si décisifs que le roi de France demanda à traiter : la paix fut signée entre Gaillon et les Andelys (janvier 1200). Il fut convenu que Louis, fils du roi Philippe-Auguste, épouserait Blanche, fille d'Alphonse roi de Castille et nièce de Jean ; que Jean donnerait pour dot à sa nièce le comté d'Evreux, etc., moyennant quoi la France renoncerait à soutenir les prétentions d'Arthur de Bretagne. — Aliénor n'hésita pas à faire elle-même le voyage de Castille : elle en ramena sa petite-fille Blanche, un miracle de beauté ; mais à Bordeaux, harassée de fatigue et tourmentée par la fièvre, elle dut s'arrêter. Mercadet, son vieil ami, étant venu l'y saluer, des bourgeois que, sans doute, en quelque rencontre, le brave routier avait dévalisés, le reconnurent, et, comme il était seul, le pendirent.

CHAPITRE X

1200 à 1210

Innocent III met les églises de France en interdit. — Ingelburge et Agnès de Méranie. — Le mariage de Louis de France et de Blanche de Castille est célébré en Normandie. — Fâcheuse conséquence pour les intérêts anglais de l'alliance entre les maisons de France et de Castille. — Mort de Sanche-le-Sage, roi de Navarre. — Son fils Sanche-le-Fort lui succède. — Bataille d'Alarcos. — L'Alava et le Guipuzcoa tombent au pouvoir du roi de Castille. — Traité d'alliance offensive et défensive entre le roi d'Angleterre et celui de Navarre. — Jean-sans-terre répudie Hadwisa et épouse Isabelle d'Angoulème. — Philippe-Auguste reprend les hostilités. — Arthur de Bretagne assiége la reine-mère Aliénor dans Mirebeau. — Il est fait prisonnier par le roi Jean. — Mort d'Aliénor. — Fin tragique d'Arthur. — Jean cité devant la cour des pairs de France. — Philippe-Auguste lui enlève successivement la Normandie et le Poitou. — Jean s'enfuit en Angleterre. — Le roi de France invite celui de Castille à envahir la Gascogne. — Négociations d'Alonso auprès des gentilshommes béarnais et basques. — Bernard de Lacarre à San Sebastian. — P. Sarresin, prévôt de Bayonne, et les bourgeois. — Ils ferment la porte au Castillan. — Leur traité de *bonne correspondance* avec don Sanche-le-Fort, roi de Navarre. — Merindad de Basse-Navarre. — Les Faures de Bayonne. — Retraite d'Alonso derrière la Bidassoa. — Retour à Bayonne de Bernard de Lacarre. — La querelle des hospitaliers de Saint-Jean et du chapitre de Bayonne se rallume. — Arrangement conclu par les soins de Fortanier, évêque de Dax. — Succès éphémère de Philippe-Auguste en Poitou. — Jean débarque à la Rochelle, reprend l'Aunis et une grande partie du Poitou. — Nouvelle

C'est en Normandie que Louis de France et Blanche de Castille reçurent la bénédiction nuptiale; il y eut à cette occasion, selon l'habitude, force banquets, divertissements de toute sorte, et un magnifique tournoi où luttèrent d'adresse et de bonne grâce le nouveau marié et son jeune ami Arthur de Bretagne; mais la sombre douleur de Philippe-Auguste voila comme d'un crêpe de deuil l'éclat des fêtes. Après la mort de sa première femme, Isabelle de Hainaut, le roi de France avait épousé Ingelburge, sœur du roi de Danemark, Canut ou Knut VI. Ingelburge ne manquait, paraît-il, ni de vertus ni d'agrément; et cependant, dès le lendemain des noces, Philippe la conduisait dans un couvent, obtenait d'un concile de prélats français réunis à Compiègne, la permission de divorcer, et ne tardait pas à offrir sa main et son cœur à la belle Agnès de Méranie. Vainement, sur la plainte du roi de Danemark, le pape annula-t-il la décision de Compiègne, flétrissant du nom de concubinage l'union d'Agnès et de Philippe : la sentence papale demeura sans effet. Célestin étant mort, son successeur Innocent III, pontife ardent et ferme, de l'école inflexible de Grégoire VII, prit en main la cause d'Ingelburge; et comme sa voix ne fut pas plus écoutée que celle de Célestin, il n'hésita pas à mettre les églises de France en interdit (1200). Voilà où en était cette querelle fameuse; voilà pourquoi il avait fallu se rendre en Normandie, dans les états du roi d'Angleterre, pour célébrer le mariage d'un fils de France; et l'on comprendra aussi la douleur, l'immense douleur de Philippe-Auguste, en proie à toutes les déchirantes angoisses d'un cœur partagé entre les justes clameurs

du peuple innocent et châtié, et les larmes
d'une femme à laquelle l'attachaient tous les
liens de la foi jurée, de l'honneur et du plus
violent amour.

Il nous semble qu'Aliénor de Guyenne ne
dut pas non plus apporter à ces fêtes un
front exempt de soucis. Dans l'intérêt de son
fils, pour l'avantage immédiat de lui assurer,
au mépris des droits d'Arthur, la couronne
d'Angleterre, elle venait, le sachant bien,
de commettre la plus lourde des fautes.
Resserrer l'alliance des maisons de France et
de Castille, conduire par la main Philippe-
Auguste dans le camp des princes espagnols,
pour qu'il y ruinât à plaisir l'influence anglaise, n'était-ce pas compromettre en un
jour le fruit de la politique laborieusement
suivie au-delà des monts par Henri II, Richard Cœur-de-Lion et par elle-même? En
tout temps, c'eût été une imprudence; aujourd'hui, ainsi qu'on va le voir, c'était une
maladresse presque irréparable. Sanche-
le-Fort, fils et héritier du roi de Navarre
Sanche-le-Sage, se trouvait, nous l'avons
dit, sous les drapeaux de son beau-frère

Richard, aux environs de Loches, lorsqu'il apprit la mort du roi son père. A peine eut-il ceint la couronne de Navarre (1194), que l'émir de Maroc Yacoub, désireux à tout prix de relever l'honneur de ses armes fort compromis en Portugal, du côté des Algarves, débarqua sur le continent espagnol à la tête d'une armée formidable, composée, dit-on, de 100,000 chevaux et de 300,000 hommes de pied. Don Alonso de Castille appela au secours tous les rois chrétiens de l'Espagne, ceux de Navarre, d'Aragon, de Léon et de Portugal; mais, impatient de combattre, trop sûr peut-être d'un succès dont il ne voulait partager la gloire avec personne, il attaqua Yacoub avant l'arrivée des princes alliés, avec la plus imprudente témérité, et subit un affreux désastre dans les plaines d'Alarcos. Le roi de Navarre apprit en route la sinistre nouvelle; et, comme il n'était pas homme à préjugés, il rebroussa chemin, pillant çà et là les terres du roi de Castille, sans respect pour ce roi malheureux et vaincu; et puis, bientôt après, noua des intrigues

avec l'émir victorieux, sans honte de traiter avec un sectateur de Mahomet. Là-dessus, grand scandale! le Navarrais est dénoncé
en cour de Rome : on lui envoie légat sur
légat. Soudain don Sanche quitte ses états,
dont il abandonne le gouvernement à l'évêque de Pampelune don Garcia, et s'en va
caracoler, en chevalier errant, suivi de
quelques compagnons dévoués, à travers le
beau pays des Maures (1198) : il y resta
près de trois ans, et pendant cette absence,
don Alonso de Castille, prenant sa revan-
che, lui enleva coup sur coup l'Alava et
le Guipuzcoa, Vitoria et San Sebastian, et
vint s'aligner sur notre frontière, le long
de la Bidassoa (1200). N'y avait-il pas là,
pour Aliénor et Jean, un grave sujet de
méditations et de craintes?

Le voyage de Sanche de Navarre en Andalousie et au Maroc, a beaucoup occupé
les historiens et prêté à leurs commentaires. Howeden et Moret, celui-ci co-
piant celui-là, représentent le prince navarrais comme épris d'une belle Mauresque
(la fille même de l'émir), la suivant en

tous lieux, et accomplissant, pour mériter son amour, toutes les prouesses que la dame la plus difficile à contenter pouvait exiger de son chevalier servant. Un moderne, M. Rosseëuw St-Hilaire[1], traite de fable le récit de Howeden, et de naïve crédulité la confiance du jésuite navarrais dans le chroniqueur anglais, ne croyant lui-même qu'à des menées politiques. Que sait-on? dirons-nous à notre tour : aux siècles de la chevalerie errante, le vrai put quelquefois n'être pas vraisemblable; l'impérissable roman de Cervantes ne perdrait-il pas une bonne partie de la portée philosophique et morale qu'on lui attribue, si don Quichotte n'eût été le type sérieux de ces ridicules chevaliers sans cervelle, trop longtemps l'objet d'une admiration encore plus ridicule? Amour ou politique, quel que fût le motif du séjour de Sanche-le-Fort parmi les Maures, un fait curieux pour nous à noter, c'est que les écrivains arabes lui donnent le titre de *roi de Bayonne*. Grâce à nos ma-

---

[1] Rosseeuw St-Hilaire, *Histoire d'Espagne.*

telots, le nom et les couleurs de Bayonne
étaient aussi bien connus et respectés sur
les côtes d'Andalousie et d'Afrique qu'en
Angleterre et dans les Flandres.

Malgré les prévenances affectées que lui
témoignait le roi de France, malgré la splendide réception qu'il lui avait faite à Paris,
Jean songea à conjurer le danger résultant
de l'apparition menaçante des troupes castil-
lannes aux portes de la Gascogne : il reconnut
les droits dotaux de la veuve de Richard,
Bérengère[1]; Sanche-le-Fort lui-même, au
retour d'Afrique, étant venu à Chinon (1201)
pour une visite de politesse, les deux rois
s'engagèrent[2] « à se prêter un mutuel se-
« cours : le roi de Navarre promit d'abord
« personnellement de servir et de défendre
« le monarque anglais envers et contre tous
« (le roi des Maures excepté), et ensuite de
« ne faire sa paix avec Aragon et Castille
« qu'autant que le roi d'Angleterre la ferait
« aussi. » A la suite de ce traité, Jean s'em-

---

[1] Rymer, *Fœdera,* etc., tome Ier, première partie, p. 40.

[2] Rymer, *Fœdera,* etc., tome Ier, première partie, p. 40.

pressa d'écrire aux citoyens de Bayonne :
« Sachez tous, leur disait-il dans sa
« lettre, que nous et le roi de Navarre
« nous nous sommes confédérés ; en consé-
« quence, nous vous mandons et ordonnons,
« de la manière la plus formelle, d'accueillir
« avec honneur et courtoisie les marchands
« et autres gens de la terre du roi de Navarre
« qui viendront chez vous ou traverseront
« seulement votre ville.—Nous vous défen-
« dons en même temps de recevoir dans
« votre cité les gens du roi de Castille, de
« leur prêter conseil et secours, et de former
« avec eux quelque pacte social que ce soit
« (*communiam habere*)[1]. » Bayonne héritait
ainsi de San-Sebastian, et devenait le port
d'approvisionnement de la Navarre.

L'insuccès de Philippe-Auguste à se jouer
du contrat matrimonial, ne détourna point
Jean de suivre son exemple : fatigué de la
fille du comte de Glocester, Hadwisa, qu'il
avait épousée au départ de Richard Cœur-de-
Lion pour la croisade, il demanda le divorce,

---

[1] Rymer, *Fœdera*, etc., tome 1er, première partie, p. 41.

l'obtint sous le banal prétexte de parenté, et,
d'après le conseil du roi de France (c'est
Matthieu Pâris qui l'assure), sollicita la main
d'Isabelle d'Angoulême, ravissante jeune fille,
déjà fiancée à Hugues de Lusignan, comte de
la Marche : l'éclat du trône offert à sa fille
éblouit sans nul doute le comte d'Angoulême,
et Hugues à qui, selon la coutume du temps,
sa fiancée avait été déjà livrée en garde jusqu'à
l'âge nubile, dut la céder à son royal compé-
titeur. Mais il ne la céda qu'en jurant de
tirer vengeance de l'affront immérité qu'il
venait de subir, et, pour premier acte, porta
plainte en cour souveraine devant le roi de
France. Philippe-Auguste, qui ne cherchait
que des prétextes, accueillit la plainte avec
une joie mal dissimulée. Oubliant ou feignant
d'oublier qu'il a tout conseillé, il somme
Jean, son vassal, de comparaître, constate le
défaut, et, faisant revivre les droits d'Arthur
de Bretagne, envoie cet infortuné jeune homme, — qu'il fiance à sa fille Marie et arme
chevalier, — conquérir, à la tête de deux cents
gentilshommes, ses états d'Anjou, de Poitou
et de Guyenne. Les premiers efforts d'Arthur

furent dirigés sur la ville de Mirebeau, où se
trouvait alors par occasion la vieille Aliénor
de Guyenne. Beau spectacle, en vérité : un
petit fils assaillant à main armée son aïeule !
Aliénor, malgré le poids de ses 80 ans, résista
avec courage, et quand la ville fut prise, elle
se réfugia dans le donjon fortifié du château.
A l'appel désespéré de la reine-mère, Jean
accourut du fond de la Normandie, surprit
les assiégeants, et fit Arthur prisonnier.
Aliénor, délivrée mais à bout de forces, se
retira à Fontevrault, où un coup affreux devait
encore l'atteindre : ce fut le dernier ; elle en
mourut, non toutefois sans ressentir la douleur suprême d'avoir trop vécu.

Le jeune Arthur de Bretagne avait été d'a-
bord enfermé au château de Falaise; on
l'avait ensuite transféré dans une tour du château de Rouen. Tout-à-coup il en disparut!
Qu'était-il devenu? Des rumeurs sinistres
commencèrent à circuler..... Jean a-t-il
assassiné son neveu? l'histoire l'en accuse : *Is
fecit cui prodest.* A-t-il lui-même, de sa propre main, planté le couteau au cœur de ce
malheureux enfant? Qu'importe! sa mémoire

est restée et restera avec raison chargée de cet exécrable forfait (3 avril 1203).

A l'indignation générale il fallait une expiation. Philippe-Auguste réunit la cour des pairs : Jean refusa d'y comparaître, et la cour prononça un jugement portant que, « attendu « que Jean duc de Normandie, en violation de « son serment à Philippe son seigneur, avait « assassiné le fils de son frère aîné, homma- « ger de la couronne de France et proche « parent du roi, et avait commis le crime « dans la seigneurie de France, il était re- « connu coupable du crime de félonie et de « trahison, et était en conséquence condamné « à voir confisquer toutes les terres qu'il te- « nait par hommage. » La confiscation des états de Jean fut accomplie non par les seules forces du roi de France, mais par la coopération volontaire des populations : un soulèvement universel ouvrit à Philippe-Auguste toutes les places fortes du Poitou; il en arriva de même en Normandie. Rouen néanmoins opposa aux armes de la France une résistance désespérée; mais enfin il fallut céder au nombre : tout l'héroïsme de la bourgeoisie

ne put empêcher le vainqueur d'arborer, en
place de la bannière rouge aux trois lions
tristement abattue, le gonfanon bleu fleurde-
lisé. Jean avait fui honteusement en Angleterre : « En possédant sa femme, il croyait
« tout posséder, s'écrie Matthieu Paris....
« il passait les journées, assis avec elle, à
« d'interminables banquets, et prolongeait
« le sommeil du matin jusqu'à l'heure du
« dîner. Laissez-le faire, répliquait-il aux
« courtisans qui venaient l'informer des suc-
« cès du roi de France, laissez-le faire; je
« reprendrai en un jour tout ce qu'il m'enlève
« maintenant [1]. »

Après la capitulation de Rouen, Philippe-
Auguste tourna ses vues du côté de l'Aquitaine; mais, toujours prudent, de même qu'il
n'avait assailli les Normands qu'avec l'aide
des Bretons, il ne voulut s'engager dans le
Poitou qu'après avoir combiné un plan d'attaque avec le père de sa bru, don Alonso de
Castille, auquel il proposa l'envahissement de
la Gascogne. C'était inviter le Castillan à la

---

[1] Matthieu Paris, *passim.*

chose du monde qu'il souhaitait le plus :
n'avait-il pas sur cette contrée, du chef de
sa femme, fille d'Henri II, des droits certains d'apanage? Alonso acquiesça donc à la
proposition; néanmoins, avant de recourir à
la force, il essaya de demander le succès
à la voie des négociations, et attira auprès
de lui à San Sebastian plusieurs gentilshommes béarnais et basques, dans l'espoir,
qui n'avait rien de chimérique, de les gagner à sa cause, et, par leur influence,
d'obtenir sans coup férir la soumission du
pays. Une charte du cartulaire de Dax nous
fournit à ce sujet quelques indications qui
ne manquent pas d'intérêt : « Sachent tous,
« présents et à venir, que moi Alphonse,
« par la grâce de Dieu roi de Castille et
« de Tolède, *seigneur de Gascogne,* avec
» mon épouse Aliénor et mes deux fils
« Fernand et Henri.... je donne à Sainte-
« Marie de Dax et à mon cher ami Fortanier,
« évêque de cette ville, les quinze vilains (serfs
« rustiques) que je possède à Angonne et Sa,
« avec tous mes droits sur eux. Donné à
« San Sebastian, le 7 des calendes de no-

« vembre 1242 de l'ère (25 octobre 1204);
« étant présents *Bernard* évêque de Bayonne,
« Galard de Bazas, Gaston vicomte de Béarn,
« Géraud comte d'Armagnac, Arnaud Ray-
« mond vicomte de Tartas, et Lup Garsia
« vicomte d'Orthe[1]. » Si, dans tous les personnages réunis à San Sebastian, on peut
voir, comme nous le croyons, des alliés du
roi de Castille, ne s'expliquera-t-on pas aisément la détermination à laquelle s'arrêta le
monarque espagnol? Sous le patronage de ces
puissants gentilshommes, de ces prélats justement vénérés, comment don Alonso, gendre
de l'illustre Henri II, appuyé d'ailleurs sur un
contrat matrimonial positif, eût-il appréhendé
la moindre résistance? et cependant il échoua.

Un bourgeois de Bayonne, P. Sarresin,
était alors prévôt; il avait pour conseillers
Arnaut Arremon de Luc, Amat de Mente, B.
de Perer, Johan Beliz, Loys de Luc, Duran
d'Arribeire, Paschuau (Duire?), Esteben
d'Ardir, Peis dou Labasset, Limosin de Castetgelos, Peis de Beios et Cosin d'en Eliat. Ces

---

[1] Marca, *Hist. de Béarn.*

hommes, les chefs de la population bayonnaise, auxquels les menées du Castillan
n'avaient point échappé, conçurent, malgré
la défection de leur évêque, l'énergique et
généreux dessein de fermer les portes de leur
ville, et de rester fidèles, quelque peu digne
qu'il fût d'un semblable dévouement, au fils
d'Aliénor, à leur roi. D'où leur venait cette
mâle vertu? Où avaient-ils puisé ces sentiments, assurément nouveaux, de fidélité et
d'honneur? N'en doutons pas, c'était l'œuvre
de la liberté. Marchands et marins pour la
plupart, sans doute dans l'isolement des mers
comme sur les routes infestées de brigands,
ils avaient contracté la virile habitude de ne
compter après Dieu que sur eux-mêmes et
d'affronter le péril. Mais l'exercice journalier
des fonctions municipales, joint à la possession
déjà ancienne de tous ces droits, franchises
et priviléges descendus sur eux du haut du
trône, avait fait mieux que leur apprendre à
marcher sans lisières dans la vie civile : il
avait ennobli leur cœur, en y développant,
avec le sentiment de la reconnaissance pour le
souverain, la notion claire et nette des patriotiques devoirs imposés au citoyen.

Dès les premiers signes de l'orage qui menaçait de les écraser, P. Sarresin et ses compagnons s'étaient préparés à la lutte, en recherchant directement l'appui du roi de Navarre. D'une charte datée du mois d'août 1204 (peu de jours avant la conférence de San Sebastian provoquée par don Alonso), il résulte que don Sanche-le-Fort avait pris sous sa royale protection la défense de la ville et des bourgeois de Bayonne; il permettait à ces derniers de transporter franchement dans ses états, à partir des jardins de Bayonne (*la huerta de Bayona*), toutes leurs marchandises, pourvu qu'ils acquittassent en chaque lieu les péages royaux et particuliers. Cependant le roi ne s'engageait pas d'une manière indéfinie; mais s'il voulait se départir de la protection stipulée, il devait en prévenir trois mois d'avance le *conseil* de Bayonne, et accorder aux Bayonnais établis en Navarre un sauf-conduit d'un an de durée, afin qu'ils eussent le temps de mettre à l'abri leurs biens et leurs personnes. Ceux de Bayonne s'étaient engagés, de leur côté, à assurer les chemins, par terre et par mer, à tous les vassaux du roi de Navarre, à ne prêter aide à aucun ennemi des Navarrais, sauf en toutes choses la *fidélité* que ceux de Bayonne devaient au roi d'Angleterre [1].

Don Sanche, c'était pour nous une incontestable force ; car, à la faveur de l'amitié de Richard, et plus encore de l'insouciance de Jean, notre royal allié ayant fini par ressaisir en deçà des monts, dans le pays de Cize, l'ancien patrimoine de ses ancêtres, en avait formé la *merindad de ultra-puertos* ou *Basse-Navarre :* un gouverneur militaire commandait pour lui à Saint-Jean-Pied-de-Port. Raymond Guilhem. vicômte de Soule, s'était reconnu son vassal (1196) [2], et tout récemment Vibiano, seigneur d'Agramont et de Bidache,—du pays de Mixe,—lui avait fait hommage (17 décembre 1203), en présence de tous les barons de la terre de Mixe et de Soule, parmi lesquels on remarquait Espagnol de Domezain, Guilh-Arnaud de Beguios, Remon Garsia de Trusse Caillau, Arn. de Manzbarrauta, Bernard de

---

[1] Moret, *Annal. de Navarre*, tome III. p. 65.

[2] Moret, *id.*, p. 13.

Moncuc, Oliver de Barraüte, Remon Gassia d'Andaux, Guilhem Assi de Miramont, Espagnol de Auras [1], etc.

Il est probable qu'au sein de la cité, rien ne fut omis par Sarresin de ce qui pouvait exciter le zèle et l'émulation des classes ouvrières; les *faures* (forgerons), puissante corporation, spécialement adonnée à la fabrication des armes de guerre, obtinrent, cette année-là, du conseil de ville, un de leurs plus importants priviléges : « Pour les mai« sons, boutiques et places, situées dans la « rue des Faures, qui s'étendait depuis le « portail de l'évêché jusqu'à la porte de la « Pusterle, le faure, qu'il s'agit de vente, « bail à engagement ou louage, devait être « préféré à tout autre habitant; mais aussi « il ne pouvait ouvrir d'atelier que dans cette « même rue [2]. »

Au printemps de l'année 1205, lorsque

---

[1] Moret, *Anual. de Navarre,* tome III, p. 63.

[2] Archives de Bayonne. L'acte qui constate ce privilége des Faures détermine aussi les limites de la banlieue de Bayonne : elle comprenait Saint-Etienne, Saint-Pierre-d'Irube, Lannes, Donsac et Balichon. (*Voir aux pièces justificatives.*)

don Alonso se présenta devant Bayonne, il
en trouva les portes closes et la population
sur les remparts. Surpris probablement, et
ne voulant rien brusquer, il leva le camp,
pénétra en Béarn, où le vicomte Gaston le
reçut à merveille, et poussa ensuite jusqu'à
la Réole; mais comme cette dernière ville,
à l'exemple de Bayonne, ferma la porte, et
qu'il apprit que les Bordelais ne le traite-
raient pas autrement, il se résigna, et rentra bientôt derrière ses lignes de la Bidassoa.
L'archevêque Rodéric de Tolède, chroniqueur exact, mais fort complaisant pour ses
princes, raconte, à propos de cette même
expédition, que « don Alonso-le-Noble ou le
« Magnifique, après avoir rangé sous son
« obéissance toute la Gascogne, sauf Bor-
« deaux, la Réole et Bayonne, se retira
« victorieux en Espagne. » Plaisante victoire,
en vérité, et qui ne coûta pas beaucoup de
sang. Selon Marca, à défaut de lauriers, le
prince espagnol aurait emporté un titre bien
précieux, digne d'être placé en regard de
son contrat de mariage : la reconnaissance
de ses droits sur la Gascogne, consentie et

signée par le roi Jean! Autant valait le titre, autant la victoire.

On peut se demander ce qu'en tout ceci
était devenu le vénérable Bernard de Lacarre.
L'auteur trop modeste de la *Nouvelle Chronique* [1], M. Baïlac, prétend qu'il avait été
chassé de la ville. Aucun chroniqueur ancien ne parle de ce fait, et nous en avons
inutilement recherché la trace aux archives
de la ville. Tout ce que nous savons, c'est
que le prélat se trouvait à Bayonne l'année
qui suivit celle de la fausse campagne du
roi castillan (1206); car il figure dans une
transaction ménagée par l'évêque de Dax,
Fortanier, entre notre chapitre et l'hôpital
du bout du pont (Saint-Esprit). Assoupie,
mais non éteinte par la composition de 1187,
la vieille animosité des chanoines bayonnais
contre les Hospitaliers de Saint-Jean n'avait
pas tardé à éclater avec une nouvelle violence. L'Hôpital était à Bayonne l'objet de
la même vénération, nous avons presque dit
de la même vogue, qui, partout ailleurs,

Nouvelle Chronique de Bayonne, par un Bayonnais.

s'attachait à cet ordre éminemment aristocratique; parmi nos bourgeois, dont plusieurs appartenaient à la noblesse, il était
de bon ton d'avoir pour leurs familles une
tombe à l'église Saint-Jean. La sépulture
entraînait du même coup les annuaires de
messes, tricennaires, etc. ; voilà une source
abondante des revenus casuels détournée de
la cathédrale par la vanité, rien que par
la vanité des fidèles les plus riches. Fallait-il
se laisser dépouiller en silence? nos chanoines
ne furent pas de cet avis. Saint-Jean du bout
du pont relevait pour le spirituel du diocèse
de Dax : à la prière de Bernard de Lacarre,
Fortanier, digne successeur de Guilhem
Bertrand, accepta la délicate mission de
concilier les droits respectifs des deux parties. Il paraît qu'il y réussit, non sans
avoir consulté un grand nombre d'hommes
de bien et de *prudents,* et surtout beaucoup
médité; lui-même nous l'apprend dans un
préambule assez prétentieux consacré à l'é-
loge de l'écriture, qui vient en aide aux défaillances de la mémoire, coupe court à la
chicane, et garde le souvenir fidèle des trans-

actions. En somme, on convint de l'arrangement suivant :

« Si un paroissien de l'église de Bayonne
« déclare à sa dernière heure qu'il veut
« être enseveli à l'église de Saint—Jean,
« pourvu qu'il fasse à la cathédrale, en pré-
« sence de témoins, un legs dont le chapi-
« tre soit satisfait, le droit d'enterrement,
« les legs et offrandes du défunt, comme
« ceux de ses amis, reviendront à l'Hôpital,
« sans aucune diminution.

« Si la cathédrale n'est pas contente du
« legs fait à son profit, tout ce qui aura
« été légué ou offert par le défunt ou les
« siens, à l'occasion de la sépulture ou à
« tout autre titre, ainsi que les oblations
« jusqu'au septième jour, seront partagés
« de bonne foi, un tiers pour l'église-mère,
« les deux autres tiers pour l'Hôpital.

« Si un marchand ou voyageur étranger
« tombe malade dans la paroisse de Bayonne,
« et demande à être enseveli à Saint—Jean,
« la cathédrale aura le quart de tout ce
« qu'il aura légué à l'Hôpital ; mais si l'é-
« tranger a pu s'y rendre de son pied sans

« l'aide de personne, tout appartiendra à
« l'Hôpital.

« Dans tous les cas, les armes et les che-
« vaux légués par qui que ce soit, demeu-
« reront toujours à l'Hôpital, et n'entreront
« jamais dans aucun partage.

« Le quêteur de l'Hôpital admis, selon l'u-
« sage, le lundi de Pâques, à la cathédrale de
« Bayonne, y sera reçu avec honneur, à l'ex-
« clusion de tous autres quêteurs, et appor-
« tera en entier tout le produit de sa quête.

« Les Hospitaliers auront soin d'écarter de
« leurs offices toute personne nominative-
« ment excommuniée ou interdite par dé-
« nonciation, soit par l'évêque, soit par
« l'archidiacre ou leur délégué; et si, avec
« une justice évidente, l'évêque ou l'église de
« Bayonne lance un interdit général, comme
« la cathédrale elle-même sera fermée, les
« Hospitaliers, loin de recevoir le public, célè-
« breront silencieusement leurs offices, porte
« close, et en présence des frères seulement.

« Les Hospitaliers ne recevront ni les pa-
« roissiennes de Bayonne pour leurs rele-
« vailles, ni tous autres paroissiens pour

« fiançailles, noces, adoration de la croix,
« et autres cérémonies de la chapelle curiale.

« Que si enfin, aux jours des grandes fêtes,
« des paroissiens de Bayonne allaient se
« mêler aux processions des Hospitaliers,
« ceux-ci devraient faire de sincères efforts
« pour persuader à ces paroissiens que leur
« place était à la procession de la cathédrale,
« et non pas à la procession de l'Hôpital. »

L'acte, passé en charte-partie par A. B.
C. D. E. F. G. H. I., eut pour signataires :
du côté de la cathédrale, le seigneur Bernard
évêque, R. archidiacre, Sans de Maya sacriste, Pons de Perer, A. de Ardir, A. de
Gleirac, P. J. P. A. d'Ardir, V. de Perer;
et du côté de l'Hôpital, Guilhem Amaneu ,
précepteur de tous les hôpitaux des évêchés
de Bordeaux, Bazas, Dax et Bayonne; Seguin,
précepteur de la susdite maison du bout du
pont de Bayonne; A. de Bofoeiras, quêteur;
A. de Barromes, précepteur de Esur; Aiquem
de Tartas, précepteur d'Areret; A. W. de
Amarotz, commandeur d'Ucharde [1].

---

[1] L'original de cette pièce est déposé aux archives de Pau :
nous en devons la communication à l'obligeance de notre
ami M. Raymond, archiviste du département.

Pendant que don Alonso parcourait la Gascogne, sans réussir à y prendre pied, Philippe-Auguste, un moment plus heureux, avait vu s'ouvrir devant lui les principales forteresses du Poitou, à l'exception de Niort, Thouars et la Rochelle (1204, 1205). Succès éphémère pourtant! car le monarque anglais, ayant enfin secoué sa honteuse torpeur, débarqua à la Rochelle, à la tête d'une armée puissante, reprit l'Aulnis en courant, et envahit à son tour le Poitou, dont les populations, aussi passionnées que mobiles dans leurs sentiments, le reçurent presque partout avec les mêmes marques d'enthousiasme qu'elles avaient naguère prodiguées aux Français (1206). Une trêve fut bientôt sollicitée par l'astucieux Philippe, et Jean, qui ne demandait pas mieux que d'aller reprendre sa vie de débauche et de scandale, repartit en toute hâte, amenant galamment à sa suite, pour distraire sa belle compagne, déjà fort délaissée, un joyeux renfort de ces Gascons pétillants d'esprit, aimables routiers, bons à tout, à se battre comme à rimer des chansons. On distinguait parmi eux le

poitevin Savari de Mauléon, grand homme
de guerre et troubadour excellent, descendant en ligne directe des anciens seigneurs
de la Rochelle, et qui devait débuter dans
la carrière des honneurs par la sénéchaussée
de Poitou et de Gascogne. Ces courtisans gascons ou aquitains étaient devenus, surtout
depuis l'avènement du roi Jean, la plaie de
l'Angleterre; ils la dévoraient jusqu'à la
moëlle; aussi, chacun y avait fini par les
abhorrer : le peuple, parce qu'à cause d'eux
il était écrasé d'impôts; la noblesse, parce
que les gros emplois, les gros bénéfices,
toutes les faveurs princières étaient pour eux.
Au milieu du mécontentement universel, le
monarque anglais ne voyait rien, n'entendait
rien; il prenait de toutes mains, ne reculait
devant aucune vexation, aucune violence pour
avoir de l'argent, n'épargnait personne, ni
l'Eglise, ni le baronnage, et s'avançait avec la
plus incurable insouciance vers le gouffre où
faillit s'engloutir la fortune des Plantagenets.

A peine de retour à Londres, Jean, beaucoup plus par avidité que par ambition de
dominer, suscita à l'Angleterre une querelle

déplorable. Parmi les immunités dont jouissait l'Eglise, un droit cher aux chapitres des
cathédrales, c'était de choisir leurs prélats.
Ce droit, le prince anglais tentait depuis
quelques années de l'envahir : la collation
des évêchés lui eût offert un précieux moyen
d'action sur le clergé, en lui permettant de
rémunérer les prêtres qui mettraient leur
dévouement à son service. C'est à propos du
siége de Canterbury, auquel était attachée la
primatie du royaume, qu'éclata la querelle.
Après mille incidents d'une lutte fort vive de
part et d'autre entre les prélats anglais et les
moines de Christ-Church, le Pape, dans un
but au moins apparent de conciliation, avait
directement appelé au siége illustré par Thomas Becket, un ecclésiastique de grande réputation, déjà honoré de la pourpre, Etienne
de Langton. Furieux du dénouement, Jean,
qui avait pris part à l'affaire avec la secrète
espérance de devenir l'arbitre du débat, déclara hautement qu'il déniait au Souverain
Pontife le droit d'élire le primat d'Angleterre,
qu'il protestait contre la nomination d'Etienne,
et il accompagna cette superbe déclaration,

comme pour mieux l'affirmer, de toute sorte
d'excès à l'égard des personnes enclines à la
politique du Vatican. Innocent III ne cédait
jamais : il commença par l'exhortation paternelle, puis réprimanda et menaça; et,
passant bientôt de la menace à l'exécution,
mit le royaume en interdit (1208); fulmina
ensuite une bulle d'excommunication personnelle contre le roi (1209); enfin, en l'année 1212, déposa Jean-sans-terre, déliant ses
vassaux du serment de fidélité, et invitant
tous les princes chrétiens à armer contre lui
pour assurer l'effet de la sentence de déposition qu'il venait de prononcer. Quelle magnifique occasion pour Philippe-Auguste de
débarquer en Angleterre! Il n'eut garde de la
laisser échapper, et amassa des forces considérables. Malheureusement pour l'ambition
du prince français, Jean eut peur : il eut peur
de Philippe soldat du Pape; et comme les
bassesses ne lui coûtaient pas, il s'empressa de
faire sa paix avec Innocent, à la condition,
bien digne d'être méditée, que l'Angleterre
serait désormais un fief de la papauté (1213).

Que, dans ce chaos d'évènements, Bayonne

et le reste de la Gascogne aient été oubliés
par le roi d'Angleterre, qui en doutera? Mais
du mal, le bien sort parfois, comme la fleur
ou l'épi sortent du fumier putride : le dé-
dain du roi, son lâche abandon, nous servirent mieux que toute la faveur d'Henri II et
de Richard Cœur-de-Lion. Les Bayonnais
prirent définitivement possession d'eux-
mêmes; sans charte, sans patente royale, la
commune s'y fit sous l'empire violent de la
nécessité. Douce violence, cette fois! En
1204, lorsque P. Sarresin et le conseil de
ville passaient un traité *de bonne correspondance* avec le roi de Navarre, ils accomplis-
saient assurément l'acte le plus expressif de
la puissance souveraine; néanmoins, alors
même qu'on ne verrait encore dans ce traité
que l'exécution pure et simple des ordres
royaux de 1201, nous sommes en mesure de
prouver par un titre non équivoque que les
bourgeois de Bayonne vivaient bien, dès les
premières années du xiiie siècle, en plein
état de *commune jurée.*

La célèbre bibliothèque de Wolfenbuttel,
si riche en collections de tout genre, possède

22

un manuscrit du plus haut intérêt pour la
Gascogne : MM. Martial et Jules Delpit l'ont
décrit avec soin [1], et ont publié en même
temps les principaux documents qu'il ren-
ferme, moins un toutefois, le plus important
de tous, qui avait déjà pris place dans la
Collection des lois maritimes de Pardessus. Cette
pièce est intitulée : *Constitution de la société des
navires bayonnais*, et voici quel en est le préambule :

« Au nom du Père, et du Fils, et du Saint
« Esprit, amen. Régnant le très illustre Jean
« roi d'Angleterre, d'heureuse mémoire,
« l'année où Arsius de Navailles a été élu
« évêque de l'église de Bayonne, le jour de
« saint André apôtre, les maîtres et patrons
« des navires bayonnais ont constitué entr'eux
« une société, dite *Société des navires bayon-*
« *nais*, du consentement et volonté de tout le
« peuple bayonnais, pour l'honneur de Dieu,
« de la Bienheureuse Marie et de tous les
« Saints, sauf les droits et la fidélité de leur
« seigneur le roi d'Angleterre et de ses suc-

---

[1] M. et J. Delpit, *Notice du Manuscrit de Wolfenbuttel.*

« cesseurs, et, quand besoin sera, pour rui-
« ner ses ennemis. Ils ont résolu de maintenir
« inviolablement cette société, pour le bien
« de la paix et l'utilité des navigateurs, dans
« les termes ci-après. Que si quelqu'un se
« refuse à garder la dite société, personne des
« sociétaires ne doit lui prêter aide et secours,
« ni à lui ni à son navire en péril; bien plus,
« quiconque sera convaincu de l'avoir aidé,
« paiera une amende de 10 livres morlans
« à la société... »

Il n'y a point de date, mais nous pouvons
facilement y suppléer : l'évêque Bernard de
Lacarre était mort, puisque le chapitre de
Bayonne venait de pourvoir à la vacance du
siége par l'élection d'Arsius de Navailles;
nous avons par ailleurs la preuve [1] qu'un autre évêque de Bayonne qui devait survivre
au roi Jean, Ramon de Luc, était intronisé
dès l'année 1213 : c'est donc dans l'intervalle
de temps compris entre la date du décès de
Bernard de Lacarre (date inconnue, mais
toujours postérieure à l'année 1206) et l'année

---

[1] *Livre d'or*, p. 27. *(Voir aux pièces justificatives.)*

1213, que doit être placé notre acte de société. Cela dit, le point saillant à relever pour la thèse que nous soutenons, c'est que la société fut établie « avec le consentement et la « volonté du peuple, » du peuple et non pas du roi. Bayonne se donnait ainsi des statuts coutumiers spontanément, librement, sans intervention directe de la royauté : donc Bayonne jouissait, de fait sinon de droit, de l'attribut le plus distinctif d'une commune jurée. On peut, du reste, accepter de confiance et notre remarque et la conclusion que nous en avons tirée ; remarque et conclusion émanent de Pardessus lui-même.

La matière de la *Société des navires bayonnais,* c'était la mise en commun de certains frets en certaines occasions ; le but essentiel, c'était, pour les membres sociétaires, de s'entr'aider en paix comme en guerre, de maintenir l'honneur du roi et de Bayonne, et d'obtenir dans le golfe la préférence des transports par l'équité des prix et la bonne foi dans les transactions. Voici, du reste, les principales clauses et prescriptions du pacte social :

Le maître ou patron ne doit point se

permettre d'affréter son navire avant qu'il
ne soit *bouclé*, c'est-à-dire que l'aménagement
intérieur ne soit achevé. — Tous les navires
prêts à prendre la mer au port de la Pointe [1]
pour la même destination, sont tenus, quel
que soit leur nombre, de naviguer ensemble en société de fret. Si l'un de ces navires
reste au port volontairement, les autres qui
auront pris la mer ne lui feront point part
de leur fret; et si c'est par méchanceté ou par
calcul qu'il est resté, il fera part du sien
aux navires sortis; mais, au contraire, s'il
n'est resté que parce que la mer est devenue
mauvaise ou qu'une volte de vent l'a empêché
de partir avec les autres, il continuera à faire
partie de leur société. — Les frets de marchandises chargées sur navires à destination
de la Rochelle, Bordeaux, Royan et Oléron,
sont mises en société; mais le navire affrété
à la Rochelle pour la Flandre navigue à son
propre compte. — Le fret de la Rochelle à
Bayonne est ainsi fixé :

La grosse balle (trossel).... 6 deniers morlans;

[1] La Pointe, c'était l'embouchure de l'Adour, située alors
proche de Capbreton.

Le millier de cuivre........ 4 sols ;
Le millier de harengs........ 12 deniers;
Le millier d'étain.......... 4 sols ;
Le millier de plomb........ 2 sols 6 deniers;
Le quintal de bourre........ 8 morlans;
La charge d'anguilles........ 2 sols;
Le fil de chanvre............ 6 deniers ;
Le millier de congres...... 8 sols;
Le millier de merlus........ 3 deniers.

— Les navires qui partiront d'un port de Flandres par la même marée à destination de Bayonne ou de la Rochelle, sont aussi associés pour leur fret. Le navire cependant qui serait chargé en partie de draperie fine, et prouverait que son chargement était fait avant l'arrivée des autres, garderait le fret de la draperie; mais le reste du chargement entrerait dans la masse sociale. — Le navire à destination de l'Espagne gardera son fret en entier; mais si plusieurs navires se trouvent réunis dans quelque port espagnol que ce soit, depuis le Ferrol jusqu'à San Sebastian, en destination de retour sur la Rochelle, Bordeaux ou Bayonne, ils navigueront ensemble et partageront le fret : le premier de ces navires arrivé au port de destination qui prendra un nouveau fret, le gardera en

entier s'il repart à la même marée. — Toute
contravention aux dispositions ci-dessus, sera
punie de 10 livres morlanes. — Si des navires
voyageant de conserve se présentent avec
mauvais temps devant le port de la Pointe, ils
s'efforceront de gagner le port au plus tôt : le
premier entré attendra les autres, devant les
cabanes de la Pointe, l'espace d'une marée.
— Le maître ou patron est obligé de rendre
compte à ses associés dans les trois jours
qui suivront son déchargement ; la négli-
gence ou la faute prouvée dans l'observation
de ces pactes sociaux sera immédiatement
punie d'une amende de 100 sols ; et celui
qui plaidera en pareille matière et perdra
son procès, paiera 10 livres ou perdra tout
son fret. — Si l'un des patrons associés
néglige de préposer un comptable à la réception du fret, les autres le feront pour lui.
— Les maîtres ou patrons veilleront avec soin
à ce qu'aucune taxe injuste ne soit imposée
sur les marchandises de leurs concitoyens ; ils
doivent partout s'entr'aider, à terre, comme
en mer, pour leur intérêt personnel et l'honneur de leur seigneur le roi d'Angleterre. —

Tout navire en péril devant le port de la
Pointe sera immédiatement secouru; maîtres
et matelots équiperont sans retard une qu
plusieurs chaloupes, et ne négligeront rien
pour sauver le navire et les marchandises :
les frais faits à cette occasion seront payés
par la marchandise; si la marchandise est
de peu de valeur, le navire y contribuera
dans une proportion qui sera déterminée par
arbitrage. — Tout maître ou matelot qui n'o-
béira pas aux réquisitions du gardien du port,
sera condamné, le maître à 6 sols, et le
matelot à 3 sols, à moins qu'ils n'aient quelque excuse légitime. Et quiconque refusera
d'acquitter l'amende ou de donner caution,
sera pignoré au double. — Dans tout cas
embarrassant, un sociétaire peut réclamer
l'aide des autres membres de la société, et
ceux-ci sont obligés de l'assister dans la mesure raisonnable de leurs moyens. — Il est interdit d'admettre dans les équipages d'autres
matelots que ceux de la société; les maîtres
ne pourront prendre un étranger qu'à la condition de lui faire prêter serment devant l'assemblée des patrons. — Tous les membres

de la société sont tenus d'avoir, autant que possible, un armement de guerre complet; les simples matelots se procureront au moins un pourpoint et un casque de fer, afin d'être toujours en mesure de se défendre, et de mettre en fuite, en temps de guerre, les ennemis du roi. — Le patron, quand il frétera son navire, traitera de telle sorte que les matelots ne perdent pas leur pourboire; faute de quoi, il leur devra un dédommagement. Il veillera avec grand soin à ce qu'on ne place à son bord ni faux poids ni fausse mesure, d'où pourrait s'ensuivre le déshonneur de la société; et quiconque contreviendra à cette prescription, sera condamné à une amende de 10 livres tournois. — En frétant son navire, chaque maître stipulera qu'il réserve toutes les obligations du pacte social, notamment l'obligation de venir au secours des navires de la société. — Un maître qui a besoin sur l'heure d'un charpentier, peut requérir celui de tout autre navire, pourvu qu'il lui paie son salaire. Le sociétaire qui s'opposera à la réquisition, paiera aux gardiens de la société (*custodes*) une cape. — Si un maître ou patron se trouve dans un port, et qu'il ne soit pas autorisé à fréter son navire à sa volonté, il pourra l'affréter au mieux possible, d'après le conseil des maîtres présents sur les lieux. — Les maîtres et matelots prendront garde de ne se promettre dans leurs engagements réciproques, veste, cape ou chausse, de ne faire en un mot aucun pacte secret; à chacun son salaire journalier et ostensible : toute contravention sera punie du prix d'une cape.

Les nobles sentiments d'honneur, de patriotisme, de probité commerciale et de bonne confraternité, exprimés dans cet acte, montrent, ce nous semble, avec une saisissante énergie, à quel niveau moral la liberté avait élevé notre bourgeoisie et en particulier la corporation des marins. Nous connaissons le nom de l'un d'eux, Vital de Biele : probablement pour les services qu'il avait rendus pendant la croisade, il avait obtenu de Richard Cœur-de-Lion une assignation de revenu sur une sécherie de poissons établie dans l'ile de Guernesey; plus tard, dès son couronnement, Jean avait substitué à ce revenu aléatoire la rente fixe de 50 livres d'Anjou, à prélever sur le produit de deux baleines pêchées au port de Biarritz[1].

[1] M. et J. Delpit, *Notice du Manuscrit de Wolfenbuttel.*

CHAPITRE XI

1210 à 1216.

La réconciliation du roi d'Angleterre avec la cour de Rome se trouve placée entre deux

journées fameuses, deux grandes victoires
catholiques : Las Navas et Muret. Las Navas
marque, pour les Maures d'Espagne, l'heure
de la décadence; Muret, c'est la fin de l'hérésie albigeoise, mais c'est, hélas! aussi la
ruine du Midi de la France. Sur l'ensemble
de ces évènements, plane l'immuable volonté
d'Innocent III, le seul pape qui, depuis
Hildebrand, ait véritablement parlé à la Ville
Éternelle et au monde, *urbi et orbi,* et maintenu la tiare au dessus des trônes et des rois.

Au vainqueur d'Alarcos, Yacoub, avait
succédé Mohammet surnommé *le Vert,* frère
de la belle Mauresque dont, au dire d'Howeden, Sanche-le-Fort avait été si vivement
épris. Jaloux d'ajouter aux exploits de son
père, le nouvel émir, dès qu'il fut débarrassé
de quelques troubles intérieurs, quitta le
Maroc, et débarqua en Andalousie à la tête
d'une armée puissante. Don Alonso de Castille,
malgré sa rare intrépidité, fut ému du danger, et envoya en toute hâte à Rome le célèbre chroniqueur Rodéric, archevêque de
Tolède. Innocent III proclama immédiatement la croisade pour la Péninsule, et menaça

d'excommunication personnelle quiconque des princes espagnols n'unirait pas ses armes à celles du roi de Castille. Une foule d'évêques et de seigneurs étrangers prirent la croix, passèrent les monts, et un instant l'on put voir, mêlés autour de l'étendard royal de don Alonso, les plus beaux écussons de France et d'Espagne, les Turenne, La Ferté, Gramont, coudoyant les Haro, Tellez, Giron et tant d'autres. Néanmoins, par une circonstance demeurée inexplicable, les Espagnols, au jour du combat, restèrent seuls à en soutenir le poids. L'armée des croisés indigènes ne sentit que mieux la nécessité d'une union intime et absolue. Foulant aux pieds leurs misérables rancunes, don Alonso de Castille, don Sanche de Navarre et don Pedro d'Aragon (encore un charmant troubadour), marchèrent résolûment à l'ennemi. Ils l'atteignirent dans les plaines dites *Navas de Tolosa*, proche d'Ubéda, entre la Sierra-Morena et le Guadalquivir. La lutte fut des plus acharnées, et la victoire longtemps indécise; mais enfin les Espagnols triomphèrent sur tous les points : l'émir ne dut son

salut qu'au dévouement de sa garde nègre,
qui se laissa hâcher sur place afin de lui
donner le temps de s'enfuir. Le chroniqueur
Rodéric, qui assistait à l'affaire, assure que
ce jour-là plus de 100,000 Maures jonchèrent
de leurs cadavres le champ de bataille, et
qu'on y fit plus de 50,000 prisonniers. Castille, Navarre et Aragon, unis dans le combat,
se disputèrent puérilement, après la victoire,
l'honneur exclusif de la journée, comme s'il
n'y avait pas eu assez de lauriers, dans la
moisson commune, pour en orner le front de
chacun de leurs héroïques souverains. Au
retour de l'expédition, Sanche-le-Fort, composant l'écusson de Navarre, le forma de
chaines d'or, en champ de gueules, rattachées
au centre par une émeraude, en souvenir des
chaînes qui entouraient le pavillon de l'émir
Mohammet *le Vert*, et qu'il avait personnellement enlevées après avoir enfoncé les batail-
lons de la garde nègre.

Muret fut encore pour Innocent III un
glorieux champ de bataille, plus glorieux
peut-être à ses yeux que celui de Las Navas.
Nous avons déjà parlé des Albigeois ou Ca-

thares à l'occasion du concile de Latran
(mars 1179), qui les enveloppa pêle-mêle avec
les routiers dans la même excommunication.
Héritiers de Manès, par un lambeau des
croyances dualistes, les Cathares méritent à
meilleur droit d'être considérés comme les
aïeux de Luther [1]. Retourner à la simplicité
des premiers temps de l'Eglise, redevenir
« parfaits, » tel était le but qu'ils poursuivaient
avec la ferveur de toutes les croyances nouvelles. Leur personnel clérical était peu nombreux : chaque évêque avait deux vicaires (le
fils majeur et le fils mineur); à la mort de
l'évêque, son fils majeur lui succédait de
plein droit. Des diacres, et à défaut *les anciens*
de la communauté, remplissaient les fonctions
du culte. Toujours habillés de noir, à la ville
comme dans le temple, les évêques cathares,
protestaient, par la tristesse de leur vêtement,
contre le luxe et la pompe de l'Eglise Romaine.
Spectacle étrange, et que plus d'un traiterait
volontiers d'inconséquence : c'est précisément
dans le pays où le luxe avait fait le plus de

[1] Henri Martin, *Histoire de France,* passim.

progrès, où l'on prisait le plus ces magnifiques étoffes de pourpre et d'or qu'expédiait l'Orient, c'est en Provence, dans le Languedoc, l'Aquitaine et la Gascogne, que le culte austère du catharisme avait établi les foyers de son ardente propagande, et rencontré le plus grand nombre d'enthousiastes adeptes! Cependant, à bien y réfléchir, l'inconséquence n'est qu'apparente. Le catharisme a pu fleurir dans le Midi parce que tout l'y favorisait : peuple, bourgeoisie, noblesse, jusqu'au clergé catholique, le haut clergé s'entend, celui qui vivait noblement, qui chassait et guerroyait. Les *parfaits* ne ressemblaient en rien aux sombres et farouches puritains de Cromwell; doux au contraire et simples de cœur, ils n'employaient d'autre arme que la parole et n'invoquaient que l'esprit de charité. Personne n'avait donc lieu de les redouter : le bourgeois ne craignait pas qu'ils pillassent ses magasins bondés de toutes les richesses du monde connu; le gentilhomme, qu'ils missent le feu à son château follement décoré par la main capricieuse de l'art byzantin. Au gentilhomme et au bourgeois, pleins d'une juste sécurité,

23

l'hérésie n'apparaissait que comme la réhabilitation de la vie pauvre, la consolation ter-
restre des classes souffrantes, une bonne
fortune au demeurant, car les pauvres sont
l'éternelle préoccupation du riche, soit pour
les plaindre, soit pour les craindre.

Bercés dans les cours galantes, aux chants
des troubadours, et l'oreille non moins habituée aux sirventes épigrammatiques contre
Rome et les *Roumieus* qu'aux amoureuses
chansons, les grands seigneurs méridionaux,
qui traitaient aussi légèrement les doctrines
religieuses que les mœurs, s'étaient en
maintes circonstances montrés favorables aux
Cathares Albigeois. Le souverain pontife leur
fit adresser des avertissements sévères. Raymond VI comte de Toulouse, beau-frère de
Richard Cœur-de-Lion, et qui, devenu veuf,
avait épousé la sœur du roi d'Aragon Pierre II,
fut même l'objet de menaces d'excommunication. La ville de Toulouse était la capitale
du catharisme, et Raymond passait pour en
être le protecteur avoué. On connaît les
allures habituelles d'Innocent III : lorsqu'il
s'était proposé un but, il n'y marchait jamais

qu'à pas comptés, mais il avançait toujours avec un imperturbable sang-froid; aucune puissance humaine ne l'eût détourné de son chemin. Toulouse ne tarda pas à voir arriver les légats de Rome, Pierre de Castelnau et l'abbé Amauri, sous le terrible habit blanc de Cîteaux : Cîteaux avait le monopole de prêcher les croisades. Le faible Raymond consentit à tout ce qu'on lui demanda; il laissa Amauri et Castelnau travailler en liberté à la conversion de ses malheureux sujets. Les légats avaient coutume de voyager en grand appareil d'hommes et de chevaux; un jour ils rencontrèrent deux prêtres espagnols; « Prêchez à pied, et le peuple vous « écoutera plus volontiers, » dirent les Espagnols à Amauri; mais l'orgueilleux abbé s'éloigna dédaigneusement. Alors, comme s'ils eussent été frappés d'une illumination soudaine, les deux Espagnols résolurent de joindre l'exemple au conseil, et, donnant congé à leur suite, se mirent à parcourir les campagnes du Languedoc pieds nus, vêtus de grosse bure et la corde autour des reins; ils prêchaient la vraie foi en plein air, acceptaient la controverse de quelque part qu'elle vînt, et disputaient surtout avec les hérétiques. Sait-on qui étaient ces courageux propagateurs de la foi catholique, qui marchaient, comme les apôtres, armés de la parole évangélique ? c'étaient Don Diego de Azebés évêque d'Osma, et son chanoine Domingo, autrement saint Dominique, le fondateur de l'ordre des Frères Prêcheurs ou Dominicains.

Un évènement qui rappelle le meurtre de Thomas Becket vint tout-à-coup faire éclater sur nos malheureuses contrées l'orage qui depuis longtemps les menaçait. A la suite d'une altercation avec le comte Raymond VI, le fougueux Castelnau fut tué par un gentilhomme de la maison du comte. On accusa Raymond d'avoir donné secrètement l'ordre du meurtre, comme jadis on avait accusé le roi d'Angleterre Henri II. Innocent III n'hésita pas, pour extirper l'hérésie, à profiter de l'émotion que ce triste évènement, habilement exploité, occasionna partout. Il fit annoncer à grand bruit la croisade contre les Cathares. Quelle fortune et quelle joie dans les provinces du Nord : les richesses de l'Orient à piller, sans le risque de passer les mers! Un comte des environs de Paris, Simon de Montfort, prit la direction temporelle de l'armée des croisés; le légat Amauri en garda la direction spirituelle. A Béziers, 15,000 personnes furent égorgées : on n'épargna ni les vieux, ni les jeunes, ni même les enfants à la mamelle. « Tuez-les tous, s'écriait Amauri plein de fureur, Dieu saura distinguer les siens! » Après Béziers, ce fut le tour des autres villes. Vainement Raymond VI essaya au dernier moment de vendre chèrement sa vie : il en appela à toute la noblesse pyrénéenne en deçà et au-delà des monts. L'appel fut entendu; l'un des illustres vainqueurs de las Navas, le jeune et brillant Pierre d'Aragon, accourut des premiers au secours de son beau-frère. Tout promettait le succès aux méridionaux, le nombre, la valeur éprouvée des chefs; et cependant Simon de Montfort triompha. — En butinant après le combat sur le champ de bataille de Muret, les croisés découvrirent le cadavre du roi d'Aragon, percé de coups, et l'on dit que le sombre et terrible Simon ne put

retenir ses larmes devant cette tête si belle,
si poétique, et si prématurément moissonnée.
Ainsi périt, étouffée dans le sang, la civilisation méridionale, éclatant reflet de la civilisation romaine; ainsi s'évanouirent à jamais
les rêves de la suprématie morale du Midi
sur le Nord.

Tout lâche qu'il était, Jean finit par voir
clairement dans quelle abjecte situation il
s'était laissé tomber : de toutes les provinces
françaises que son père avait possédées, il ne
lui restait plus que la côte d'Aquitaine, de la
Rochelle à Bayonne. Le berceau de son grand-
aïeul Guillaume et des fiers barons qui l'a-
vaient accompagné à la conquête de l'Angleterre, la Normandie, n'était plus qu'une
province de Philippe-Auguste; et le Maine, et
l'Anjou, et le Poitou qu'étaient-ils devenus?
Jean eut honte; et comme, à défaut du courage bouillant qui animait ses frères, il
avait l'esprit d'intrigue, il s'agita, et parvint
à organiser contre la France une vaste coalition. Pendant qu'il attaquerait lui-même
Philippe-Auguste par le sud-ouest, son neveu
Othon de Brunswick, empereur d'Allemagne,

avec le comte de Flandre et tous les princes
des Pays-Bas, devait l'attaquer par le nord.
La campagne s'ouvrit sous les plus heureux
auspices : devant le havre de Damme, sur la
côte de Flandres, la flotte anglaise, comman-
dée par le comte de Salisburi, détruisit complètement la marine du roi de France : celle-
ci était placée sous les ordres de ce même
Savary de Mauléon, l'ancien ami du roi Jean,
et qui, par une évolution familière aux hommes de sa race, avait quitté un maître épuisé
d'argent pour en prendre un autre en meilleure position de rétribuer les dévouements.
Dès qu'il eut appris la victoire de ses marins,
le roi d'Angleterre fit voile pour le Poitou : la
première personne qui accourut à la Rochelle
pour le saluer, ce fut le vaincu de Damme.
Savary de Mauléon fut accueilli avec bonté :
Jean savait compatir aux trahisons, ayant été
lui-même un traître de la pire espèce. Vingt-
six forts ou postes considérables, situés aux
environs de la Rochelle, se rendirent volontairement ou furent enlevés d'emblée ; seul
le château de Milescu arrêta quelques jours les
armes anglaises. Quand l'Aulnis fut soumis,

le tour du Poitou arriva. Du Poitou, Jean se dirigea vers la Bretagne; mais il y rencontra le fils du roi de France : les deux adversaires parurent s'arrêter dans une sorte de trêve, les yeux tournés du côté de la Flandre, jusqu'au jour où la victoire de Bouvines vint apprendre à l'indigne frère de Richard Cœur-de-Lion que sa grande coalition était désormais dissoute et ruinée.

En rentrant dans son île, humilié dans ses desseins, sinon personnellement vaincu, le roi d'Angleterre se trouva tout aussitôt au milieu des périls de la tempête révolutionnaire qu'il avait lui-même amassée par les inqualifiables désordres de sa vie.

« Le 20 novembre 1214, dit Lingard, les
« barons s'assemblèrent à l'abbaye de Saint-
« Edmond, sous prétexte de célébrer la fête
« du saint patron. Leur objet réel était de
« mûrir leur plan d'opérations futures sans
« éveiller les soupçons de leur souverain. Plu-
« sieurs réunions secrètes eurent lieu : les
« différentes libertés pour lesquelles ils
« avaient à combattre furent exactement dé-
« finies ; et ils résolurent de les demander en

« corps, quand le roi tiendrait sa cour aux
« fêtes de Noël. Avant de se séparer, ils s'a-
« vancèrent un à un devant le maître-autel,
« et prêtèrent le serment solennel de renon-
« cer à leur allégeance si Jean repoussait leurs
« réclamations, et de lui faire la guerre jus-
« qu'à ce qu'il les accordàt. » Ainsi éclata
cette lutte fameuse qui devait amener l'octroi
de la *Grande Charte*, fondement glorieux des
libertés politiques de l'Angleterre.

A la Noël, quand les barons se présentèrent
devant lui, Jean les reçut d'abord avec une
hauteur dédaigneuse ; ensuite, comme il les
vit résolus, il baissa de ton, simula l'indéci-
sion, demanda le temps de se recueillir, et
finit par ajourner toute réponse jusqu'à la
semaine de Pâques. Les barons tombèrent
dans le piége, et consentirent à l'ajournement.
Le roi, déployant alors une activité qu'on ne
lui connaissait pas, écrivit en Gascogne et dans
les Flandres afin qu'on lui envoyàt force
routiers ; de nombreuses bandes ne tardèrent
pas à débarquer en Angleterre ; les Poitevins
et les Gascons arrivèrent avec Savary de Mauléon, et les Flamands, sous la conduite de
Gérard de Solinghen.

C'est au moment même où le baronnage anglais attendait dans une fiévreuse impatience la royale détermination qui devait décider du sort de l'Angleterre, que Jean accorda aux Bayonnais leur charte de commune. Cette charte fut, en effet, signée le jour de Pâques (19 avril 1215). Etait-elle le prix de l'empressement que mirent nos aïeux à voler au secours de leur roi? N'était-ce au contraire qu'une amorce pour exciter leur zèle? Dans tous les cas, Jean ne perdit point sa peine : par ce bienfait, il rattacha plus fermement encore à la couronne d'Angleterre l'une de ses plus fidèles communes, celle qui devait être la dernière sur le continent français à maintenir au sommet de ses tours les couleurs anglaises.

Voici l'exacte traduction de la charte d'octroi :

« Johan, par la grâce de Dieu, roi d'Angle-
« terre, seigneur d'Irlande, duc de Norman-
« die et de Guyenne et comte d'Anjou, aux
« archevêques, aux évêques et abbés, aux
« comtes, barons, cours de justice, vicomtes,
« prévôts et forestiers, et à tous ses baillis et

« féaux, salut. Sachez que nous avons octroyé,
« et par notre présente charte confirmé, au
« maire, au conseil, et à nos prud'hommes
« dans la cité de Bayonne et à leurs hoirs,
« qu'ils aient, dans la même dite cité,
« commune de même manière que l'ont nos
« bourgeois de la Rochelle dans notre ville de
« la Rochelle; nous réservant expressément
« notre prévôté, nos coutumes et nos fran-
« chises, que nous devons avoir dans notre
« cité de Bayonne comme nous les avons
« dans notre ville de la Rochelle. C'est pour-
« quoi nous voulons fermement et ordonnons
« que les avant dits le maire, le conseil et les
« prud'hommes étant actuellement en notre
« cité de Bayonne, et leurs hoirs, aient, par
« tous les temps du monde, l'avant dite
« commune. Les témoins sont : comte Ba-
« réun, W. Brigveir, Savari de Mauléon, en
« Varr. fils de Géralt, W. de Hareçuit, Johan
« de Bassinge bern, en Johan fils d'en Hugos,
« Fouques de Briant. Donné par la main de
« maître Richard de Marisc, notre chancelier,
« au nouveau temple de Londres, le dix-
« neuvième jour d'avril, la seizième année
« de notre règne. »

Le statut communal de Bayonne, qui, d'après la lettre royale de concession, devait être semblable à celui de la Rochelle, paraît, à la simple lecture, ne pas être une œuvre originale. C'est, en effet, une compilation, l'assemblage de deux chartes distinctes copiées l'une à la suite de l'autre. Nous avons reconnu dans la première la charte même de commune de Rouen et de Falaise, type de constitution qu'adoptèrent probablement toutes les villes en deçà de la Manche dotées par les rois anglais du droit de commune ; quant à la seconde charte, il faut croire qu'elle reproduit les statuts propres, particuliers à la ville de la Rochelle, et que Bayonne s'assimila. Les Bayonnais trouvaient ainsi dans la charte de Rouen les règles élémentaires de leur organisation municipale, de leur appareil gouvernemental ; et dans les statuts de la Rochelle, une détermination précise des droits et devoirs tant des administrateurs que des administrés. Nous nous bornerons à donner ici, sans commentaires, une analyse de ce document, solide et large assise des institutions sous lesquelles, durant plus de deux siècles, la

ville de Bayonne a vécu, honorée et prospère,
au sein de l'activité féconde et des agitations
salutaires de la liberté. Plus tard nous aurons
mainte occasion d'en reparler avec les détails
et le soin que réclame cet intéressant sujet
d'étude et de méditations.

Le corps de ville se composait de cent
membres : un maire, douze échevins, douze
conseillers et soixante-quinze pairs ou cent-
pairs ; car on disait également *un pair* ou *un
cent-pair,* de même qu'on disait *le maire et
cent-pairs de Bayonne,* bien que le nombre des
membres du corps de ville ne fût que de cent
le maire compris. Les fonctions de tous les
membres du corps de ville étaient électives
et ne duraient qu'un an. Chaque année, à
l'expiration de leur mandat, les membres
sortants procédaient en commun à l'élection
du nouveau conseil. Dès leur première réunion, les nouveaux élus arrêtaient une liste
de trois candidats à la mairie, et c'est parmi
ces trois candidats, nécessairement pru-
d'hommes, que le roi choisissait le maire.

Investis à la fois de fonctions administra-
tives et judiciaires, les maire, échevins et

conseillers, devaient, à cause des fonctions judiciaires, prêter un serment spécial à leur entrée en charge. Ils juraient et promettaient de respecter les droits de l'Eglise et ceux du roi, de rendre la justice selon leur conscience et non par amitié ou inimitié, de n'accepter ni dons ni promesses, et de garder le secret des délibérations. Le maire s'engageait, en outre, à ne faire, auprès du roi, aucune démarche afin d'être maintenu dans ses fonctions au-delà d'une année. Tout magistrat convaincu d'avoir reçu de l'argent était puni de la démolition de sa maison ; et le corrupteur, celui qui avait donné de l'argent, ainsi que son héritier, étaient déclarés incapables de toute charge publique.

Le maire et les douze échevins étaient tenus de se réunir, deux fois par semaine, pour s'occuper des affaires de la ville. S'il se présentait quelque cas difficile, ils appelaient un ou plusieurs conseillers et prenaient leur avis. Chaque samedi, il y avait réunion obligatoire des maire, échevins et conseillers ; et, chaque samedi de quinzaine, réunion générale des maire et cent-pairs. Aucune convo-

cation personnelle ne précédait les réunions;
chacun des membres du conseil était tenu
de s'y trouver, à son jour, avant qu'on eût
chanté prime, et tout défaillant était condamné à une amende proportionnée à son rang :
l'échevin payait cinq sols, le conseiller trois,
et les simples pairs deux. On n'échappait à
l'amende qu'en ayant soin, dès la veille de
la séance, de faire agréer ses motifs d'absence
par le maire. Pareille condamnation atteignait
les membres qui abandonnaient l'assemblée
sans permission du président, et ceux qui,
en dehors des réunions habituelles, refusaient,
sans excuse légitime, de se rendre aux
convocations extraordinaires du chef de la
commune. Prime s'entendant, dans l'acception canonique, de la première heure du
jour en toute saison, on voit qu'aux mois de
juin et de juillet par exemple, les réunions
municipales s'ouvraient vers quatre heures
du matin[1]. Si l'un des échevins avait besoin
d'entreprendre un long voyage, d'aller en
Angleterre ou en pèlerinage, il fallait qu'il

[1] Leber, déjà cité.

prit congé de ses collègues à la réunion heb-
domadaire du samedi, et, si le congé était
accordé, l'assemblée procédait immédiatement à l'élection d'un échevin provisoire,
dont les fonctions duraient jusqu'au retour
du magistrat titulaire. Le maire était assujetti,
comme les autres membres de l'administration
communale, aux réglements fixant les jours
et heures des réunions ; tout manquement de
sa part était même mulcté au double, parce
que sa qualité de maire lui imposait le devoir
de donner l'exemple à tout le monde. Les
amendes étaient versées dans la caisse de la
ville, pour être employées aux besoins communs ; cependant une portion de certaines
amendes était parfois abandonnée aux clercs
et sergents du maire.

Le maire, véritable chef de la commune,
présidait de droit les assemblées communales
et la cour de justice ; il avait le commandement militaire des citoyens ; il gardait les
clefs de la ville, et défense lui était faite de
les confier à qui que ce fût sans l'autorisation
des cent-pairs : toute la ville l'entourait du
plus grand respect.

Le pacte communal n'étant autre chose qu'une association ou confédération de tous les habitants d'une ville, unis ensemble dans le but de se secourir et de se protéger mutuellement, chaque habitant d'une ville érigée en commune était soumis à la prestation d'un serment : de là le nom de *juré, jureur* ou *jurat* (*lato sensu*), employé pour désigner le citoyen qui fesait partie d'une commune. A Bayonne le droit de domicile était exclusivement attaché à la qualité de juré; seul, le juré jouissait de la franchise ou exemption des droits de coutume. L'étranger, outre qu'il ne jouissait pas de la franchise, ne pouvait séjourner dans la ville au-delà d'un an et jour, à moins qu'il ne manifestât son intention d'entrer dans l'association communale, auquel cas il était tenu de prêter serment devant le maire et les échevins réunis en échevinage, c'est-à-dire en cour de justice. Si quelqu'un des jurés voulait se retirer de la commune, il n'avait qu'à en faire la déclaration; mais il devait immédiatement quitter la ville. On ne lui permettait d'y rentrer qu'après une absence d'un an et jour, et encore sous la stricte obli-

24

,gation de prêter de nouveau le serment de juré. L'habitant de Bayonne convaincu d'avoir esquivé le serment, était mis en prison, et chargé de chaînes, jusqu'à ce qu'il eût fait amende honorable à la commune.

Tout juré devait obéissance au maire : celui qui refusait d'obtempérer à un ordre de convocation était passible de la peine mentionnée dans le billet de convocation. Le service du contre-guet était l'un de ses devoirs essentiels ; l'homme de service qui s'en allait sans permission, demeurait à la merci du maire, qui lui infligeait une amende de quinze sols ou plus, selon les circonstances. Si, par le commandement du roi, il fallait aller en expédition militaire, le maire et les échevins désignaient un certain nombre de jurés pour la garde de la ville ; et quiconque était trouvé dans l'intérieur des murs, après l'heure du départ, demeurait à la merci du roi et à la merci de la commune, laquelle avait le droit de le condamner à la démolition de sa maison, ou à une amende de cent sols s'il n'avait point de maison, etc.

Si quelqu'un se permettait de dire du mal

de la commune et l'attaquait dans son honneur, le prévenu pouvait être déclaré coupable sur la simple affirmation de deux échevins, ou sur la déclaration après serment de trois jurés; s'il n'y avait qu'un seul témoignage, le prévenu était admis à écarter la plainte, à se *purger* de l'accusation par son propre serment et celui de six hommes.

Inutile d'ajouter qu'en ce qui touche la commune, le juré ne devait rien lui refuser, ni sa personne, ni son cheval, ni sa fortune.

Lorsque le maire et les échevins siégeaient en échevinage, le maire exerçait la police de l'audience; il donnait ou retirait la parole. Si quelqu'un l'interrompait ou interrompait la personne à qui la parole avait été donnée, le maire invitait l'interrupteur au silence, et le condamnait, s'il était juré, après un avertissement inutile, à une amende de 12 deniers, 8 pour la ville et 4 pour les clercs et sergents du maire. Il était défendu, sous la même peine, à tout échevin, conseiller ou pair, assis au tribunal, de quitter son siége pour aller souffler un conseil aux plaideurs;

et quant à ces derniers, si l'un d'eux s'oubliait au point d'injurier son adversaire, il demeurait à la merci du maire et des échevins, selon la gravité de l'injure proférée et ses précédents en pareille matière.

Toute action pénale dirigée contre un juré de la commune était soumise au tribunal du maire, jusqu'à la dation du gage de bataille ; car la bataille engagée, c'était au bailli du roi ou prévôt qu'en appartenait la connaissance.

Si le prévôt ou vicaire du roi avait à se plaindre d'un juré, il le traduisait devant la cour du maire. Tout étranger qui avait forfait à l'égard d'un juré, était enchaîné et détenu en prison jusqu'à ce qu'il eût fait amende à la commune ; et s'il avait été impossible de l'atteindre, la commune était tenue d'aider le juré à obtenir justice du seigneur qui avait juridiction sur le forfaiteur ; et si le seigneur refusait de faire justice, le juré était autorisé à se faire justice à lui-même, quand et comme il le pourrait. Du reste, le forfaiteur ou débiteur, qu'il fût prêtre ou gentilhomme, dont le juré ne pouvait avoir justice, était

frappé d'une sorte d'excommunication civile :
il était défendu à toute personne de la commune d'avoir des rapports avec lui, soit pour
lui vendre, soit pour lui acheter des marchandises, soit pour lui prêter de l'argent,
soit pour l'héberger, à moins que le roi ne
se trouvât à Bayonne.

Celui qui était convaincu de parjure demeurait à la merci du maire et cent-pairs,
qui avaient la faculté de démolir sa maison,
de prendre son argent, ou de le bannir
pendant un an et un jour. Le fait de se servir
d'un couteau, épée, ou arme émoulue, dans
une rixe, entraînait l'emprisonnement du
coupable jusqu'à ce qu'il eût fait amende
à la commune.

En plusieurs cas, qui n'offraient rien de
bien grave, la peine du pilori était prononcée :
si donc un juré était condamné au pilori,
pourvu que ce ne fût point pour vol, personne
ne devait par ses paroles ou ses moqueries
ajouter à la honte du condamné; le moqueur
s'exposait à monter lui-même sur le pilori. —
La femme habituellement querelleuse et de
mauvaise langue était jetée du haut du

pont, une corde passée sous les aisselles,
et plongée trois fois dans la rivière. — Si
une autre femme se moquait de la condam-
née, elle subissait le même châtiment; et si
c'était un homme, il était condamné à
payer 10 sols.

Tout larron arrêté en ville ou dans le
ressort du bailliage de Bayonne, était conduit
devant le maire, et jugé par ce magistrat
siégeant conjointement avec le bailli; mais
la condamnation était exécutée par les officiers du bailli, aux frais du roi. Les choses
mobilières dont un larron avait été trouvé
nanti, étaient confisquées au profit du roi;
s'il possédait maison en ville, elle était dé-
molie par les officiers du maire; enfin, la
jouissance des biens mobiliers et revenus du
condamné appartenait au roi pendant un an,
après lequel terme, les seigneurs des biens
affieffés avaient le droit de les réclamer. —
On en agissait de même à l'égard des homicides et autres criminels fugitifs; — mais
tout juré accusé de mort d'homme et qui
pouvait être atteint, devait être remis au
roi, personne et argent : quant à sa maison

et à son verger, c'était à la commune à en faire justice.

Enfin les adultères surpris en flagrant délit, relevaient de la cour ecclésiastique.

Dans la semaine de Pâques, les barons anglais se rassemblèrent à Stamfort, bien résolus d'en finir avec le roi Jean, et de lui arracher par la force, si l'emploi de la force était nécessaire, de solides garanties qui les missent désormais, personnes et biens, à l'abri de ses violences et de ses exactions despotiques. Jean avait quitté Londres et se trouvait à Oxford ; il voulut essayer encore de parlementer : l'archevêque de Canterbury, Etienne de Langton, fut dépêché par lui vers les conjurés ; mais ceux-ci, inébranlables dans leurs résolutions, refusèrent de prêter l'oreille à aucun projet de transaction. Alors Jean s'abandonna aux emportements de la plus violente colère : « Ils me demandent ma « couronne, s'écria-t-il ; pensent-ils que je « consentirai jamais à devenir leur esclave ! » Il n'y avait plus à hésiter ; les barons, qui comptaient au sein du clergé un grand nombre d'adhésions, se proclamèrent l'armée de

Dieu et de l'Eglise, et mirent à leur tête
Robert Fitz-Walter. Dès les premiers jours,
la fortune sourit à leurs armes; ils marchèrent
de succès en succès, et Londres ne tarda pas
à leur ouvrir ses portes. A ce coup décisif,
Jean, ayant reconnu qu'un plus long entête-
ment le mènerait infailliblement à la déchéance, fit demander une entrevue, et consentit enfin à signer la grande charte des libertés
anglaises (12 juin 1215). La joie du baronnage
fut à son comble ; il y eut des fêtes et tournois
en l'honneur des conquêtes de la liberté; et
cependant, Jean retiré dans l'ile de Wight, ne
songeait qu'aux moyens de biffer sa signature.
Il avait écrit à Rome; il avait dépêché des
émissaires en Gascogne et en Navarre avec de
gros sacs de sterlings : bientôt la population
anglaise vit débarquer chaque jour sur ses côtes une foule d'aventuriers du Midi, accom-
pagnés de femmes et enfants, comme gens qui
viennent moins combattre que former un établissement ; on put croire à une seconde « in-
« vasion de l'Angleterre par les Gascons. »
Emus de ces préparatifs de guerre, les barons,
entrant en défiance, chargèrent l'un d'eux,

Guillaume d'Albiney, de s'assurer du château de Rochester. Ceci décida Jean à lever le masque; il partit avec ses routiers méridionaux, que commandait Savary de Mauléon, et investit la place de Rochester avant que d'Albiney eût pu la mettre en état de défense : d'Albiney lutta vigoureusement, soutint plusieurs assauts, et ne déposa les armes qu'après avoir souffert les dernières épreintes de la famine. Jean, lorsqu'il le tint en son pouvoir, voulait le faire pendre; Savary de Mauléon s'y opposa, et sauva la vie au prisonnier : noble action qui fait honneur au routier poitevin, et témoigne de son humanité, bien que Matthieu Paris ne veuille y voir que de la politique, la salutaire prévoyance des retours de fortune, la crainte de se trouver un jour lui-même au pied d'un gibet. Ce succès de Rochester ayant coïncidé avec la nouvelle qu'Innocent III se déclarait pour le roi, qu'il le déliait de ses serments envers le baronnage, et annulait la grande charte comme entachée de violence, jeta le désespoir au camp des conjurés; mais, préférant tout au malheur de subir la barbare loi de Jean vainqueur et maître absolu de la situation, les barons se jetèrent dans les bras de Philippe-Auguste. Le vieil ennemi de Richard Cœur-de-Lion leur envoya son fils Louis, dont la femme Blanche de Castille, nièce de Jean et petite-fille d'Henri II, pouvait colorer d'une apparence de droit héréditaire la prise de possession du trône édifié par les robustes mains de Guillaume-le-Conquérant. Malgré une excommunication du pape, Louis débarqua en Angleterre le 30 mai 1216 : à son approche, les affaires changèrent de face. Jean, abandonné de tout le monde, se vit perdu : la mort le tira d'embarras (19 octobre 1216). Son fils Henri III fut immédiatement proclamé roi. Le baronnage rougit de sa rébellion devant l'innocence de cet enfant, et l'Angleterre fut sauvée.

Durant les émouvantes péripéties du drame national dont l'Angleterre était le théâtre, les Bayonnais avaient accueilli avec un sentiment unanime de reconnaissance la déclaration royale qui imprimait à leur jeune commune la sanction du droit. Aux manifestations de la joie publique, l'Eglise aussi mêla ses prières ; car à l'église de Bayonne, comme dans le reste de la cité, le temps avait accompli son œuvre. Hommes de l'ancien régime, vieil esprit féodal, tout cela n'était plus qu'à l'état de souvenir : la bourgeoisie avait détrôné la noblesse. On n'eût guère rencontré à Bayonne de famille aisée qui n'eût un ou plusieurs de ses membres engagés dans les ordres ; le chapitre presque en entier était composé de bourgeois ; et même l'un d'eux, Ramon de Luc, venait, triomphe inouï ! d'être élevé aux honneurs de l'épiscopat.

Avant de coiffer la mitre, Ramon de Luc avait rempli, auprès du vénérable Bernard de Lacarre, les fonctions d'archidiacre ; nous l'avons vu, en cette qualité, figurer à l'accord ménagé par l'évêque de Dax, Fortanier, entre le chapitre de Bayonne et les Hospitaliers de Saint-Jean (1206). La même année, sur l'ordre du pape Innocent III, il s'était rendu en Navarre, toujours en qualité d'archidiacre, afin d'y procéder, conjointement avec l'évêque de Dax et l'abbé de la Oliva, à une enquête fort délicate au sujet de l'accusation que les chanoines pampelonais avaient portée contre

leur évêque, don Juan de Tarazona [1]. Intime
allié de Jean-sans-terre, et ne dédaignant pas
de l'imiter quand il s'agissait d'accroitre les
prérogatives de la couronne, peu scrupuleux
du reste, le roi de Navarre, don Sancho-le-
Fort, avait essayé de mettre la main sur l'évêché de Pampelune, devenu vacant par le
décès de son grand ami, don Garcia ; il y avait
appelé don Juan de Tarazona, sans consulter
le chapitre ou sans tenir compte du choix
que le chapitre avait pu faire: de là le débat
que Ramon de Luc et les autres délégués
du souverain pontife avaient charge d'é-
claircir. Ils n'y réussirent point, et cette
grave querelle, — cause de troubles et de
désordres regrettables, — ne se dénoua qu'à
la mort du favori de don Sancho, grâce
à l'élection régulière de l'évêque don Aspa-
rago Barca (1212).

Il est présumable qu'Arsius de Navailles,
successeur *élu* de Bernard de Lacarre, se
trouva à Bayonne dans une situation identi-
que à celle de don Juan de Tarazona (moins

---

[1] G.-F. Perez, *Hist. des évêques de Pampelune*, tome Ier, p. 299.

les troubles cependant); qu'il fut choisi par
le roi Jean et non agréé par le chapitre; que
le monarque anglais le sacrifia au moment de
signer la paix avec Rome (1213), et qu'alors
nos chanoines, entraînés à leur tour dans le
mouvement patriotique qui précipitait la cité
tout entière vers la pleine émancipation
communale, c'est-à-dire le gouvernement
de Bayonne par des Bayonnais, s'empressèrent
de régler leur conduite sur celle de leurs concitoyens, et remirent le bâton pastoral aux
mains du Bayonnais Ramon de Luc.

Malgré la légitime autorité qui s'attache
aux assertions d'Oyhénart, le chanoine Veillet s'est permis de rayer du catalogue des
évêques de Bayonne dressé par le savant historien [1], les noms de Arsius de Navailles et
de Ramon de Luc. Il révoque en doute leur
épiscopat, parce qu'il n'a rencontré ni aux
archives de l'évêché, ni à celles de la ville,
aucun titre les concernant. On a pu apprécier
déjà combien était peu fondé le doute de
Veillet en ce qui touche Arsius de Navailles,

[1] Oihénart, *Notitia utriusque Vasconiæ,* p. 546.

dont l'*élection* est formellement attestée par l'acte d'association des navigateurs bayonnais. Eh bien ! la preuve de l'épiscopat de Ramon de Luc n'est pas plus difficile à faire. Le *Livre d'or*, d'où l'érudit chanoine a extrait les divers matériaux de son Histoire ecclésiastique, contient précisément un acte à la date de 1213, et émanant d'un évêque nommé Ramon : qui pourrait ne pas voir dans ce Raymond notre Raymond de Luc, alors que deux hommes comme Oyhénart et Compaigne n'en ont point douté [1] ?

L'acte de 1213 n'est autre chose qu'une transaction à propos d'une carrière de pierres à bâtir, située au-delà du pont de l'Adour, du côté de Saint-Etienne, et qu'un faure de Bayonne avait donnée verbalement à l'église, du temps sans doute de Raymond de Martres ou d'Arnaud Loup de Bessabat. Nous avons dit que Bernard de Lacarre, lorsqu'il revint

---

[1] Veillet a connu l'acte dont nous parlons, mais il l'attribue à Raymond d'Onzac, lequel ne prit possession du siége que vers l'année 1233. Cette erreur capitale l'a entraîné à supprimer deux évêques, Raymond de Luc et Pierre-Bertrand de Sault.

de la croisade, entreprit de grands travaux à
la cathédrale. D'après des traces récemment
découvertes, on peut conjecturer que la basilique fondée par Raymond de Martres était
devenue en partie la proie des flammes vers
les années 1199 ou 1200, et qu'il avait fallu
s'occuper immédiatement de la réédifier [1].
Il est probable que Bernard donna l'ordre
d'aller prendre la pierre nécessaire pour les
travaux à la carrière de Saint-Etienne dont
il se croyait propriétaire, et que P. A. de
Norton, héritier du donateur, lui contesta son

---

[1] La fondation de la cathédrale remonte, on le sait, à l'épiscopat de Raymond de Martres. Avant la construction de la chapelle
de la paroisse et de la sacristie (côté sud), on voyait encore, ca-
chées dans les combles du cloître, les fenêtres des bas-côtés du
XIIe siècle ; les contreforts conservaient aussi une partie de leurs
soubassements. Cette église du XIIe siècle fut détruite soit
par l'incendie, soit par une autre cause ; mais les traces d'un
incendie étaient fort visibles avant la construction de la chapelle paroissiale.—L'édifice actuel fut commencé en 1213. On
construisit alors le chœur, son abside et ses chapelles, ainsi
que la partie inférieure des deux transepts avec leurs portes.—
Une partie du clocher, la nef, les bas-côtés, le haut des transepts et le chœur à partir du triforium, datent du XIVe siècle.
Le clocher, commencé en 1500, fut continué en 1515 et en 1544;
le pavillon qui le couvre fut placé en 1605. Les meneaux de
presque toutes les fenêtres de la nef et du chœur ont été re-
faits au XVIIe siècle. (Communication de M. Boeswilwald.)

droit. Un procès s'engagea, procès fort mollement suivi, à cause du décès de Bernard de Lacarre et de la quasi-vacance du siége sous Arsius de Navailles. Mais dès que Raymond de Luc fut intronisé, comme le nouveau prélat devait tenir à grand honneur d'attacher son nom à l'œuvre de restauration, il fit appeler Norton, lui prouva par le témoignage des plus anciens prud'hommes de la ville la réalité de la donation que son père avait faite à la cathédrale, et la lui fit ratifier. Voilà l'affaire. L'intérêt que nous trouvons à la rapporter gît tout entier dans le paragraphe final de l'acte transactionnel ; il y a là certaine formule remarquable. pour une décision épiscopale du XIIIᵉ siècle, en ce qu'elle témoigne d'un retour à l'ancienne union de l'Eglise et du peuple des fidèles ; la voici :

« C'est pourquoi, après avoir pris conseil
« de notre chapitre et du peuple, nous
« (Raymond) avons donné au susdit P.-A. de
«. Norton le droit de passage sur notre pro-
« priété ; afin qu'il puisse se rendre à sa
« vigne, et pour que notre accord ne soit
« point révoqué en doute, nous avons scellé

« l'acte qui le constate de notre sceau et de
« celui du conseil de Bayonne. Les témoins de
« ce fait sont : le chapitre de Bayonne avec
« le *peuple* ; savoir : P.-J.dous Puys, vicaire
« de Bayonne (maire-prévôt). A. d'Ardir,
« ouvrier de la cathédrale, W. chapelain de
« Bayonne, F.-A. abbé de La Réole, Amat
« de Menta, J. Beliz, A.-R. de Luc, et une
« foule de bourgeois, de clercs, et d'*écoliers.*
« Passé le dix-septième jour des calendes de
« juin 1213, etc.....[1]. »

Où trouver d'ailleurs une marque plus élo-
quemment expressive de l'union intime du
peuple et du clergé, de la cathédrale et de
l'hôtel-de-ville, aux premiers jours de la
commune. que dans les emblèmes symboli-
ques du sceau municipal adopté par les
Bayonnais? La face principale ou sceau pro-
prement dit représente une vue des remparts
et de Notre-Dame de Bayonne; dans le champ,
au-dessus de l'église on lit : *Scâ* (sancta) *Maria ;* puis, en légende : *Sigillum. communie.
civitatis. Baione.* (scéau de la commune de

Bayonne). Le revers ou contre-sceau montre un chêne et un lion passant couronné, avec ces mots : *Benedictus qui venit in nomine Domini,* Béni soit celui qui vient au nom du Seigneur [1].

FIN DE LA PREMIÈRE PARTIE.

[1] Ch. Lenormant, *Trésor de numismatique*, etc., sceaux des communes, p. 34.

PIÈCES JUSTIFICATIVES

PIÈCES JUSTIFICATIVES

I

Charte d'Arsius [1]

(980)

In nomine Domini nostri Jesu Christi. Amen.
Ego Arsius, indignus et humilis Laburdensis
episcopus, volo tradere notitiæ successoribus et
posteris ea quæ nostro episcopatui, scilicet sanctæ
Mariæ Laburdensi, subjacent loca : idcirco hæc
subtili et canonicali auctoritate subnotamus, ne
fortè (quod absit) successores nostri episcopi vel
archidiaconi in dubio sint laborituri quæ in nostro
jure subjacent, seu quæ priscis temporibus ipsa

[1] *Livre d'or*, p. 1.— *Nota*. Le Livre d'or ou cartulaire de
l'église Sainte-Marie de Bayonne fait partie des archives dé-
partementales des Basses-Pyrénées.

Laburdensis Ecclesia publico auxilio vel consilio
fidelium canonice acquisivit. Non enim dignum
videtur ut aliqua fraus in Sancta Catholica et
Apostolica Ecclesia laboret, sed potius veritas
quæ ab auctore mundi semper exigitur, et ideo
quæ post mortem testificare non possumus au-
tentica auctoritate et exemplo scriptum verissi-
mis in membraneis reliquimus, ut omni dubietate
postposita, Prælatores sanctæ Laburdensis Ecclesiæ cum pace quod invenerint testificatum
nostro testimonio vel sanccitum absque admini-
culo ullius anxietatis teneant, ipsamque sanctam
matrem Ecclesiam ex acquirendis vel acquisitis
pristino in honore restaurent, et ad posse ex sti-
pendiis subjacentium fideli modo ædificent.
Omnis vallis quæ Cirsia dicitur usque Karoli crucem; vallis quæ dicitur Bigur; vallis quæ Erberua
dicitur; vallis quæ Ursaxia dicitur; Basten item
vallis usque in medio portu Belat; vallis quæ
dicitur Larin; terra quæ dicitur Ernania et Sanctum Sebastianum de Pusico usque ad Sanctam
Mariam de Arosth, et usque ad sanctam Trianam.
Has tenemus et possidemus in dominio sanctæ
Mariæ Laburdensis Ecclesiæ eo tenore ne unquam
ab episcopo vel archiepisco fiat ulla contradictio
vel proclamatio successori nostro. Hæc autem
stipulatio vel affirmatio facta est in presentia

dompni archiepiscopi Auxiensis Odonis, necnon
et aliis viris religiosis, clericis et monachis, vi-
gente dompno apostolico Romano Pontifice Be-
nedicto, regnante Hugone magno rege Francorum', imperante duce Gasconiæ Willelmo Sancio.
S. Arsivi episcopi qui hanc fieri vel confirmari
fecit. Y. S. archiepiscopi Auxiensis Odonis †. S.
Wastonis Centulli vicecomitis. S. Lupi Anerii
vicecomitis. S. Ernaldi Lupi vicecomitis Aquensis. (S. Salvatoris abbatis sancti Severi.) Si quis
hanc contradicere voluerit repetitio ejus ad nichi-
lum redigatur, et nisi resipuerit victus canonicali
judicio anathema sit.

' Le pape Benoit VII étant mort en 983, et Hugues Capet
n'ayant été proclamé roi qu'en 987, Oihénart estime que le nom
de Hugues-le-Grand a été ajouté par le copiste à l'acte primitif.

Charte de l'évêque de Labourd Raymond-le-Jeune [1]

(1059 — 1061)

L'Evéque déclare que le vicomte de Labourd Fortunius
    Sancius et son frère Lupus Sancius lui ont restitué
    l'église Sainte-Marie de Labourd, ainsi que ses
    dépendances.

In nomine sanctæ et individuæ Trinitatis. Ego
Raimondus, indignus et peccator, tamen episcopus sanctæ Basatensis Ecclesiæ vocatus, necnon
et Laburdensis, recordans quod pulvis homo et
caro hominis fenum, sciensque me denudatis ossibus Christo rationem redditurum, cupiens consedere cum his a destris Dei qui audituri sunt illud lætabundum « Venite benedicti patris mei,
« percipite regnum quod vobis paratum est ab
« origine mundi, » statui apud me con consilio
abbatum qui in nostra diocesi sub norma sanctæ

---

[1] *Livre d'or*, p. 3.

religionis vivunt, et clericorum in Laburdensi claustro canonice viventium, et optimatum qui fideles sanctæ Ecclesiæ videntur esse, ut ea quæ corrigenda sunt nostris in locis corrigantur et correcta in melius proveantur. Deo igitur auxiliante, multa nostris in temporibus vitia sunt sepulturæ tradita quæ a modernis bonarum virtutum videantur esse vexilla. Denique, illud propheticum et tremendum exspectans, « de mane usque ad vesperum finies me, » si quid bonæ acquisitionis et acquisitum dignum et magno cum studio memoriæ tradendum et scribendum ne posteris sit oblivione mittendum, multa denique sunt exenia[1] a sancta Dei Ecclesia abstracta, necnon et vota fidelium quæ pro redemptione animarum erant oblata injuste substracta, quæ si in armariis fuissent condita usque manerent intacta viventibus Deo servientibus ex ipsis fructuariis usibus. Sed nunc de Laburdensi episcopatu notum fieri volumus omnibus sanctæ Dei Ecclesiæ fidelibus, qualiter rogatu dompni Austendi archiepiscopi Auxiensis civitatem supradictam adii, quæ ab antiquis destructa est ecclesia quæ in honore sanctæ Dei genitricis semperque virginis Mariæ videtur esse consecrata, et ea quæ in jus ipsius

---

[1] Munus, donum, oblatio atque adeo præstatio... *Ducange.*

ecclesiæ olim a senibus et veteranis dicebantur
esse acquisita inveni in dominio vicecomitis esse
possessa ; ego denique, cum consilio supradicti
archiepiscopi , accepta donatione a dompno Ni-
cholao Pontifice Romano in Lateranensi sinodo, et
suscepto ab ipso pontificatus officio pro restaura-
tione sanctæ ecclesiæ in supradicta civitate quæ
potui ad posse sarta tecta restitui et in meliore
gradu opifica virtute consumavi. Suscitans ergo
vicecomitem ipsius civitatis, Fortunium Sàncium
nomine, fratremque ejus Lupum Sancium, obti-
nui apud eos, ipsius gratia in cujus manu cor
regum cònstat, ut de eis quæ propria videbantur
esse, ob redemptionem animarum suarum et parentum, Christo Matrique ejus, cujus invocatio in
supradicta civitate honoratur et colitur, concede-
rent. Hæc nempe quæ subterscripta sunt, stabili-
firmatione sunt , data , reddita et concessa : in
primis, Christo et Matri ejus ipsam ecclesiam cum
appendiciis reddidit, portæ orientalis usque ad
portam sancti Leonis ; quartas decimæ ecclesiarum omnium. Testes et visores hii sunt : Forto
Santius, Anegalinus, Lupus Anerius, Santius
Fort, Garsianer, Rexmirus et alii quamplures. Hoc
scriptum et stabilitum si quis inquietare volueri,
in primis quod inquietare voluerit non vindicet,
et insuper cum Juda proditore, Anna et Caypha
atque Pilato damnationem accipiat.

III

Donation de Fortin Sancius vicomte de Labourd [1]

Le vicomte donne à l'évêque Bernard d'Astarac la moitié de la ville (de Bayonne).

Fortin Sancius, vicecomes Laburdensis, dedit Sanctæ Mariæ, in præsentia dompni episcopi Bernardi, mediæ civitatis terram, a porta meridiana usque ad portam quæ ducit ad portum. Testes et visores Fort Fortun, Garsie Fortun, Fortungassies et alii quamplures.

---

[1] *Livre d'or,* p. 9.

IV

Autre donation de Fortin Sancius [1]

Le vicomte et son gendre Sancius Garsia donnent à l'église Sainte-Marie la dîme du port de Bayonne et de tout péage.

Ego Forti Sancius et Sancius Garsias, gener meus, donamus Deo et Sanctæ Mariæ decimam portus Baionensis et totius pedagii, pro remissione peccatorum nostrorum et omnium parentum nostrorum.

---

[1] *Livre d'or*, p. 9.

V

Accord[1] entre Bertrand, vicomte de Labourd, et Guillaume Martel[2] abbé de Sordes, au sujet du droit de pêche du port d'Urt.

Donum piscature de portu de Urt.

Sancius Garcias, vicecomes de Labort, et uxor sua Regina Tota, dederunt Deo et sancto Johanni, pro animabus suis et pro victoria duelli quod fecit in Navarra, jus totum piscature quod habebat in portum de Aurt. Jus autem piscature tale erat : Piscatores quicumque piscabantur ibi omnes simul dabant unum lardum primi creag; lardum hunc dederunt sancto Johanni. Post mortem Sancii Garsie et uxoris ejus, post mortem etiam Garsie Sancii filii sui, conquesti sunt piscatores de Aurt Willelmo Martelli abbati Sorduensi, quod latrones

[1] *Cartulaire de Sordes,* p. 29, d.

[2] Guillaume-Martel, élu abbé de Sordes vers l'année 1119, l'était encore en 1136. *(Gallia Christiana.)*

de Labort e de Arberoe furabantur sibi naves,
et sic piscature tempus et lucrum amitebant, nec
aliquam inde poterant justitiam consequi. Verum
communicato cum abbate consilio, venerunt abbas
et piscatores ad Bertrandum qui tunc erat vicecomes de Labort, dederuntque sibi et suis in
perpetuum secundo loco alium lardum, et hoc tali
pacto ut daret eis legem terre. Lex autem terre.
hæc est : Qui navem furabatur, cum erat depre-
hensus sive convinctus furto, condemnabatur, et
reddebat domino navis tantum quantum unus de
piscatoribus cui melius piscando contigerat in
unamquamque aguade diei habuerat donec red-
deret navem, similiter in unaquaque ebdomada
ovem unam sterilem.

VI

Bulle du pape Pascal II [1]

(5.e Jour des ides d'avril 1106)

Paschalis, episcopus, servus servorum Dei, venerabili fratri B.[2] Lapurdensium episcopo, ejusque successoribus canonice promovendis in perpetuum. Sicut injusta poscentibus nullus est tribuendus effectus, sic legitima desiderantium non est differenda petitio ; tuis igitur, fili in Christo carisime Bernarde, Laburdensis episcope, precibus annuentes, ad perpetuam sanctæ Laburdensis Ecclesiæ pacem ac stabilitatem, presentis decreti stabilitate sanccimus, ut universi parrochiæ fines sicut a tuis antecessoribus usque hodie possessi sunt, ita omnino integri tam tibi quam successoribus tuis in perpetuum conserventur. Qui nimirum sunt : omnis vallis quæ Cirsia dicitur usque ad Caroli crucem ; vallis quæ

---

[1] *Livre d'or*, p. 2.

[2] Bernard d'Astarac.

dicitur Bigur ; vallis quæ Arberua dicitur ; vallis
quæ Ursoxia dicitur ; Bastan item vallis usque
in medium portum Velath. ; vallis quæ dicitur
Lerin ; terra quæ dicitur Ernania , et Sanctum
Sebastianum de Pusico usque ad Sanctam Mariam
de Arost et usque ad Sanctam Trianam. Confirmamus etiam vobis ecclesiam Sanctæ Mariæ de
Maiori in jus proprium vestræ matricis ecclesiæ ;
præterea quæcumque bona vel in præsenti eadem
Laburdensis Ecclesia juste possidet vel in futurum, precante Domino, juste atque canonice pe-
terit adipisci, tibi tuisque legitimis successoribus
quieta semper et integra conserventur tam tuis
quam clericorum et pauperum usibus profutura.
Si quæ sane ecclesiastica secularisve persona
hanc nostræ constitutionis paginam sciens contra
cam temere venire tentaverit, secundo tertiove
commonita, si non satisfaccione congrua emen-
daverit, potestatis honorisque sui dignitate careat,
reamque se divino judicio existere de perpetrata
iniquitate cognoscat, et a sacratissimo corpore
ac sanguine Dei et Domini Nostri Jesu Christi
aliena fiat, atque in extremo examine districtæ
ultioni subjaceat. Cunctis autem justa eadem servantibus sit pax Domini Nostri Jesu Christi , quatenus et hic fructum bonæ actionis percipiant, et
apud districtum judicem præmia æternæ pacis

inveniant. Amen. Amen. Amen. Scriptum per
manum Johannis, scrivarii regionarii et notarii
sancti Palatii. Ego Paschalis Catholicæ Ecclesiæ
episcopus. Benevalete.

Datum Laterani per manum Johannis sanctæ
Romanæ Ecclesiæ diac. card. V° id. April. Indict.
XIII. anno Incarnationis dominicæ M° CC° (*sic*)
VI°¹, pontificatus autem dompni Paschalis secundi
PP. VI°.

<hr>

¹ Legendum est *M° C° VI°*.

VII

Charte de Guilhem IX duc d'Aquitaine[1]

*Le duc donne à Raimond de Martres, évêque de
Bayonne, la moitié de la ville de Bayonne, le droit
de padouantage, etc.*

Notum habeant omnes tam presentes quam
futuri, quod ego G. dux Aquitanorum donavi
Beatæ Mariæ de Baiona et Raimundo de Martres
episcopo, medietatem civitatis de Baiona, pro redemptione animæ meæ et parentum meorum,
cum omni jure quod ibi habebam, liberam et absque nulla contradicçione in perpetuum possiden-
dam, ita quod nullus de successione mea jam
dictam Ecclesiam de Baiona et episcopum atque
canonicos ibidem Deo servientes in ullo unquam
infestare presumat. Donavi etiam extra muros
paduentiam per terras cultas et incultas, ita ut

---

[1] *Livre d'or, p. 7, d.*

ibi grangias et agriculturas facere possint ; et per mare et aquas dulces similiter, ut molendina ibi et piscaturas libere et absque ulla contradiccione facerent. Ceterum ut hoc donum firmum et illibatum permaneat, guanto [1] meo supramemoratum episcopum et Ecclesiam de Bayona investio, et proprio sigillo confirmo et corroboro. Testes sunt Stefanus de Caumont, Ugo Tibol, Gaufridus de Rochafort, Aimar de Archiag, Bardon de Cunag, Gaston de Bearn, W. R. de Gensag, Robert vicecomes de Tartas, Petrus de Mugron, Lobet vicecomes de Maredme, W. de Sancto Martino, B. de Baiona. Datum fuit apud Sanctum Severum.

---

[1] Dans le texte, nous avons traduit le mot *guanto* par *gant*. et nous avons dit que « le duc donna solennellement l'investiture par le gant à l'évêque de Bayonne. » Il serait peut-être plus exact de traduire ce mot par *garantie* et *protection*, et de dire que le duc prit l'évêque sous sa protection immédiate.

VIII

Concession de péage[1]

A l'occasion de la construction du pont de l'Adour, le vicomte de Bayonne, Bertrand, et sa mère Urraca concèdent à perpétuité à l'évêque Raimond de Martres le tiers du droit de péage.

Ego Raimundus Baionensis episcopus et minister, cum Bertrando Baionensi vicecomite, et cum sua matre Urraca, et cum canonicis, et cum omnibus baronibus Laburdensis provinciæ, pontem supra mare Baionæ perficere incipio. Qua de causa, tertiam partem tributi pontis Beatæ Mariæ supradictus vicecomes omni tempore concessit. Testes affuerunt canonici et barones nostræ provinciæ, videlicet : Arnaldus de Salt et Lupus Anerii de Escan, Wilielmus Bernardi de Urruzaga, cæterique per optimi. Et hoc omni tempore in rei veritate sciatur.

[1] *Livre d'or*, p. 7.

Ego Bertrandus Baionensis vicecomes et mater
mea supra scriptæ cartæ donum et operationem
Raimúndo episcopo, et postea successoribus suis
episcopis et canonicis, omni tempore concedo.
Facta carta inter me et se per A. B. C. Testes sunt
et visores canonici et supradicti barones.

Charte de l'église de Maya [1]

Cette charte relate l'histoire de l'église de Maya depuis l'épiscopat de Bernard d'Astarac jusqu'à celui de Fortaner.

En Semen Garciez, fil en Garcielans de Irurite, seiner de Bastan et de Maier, si auzigo lo fil de sa seror qui ao nomi Semen Sans; e cum se pendi do sos pecaz et de le mort que feit ave de son nebot, si de Sancta Maria de Maier à labesque et à Sente Marie de Baione franquemens qui onc arrei no si artingo a son linadge, e per mediis aquez pecaz, si de IIII bieles, Ares, Longares, Perefite e Torrebent, a Sente Marie de Nazare, e iaz mediis a Sentiurdi ed e sos linadges. De Sente Marie de Maier fo tiedor larchidiague en Garcie per le man de labesque de Baione en B., qui puijs fo arcibesqui de Auhx: et larcidiague en Garcie

---

[1] *Livre d'or,* p. 30.

fo abesque de Baione. Et per le man de labesque
en Garcie de Baione, for tiedor en Guilhem Jordan
calonge de Baione et archidiague de Bastan de
Sente Marie de Maier. Et mort labesque en Garcie,
fo abesque Narremon de Martres ; et per le man
de labesque Narremon, fo tiedor Namad de Sau-
baterre et en Basc de Cize. Apres de quers dus,
fo en Gonsalvo, archidiague de Bastan, tiedor de
Sente Marie de Maier per le man de labesque
Narremon. Mort labesque Narremon, fo abesque
Narnaut Lup de Bessabat qui troba larchidiague
en Gonsalvo tiedor de Sente Marie de Maier. Et
quar don Gonsalvo bonne capcience no ao, escominiau e getau de Sente Marie de Maier. Et quest
mediis abesque Narnaut Lup mes hi en Felip, calonge de Baione et archidiague de Bastan, per sa
man tiedor de Sente Marie de Maier. Et apres long
temps cum labesquè Narnaut Lup e larchidiague
en Felip ahon feit arric lo log de Sente Marie de
Maier, per embeie de larriquesse, si forza en Pedro
Fortun, lo seiner de Bastan, labesque Narnaut Lup
e larchidiague en Felip, et si meto son fil Pedro
Pedritz ab sa force. Et escominiau Narnaut Lup
labesque Pedro Pedritz et son pair, en Pedro
Fortuino, et le Glizie de Maier. Et a estad en les-
cominie meis de XXX ans. De so for-audidors et
bededors en John de Maier missecantan e fil de

Bastan e terretient, et en Galin Daradzu missecantan fil de Bastan e terretient e estadger, et Sanz
de Nas diague e estadger, Cauver en Saubet de
Jasc fil de Bastan ancian e prodomi, et mouts
dautres qui na en Labort e en Arberoe ; et assi
ces aquest dizen e saben, et mouts dautres, lo log
que en Semen Garciez, seiner de Bastan, de in Sente Marie de Maier a labesque de Baione, fo mout
pauque cause mas son lo sentuari, mas puiis labesque en Garcie de Baione i de moutes de las
terras de son linadge, e cujolars, ei compra tropes
terres e bergers, e au propis nomis los bergers,
et tot so, adobs de labesque e de Sente Marie de
Baione ; et tut aquest tiedor foren per los abesques
de Baione seis de seinor de Bastan, ni de homis
de Bastan qui are sen arrencuren.

Charte de Richard, comte de Poitiers [1]

Richard (Cœur-de-lion) confirme les donations que ses prédécesseurs ont faites à l'église Sainte-Marie de Bayonne.

Ricardus comes Pictaviensis episcopo Baionensi et comicibus suis caris et fidelibus suis salutem et amorem. Noveritis universi tam præsentes quam futuri quod ego do et concedo ecclesiæ Beatæ Mariæ Baionensi et ejusdem cohabitatoribus, episcopo scilicet et canonicis et eorum successoribus, in perpetuum et quiete possidenda, omnia illa quæ antecessores mei eidem ecclesiæ dederunt, sicut etiam proborum et antiquorum virorum approbavit testimonium ; et ut hoc donum firmum permaneat et inviolabile, illud sigilli mei impresione confirmare decrevi. Teste me ipso apud Pictaviam.

[1] *Livre d'or,* p. 17, d.

XI

Charte de Richard, comte de Poitiers et duc d'Aquitaine [1]

Richard confirme à l'évêque Fortaner les donations faites par Guilhem de Poitiers à Raymond de Martres, donne à l'église Sainte-Marie le droit de boucherie tout entier, et retient dans ses mains la viguerie ou prévôté de Bayonne.

Ricardus filius Henrici regis Angliæ, comes Pictaviensis, dux Aquitaniæ, archiepiscopis, episcopis, abbatibus, comitibus, vicecomitibus, baronibus, militibus et omnibus fidelibus suis totius Pictaviæ et Aquitaniæ salutem. Sciatis me concessisse et carta mea confirmasse F. Baionensi episcopo, donationem illam quam G. dux Aquitaniæ, prædecessor meus, dedit Raimundo de Matres episcopo et ecclesiæ Baionensi, sicut carta ipsius G. testatur. Sed propter quamdam controversiam

---

[1] *Livre d'or,* p. 17, d.

quæ inter F. prædictum episcopum et burgenses
Baionæ vertebatur de vigeria [1] cujus medietatem
idem F. episcopus ad se pertinere dicebat, ad
illam dirimendam dedi jam dicto sepe episcopo
et ecclesiæ Baionensi totam consuetudinem bro-
ceriæ [2] ubicumque sit in villa Baionensi, cujus
tantum medietatem episcopus et ecclesia prius
de jure habebat, et totam vigeriam in manu mea
retinui. Hanc donationem feci consilio baronum
meorum, in primo adventu meo apud Baionam,
pro salute animarum Henrici patris mei et Alie-
nor reginæ matris meæ, et fratrum meorum, et
antecessorum meorum. His testibus W. Bertrandi
Aquensi episcopo, W. Maengoti et Fulcone de
Mastacio tunc temporibus senescallo Pictaviæ,
vicecomite Castilionis, vicecomite de Tartas, Fu-
caldo de Archiaco, A. Brun et pluribus aliis. Data
apud Baionam, in crastino Epiphaniæ.

---

[1] Vigeria, justicia et juridictio vicarii. *Ducange.*
[2] Brocheria, borceria, bocheria (boucherie). *Ducange.*

XII

Charte de Richard, comte de Poitou et duc d'Aquitaine [1]

Le duc confirme aux citoyens de Bayonne les coutumes et droits que Guilhem comte de Poitiers leur avait concédés sous l'épiscopat de Raimond de Martres, et leur accorde de nouveaux priviléges.

§ I. — Texte latin.

Noverint universi tam presentes quam futuri quod ego R. filius Hi. regis Angliæ, comes Pictaviæ et dux Aquitaniæ, dedi et concessi dilectis civibus meis Baionæ consuetudines et jura in perpetuum habenda quæ Will. comes Pictaviæ, presente Raim. de Martres Baionæ episcopo, eis

[1] Archives de Bayonne, *AA-I*, p. 64. — *Nota. AA-I*, registre en parchemin, assemblage de feuillets de diverses époques, et notamment du xive siècle ; ce sont des copies de chartes royales, d'établissements communaux, etc. Les archives de Bayonne ne contiennent pas de chartes originales antérieures au règne de Charles VII.

concessit quum Baionam hedificare cepit, videlicet ut quicumque Baionæ jam venit vel in futurum
venturus est et causa inhabitandi, sciat omnem
libertatem sibi concessam in terra, in mari, in
saltibus et nemoribus, quantum per diem possit
ire et redire. Postquam annum et diem ibi conti-
nuaverit, excepto quod qui solum ibi habuerint,
censum debitum domino soli annuatim persolvat :
et de querelis quæ emiserint, si ad dominum
proclamatum fuerit vel ad vicarium ejus, qui
injuriam fecisse convincetur........ Si quis
vero inhabitantium inde recedere voluerit et ad
quemlibet alium locum demigrare, liberam facul-
tatem habeat vendendi domos, ortos, viridaria,
molendina et quæcumque habere dignoscitur. Et
quicumque senescallus meus erit, per totam terram meam et ultra quantum possit ei conductum
prestare debebit. Præterea si aliquis senescallo
vel hominibus meis injuriam fecerit, ad injuriam
vindicandam sequentur senescallum in expeditionem ; quod si facere noluerint, quisque rema-
nensium vi. solidos prestabit. Si vero senescallus,
accepta pecunia, nulla injuria sibi vel suis illata,
expeditionem facere voluerit, nullatenus eum sequentur. Assedi etiam eis ut annuatim mihi unam
marcam argenti de punta persolverent, omissa
per eam exactione balenæ quæ ab eis exigebatur;

et de singulis navibus quæ sunt de villa Baionæ
in unquoque reditu ij ss.. mihi persolvant. Et
etiam concessi omnibus Baionæ ut piscaturas suas
quocumque voluerint absque consuetudine defe-
rant, nisi cum alienis habuerint societatem ; si
habuerint cum alienis societatem, consuetudinem
reddant. Item concessi quod senescallus qui ibi
fuerit has consuetudines tenendas eis juramen-
tum prestabit. His testibus Fort. Baionæ episcopo,
W. B. Aquensi episcopo, W. Maeg., Fulc. de
Mastac senescallo Pictaviæ, R. Robb. vicecomite
de Tartas, Fulcault de Archiac, W. Arn. de Toxe,
Guill. de Aneliis, A. Bruni, Ern. Declear clerico.
Data apud Baionam.

§ II. — Texte gascon [1]

Conegude cause sie a todz aquetz qui son ni
qui seran que io R. filh dEnric rey dAngleterre,
comte de Peytau et duc de Guiayne ey dat et
autreyat aus nos amatz ciptadans de Baione costumes et dretz per tustems, los quoaus W. comte
de Peytau, present Ramon de Martre abesque

---

[1] Archives de Bayonne, AA-II, p. 7 d. — Nota. AA-II, manuscrit sur papier de la fin du xive siècle ou commencement
\du xve. C'est évidemment une codification méthodique des coutumes et établissements de la commune de Bayonne.

de Baione, autreia a lor quent Baione comensa a
hedificar. So es assaber : Que todz hom qui es
bincut a Baione et y biera per estar, sabie que nos
lavem autreiat tote le frenquesse en terre, en
mar, e en bosc, e en lanes, quant poira anar e
tornar per un die. E despuis que an e die aura
continuat, saub que qui auqui aura terre, que
soubie cascun an los diers que deura au seinhor
de le terre. E dous tribailh et clams qui aqui se
feran, se hom sen clame au seinhor o asson vicari,
aquet qui aura feite le injurie que paguera vj ss.
E se augun estan en Baione sen volera ischir e
anar estar en aut log, que aie poder de bener so
qua, ne bener bou. E todz hom qui mei senescaut
es, quou deu tier guidat per tote ma terre e outre
tant cum pusque. E se per aventure auguns hom
fei tort au mei senescaut o a daugun mey......
homi dou tort prener dret et a beniar lo quou
seguiran tut ; et totz hom qui seguir nou bolera et
paguera sieys ss. E sil senescaut, prese le pecuni
et hom que no lage..... augun tort a luy ny aus
sons, vou anar en augun loc, nou segu. ... poble. Et ey establit que totz antz me don hom hun
marc d'argent...... per so que hom los deman-
dabe le baleye, et de cascune nau........ss. en
cascun torn. Asso autressi ey autreyat aus homi
. ...lors pesqueyries chetz de costumer si

ab homis estranh........ haben compainhie, et
si ab homis estrainhs haben compaignie que...
..... le costu........ avant part. Los ey mes
autreyat que lo senescaut qui aqui sera los fase
segrement de thie aquestes costumes. Testimonis
son desso : En Fortaner abesque de Bayonne, en
W. Arn. abesque Dacxs, en W. Maino, en Folques
de Mastas senescaut de Peytau, Narremon Robert
vescompte dArtas, en Focaut dArsiac, en G.ᵐ Ar.
de Tosse, en W.ᵐᵉᵗ dAndonhs et Narnar. ber ar-
cidiague dOrdezon, en Peys de Luc, en Bidau de
Luc son filh et Narremon Guilhem d Ardie. Apud
Baione.

XIII

Charte de Richard comte de Poitou [1]

Il exemple les citoyens de Bayonne de tout droit de coutume tant à Bayonne qu'en Poitou, Aquitaine et Gascogne.

Noverint universi, tam præsentes quam futuri, quod ego, Ricardus, filius regis Angliæ, comes Pictaviensis, consilio baronum, militum et domicellorum Pictav. et Vascon., concedi et dedi fidelissimis civibus Baionensis civitatis, pro bono servitio quod patri meo et mihi fecerunt, quitanciam et libertatem de omni consuetudine, tam in dicta civitate quam in tota terra mea Pictaviensi, Aquitaniæ et Vasconiæ; volo et firmiter præcipio quod prædicti cives libere habeant quitanciam et libertatem in perpetuum; hoc donum eis cum bona voluntate domini regis patris mei dedi et

---

[1] Compaigne, *Chronique de la ville de Bayonne*, p. 24.

confirmavi, his testibus aprobantibus : Petro
de Aspelata episcopo Baïoniæ, Fulco de Matas,
Remundo Roberto Tartas, Ernaldo Bertrando
Baionens, Garcia Bernardo de Navales, Guillelmo
de Ortha, Guillelmo Marsan, Lupo de Begur .
Joanne de Sancto Petro, Johanne de Aspeleto,
Alphonso de Urtubia, Chicone de Belsunço, Garcia de Armendarito, Antonio Remundo de Salt,
Michale de Parambura, Michale de Sancto Martino, Johanne de Garo. Datum apud Baioniam
1170 (*sic*)   ann. ab Incarnatione Domini M. LXX (*sic*)[1].

---

[1] Voir, à propos de la date, nos *Etudes historiques*. p. 189.

XIV

Charte des malfaiteurs [1]

*Ordonnance rendue sous Richard Ier, roi d'Angleterre,
pour la répression des crimes et délits dans la ville
et dans la vicomté de Bayonne.*

Asso que sec de jus part son les justicis et con-
dempnations deus maufeytors, feytes et autreya-
des aus de Baione per lo rey Richart, rey d'Angleterre, et ab sa voluntat.

A le justice thier, et au proffieyt de le terre de
Baione et dou vescomptat, et pou manement
dou rey Richart, rey d'Angleterre, et ab sa voluntat, et ab testimoniadge d'en G^m Bertran, en
atot temps estan abesque Dax, et d'en Bertran
de Lectane abesque de Baione, et d'en Jaufre de
Batele senescaut de Peytau et de Gasconher, et
de totz los proudz cauers de le terre, et de totz
los prohomis de Baione, et de tot lautre poble de

[1] Archives de Bayonne, *AA.-II*, p. 8.

Baione, et ab autrey deu cosselh de Baione, et
per trastot la vescomptat de Baione atau cum
le carte qui es present testimoni daquest establi-
ment qui en set temps fo feyt et affermat suber
lo segrementz dou cosselh de Baione et de tot lo
comunau : Totz hom qui sera prees en camin
pessian, si prauat nes, que sie penut ; totz hom
qui home aussira et bencut ne sera, que sie penut;
totz hom qui autre ferira ab barre o ab cotet o ab
autres armes esmoludes, ques daunera ccclxj
ss., soutes de gamert[1] de guerre ; pero si lo
ferit more, acet qui lui aura ferit que sie penut.
Et daqueste ley dauant diite, quen sera la meytat dou seinhor et vj ss. dabentage, et laremadent
de la meytat dou clamant.

Totz hom qui lheuera barre a dautruy, o peyre,
o cotet, o espade, o autre arme esmolude, et aluy
nou ferira, si prauat nes, ques daunera lxj ss.,
la meytat au seinhor et vj ss. dabantadge, et laremadent au clamant.

Totz hom qui autre ferira o ab palme . . . . . .
ques daunera xij ss., et ychementz de tote bate-
son, le meytat au seinhor et lautre meytat au
clamant.

Totz hom qui autre batera de cascun gameit

_____

[1] Gamurdri, murdrum, meurtre. *Ducange.*

appa.. hent, ques daunera vj ss. au seinhor, et
que lo clamant que jurera que no ses clamat per
mauvolence s........ pou gameit, et lautre ychementz que jurera ab sieys homis moilheratz, o ab
vj qui no sien moilheratz, que no ha feyt per sa
deshonor de luy ni de son linadge.

Totz hom qui autre plaguera en cap, de cascun
os quiu sera treyt se daunera vj ss., la meytat au
seinhor et lautre meytat au clamant, et de le
plague ccclxvj ss., si pot estar prauat.

Totz hom qui bando casquedun se daunera per
si ix centz lxvj ss., la meytat au seinhor et vj ss.
dauantadge, et lautre mitat au clamant. Totz hom
qui autre assailhira, de trastot assaut deura xviij
ss., la meytat au seinhor et lautre meytat au clamant.

Totz hom qui autre assailhira en le soe mayson
deura xviij ss., le meytat au seinhor et vj ss. dauantage, et lautre mitat au clamant, el dampnat-
dge queu restaueira doblat.

Totz hom moilherat qui sera preés ab moilher
maridade, correra nut per le viele, segont le costume de le viele; et ychementz le moilher si es
maridade.

Totz hom qui moilher forcera de son cors, si
prauat nes, ques daunera lxvj ss., la meytat au
seinhor et vj ss. dauantage, et lautre meytat au

clamant, o que le prenque per moilher si ere ac
bou. Pero si lomi es atau que ere no lo vulhe per
marit, hom que liurera son córs aus parentz de le
moilher a lor voluntat far.

Totz hom qui fentrera en autruy.......·... eu
prenera lx pomes o plus, ques daunera lxvj ss.,
la meytat au seinhor........ss. dauantadge, et
lautre meytat au clamant; et de lx pomes en bac
ques daunera x ss.

Totz hom qui a lautruy vinhe prenera suber
dus aresins, ques daunera lxvj ss., le meytat au
seinhor et vj ss. dauantadge, et lautre meytat au
clamant; et de dus arresins embac ques daunera
x ss.

Totz hom qui sentrera en lautruy hort, lo
dampnatge arestauera doblat a daquet de cuy lort
sera et tres ss. ; et au seinhor ychementz tres ss.

Totz hom estrainh qui prenera en berger o en
vinhe, aquet hom jurera que no sap le costume
de le viele, et ques daunera xij d' au seinhor, et
xij dies au clamant.

Cascune bestie qui sera prese en vinhe o en
berger o en hort, ques daunera xij........au
seinhor et xij d' au clamant; el damn ques res-
taurera doblat.

Totz hom qui prenera lomi en lautruy casau, o
testimoniera que au casau lo bi, si asso pot jurar, que aura xij dies.

Totz hom qui prenera de nuyts besti en berger claus o en vinhe o en ort, si lamic per abenture, nulh damnatge no na recebera dequi ....

Totz hom estrainh sis clame deu vesin, a des es tingut daresponer a luys; mas aus homis de marque o de le terre de larromadet, assi cum costume sera.

Establide cause es et debedade que neguns hom no guidi layron per lo vescomptat de Baione, ni nulh no ajudi autre homi qui autre homi aura precs o feyt dardemer o batut.

Assi es establit que tot segrement que esta sole deus sinc ab los dus et dous ix ab lo vj, que sie lachat si testimoni........, si no es de pleyt de terre.

Totz hom si pleyt ha ab autres, et si clamor y yhs, aqui aura termi per vij dies o per xv; et si occasion leyau ha per asso que au die assignat estar no y poyra, lo costreinhera, o lo son termi de la sue occasion o autre cause jurera....... . que leyau teys age agut et apres auri die de qui. Si per abenture deffalh, jurera si........ autre... ..... que leyau teys age; et darresca aura autre die quiu sera dat per medisch cause; pero si deffalh de quet jurera si tertz ab so que de prumer darrescaps a lautre die lere assignat. Et de qui en auant no puyran domandar autre termi, et sil

baile pluus teys meter vole que lautre no autre-
yen queht fosse feyt lesgoardement de le biele
dels sinc ab los dus.

Totz hom qui a la cort biera per aber op domanar de justici, et le reson soe disera, et sen de-
parthira et judgement arcebe no volera, pleyt
bencut sera, et si lo seinhor es clamant de son
borgues moilherat, fidance lo dera per ix dies;
pero si no la dade per ix dies, ab vj ss. ques daunera, le dera, et si lo seinhor es clamant de son
homi sout, ades lo dera fidance. O quoau. . . . .
si fidance no pot dar.

Totz hom qui blat carguera a portar a Baione,
nou beni ni nulhs hom nou crompi entrou a Baione, et aqui que eston per viij dies, et si neguns
hom asso fas, ques daunera sieys ss. au seinhor
et sieys ss. a le vesiau, et per medichs pretz que
comprat sera lo blat quou benera.

Si auguns hom son blat o son vin aue mes a
teberne, per medichs preetz que le prumer conque et le mesure prumeyre aura dat benera tot
lo demorant, et puys, que deura sieys ss. au seinhor et sieys a le vesiau; et neguns hom son vin
ni sa pomade no beni entrou que prumer le fasse
cridar; pero si afase, ques daunera vj ss. au
seinhor et vj ss. a le vesiau; et de tote fauce
mesure o fausse pese, ques daunera seys ss. au

seinhor et autabey deffore cum deffentz le ciutat
de Baione. Et de le fauce mesure, si es trobade
aus molins, lo seinhor dou molin ques daunera
au seinhor xxxvj ss. et au clamant xxx ss. Dautre
cause que pou baile dou seinhor qui fore le ciutat
de Bayonne sera establit, autant ne sie feyt cum
per lo seinhor de trastot layrois qui sera feyt, assi
cum de prumer sole estar.

XV.

Charte de Richard I.er roi d'Angleterre [1]

Sur le wreck ou épaves des navires naufragés.

(16 octobre 1190.)

Richardus, Dei gratia, rex Anglie, dux Normanie, Aquitanie, comes Andegavie, archiepiscopis, episcopis, abbatibus, comitibus, baronibus, justiciariis, vicariis et omnibus ballivis et fidelibus suis ad quos presens carta pervenerit, salutem. Sciatis nos quietum clamasse werecum fractarum navium per totam terram nostram citra mare et ultra pro amore Dei et pro salute anime nostre et anime patris nostri et antecessorum nostrorum in perpetuum hoc modo volentes et firmiter præcipientes quod si aliqua navis in tota terra nostra

[1] Archives de Bayonne, *AA.-I,* p. 65.

fracta fuerit, et aliquis quicumque sit ille inde evaserit, omnes res et possessiones suas libere et quiete habeat quæ ad terram venient et suas esse rationabiliter monstrare poterit ; si autem aliquis in nave fracta mortuus fuerit, libere concedimus quod heredes ipsius, videlicet filii et filie et fratres et sorores, de quacumque parte venerint, possessiones defuncti integre habeant, si se heredes esse legitimos rationabili testimonio patrie sue, aut alio modo rationabiliter monstrare poterit ; si autem defunctus filium et filiam, fratrem et sororem heredem non habuerit, tunc volumus quod possessiones defuncti sint nostre. Ut autem hec concessio nostra stabilis et rata in perpetuum permaneat, eam sigilli nostri munimine roboramus. His testibus Waltero Roth. archiepiscopo, fratre W. Arn. de Naples magistro Hospitalis in Anglia, fratre Vaufr. magistro Templi in Anglia. Datum per manum magistri Rogerii Malicatuli, vicecancelarii nostri, xvj die octobris 11° regni nostri, apud Meschiñ.

XVI.

Bulle du pape Célestin III [1].

(1194)

Celestinus episcopus, servus servorum Dei, venerabili fratri B. episcopo, et dilectis filiis canonicis Baionensibus canonice subst........ in perpetuum. Et ordo rationis expostulat et ecclesiasticæ utilitatis consideratio nos invitat fratres et coepiscopos nostros ampliori caritate diligere, et commissas eorum gubernationi ecclesias patrocinio apostolicæ sedis propentius communire, quo ex suscepti exequutione officii tanto valeant semper vigilantiores existere, quanto a pravorum incursibus securiores se viderint permanere. Ea propter vestris justis postulationibus clementer annuimus, et vestram ecclesiam Baionæ sub beati Petri protectione suscipimus, et præsentis scripti privilegio communimus, statuentes, ut, quascumque

---

[1] *Livre d'or,* p. 31 d.

possessiones quæcumque bona eadem ecclesia in præsentiarum rationabiliter possidet, aut in futurum concessione pontificum, largitione regum vel principum, oblatione fidelium seu aliis justis modis, precante Domino, poterit adipisci, firma vobis vestrisque successoribus et illibata permaneant. In quibus hæc propriis duximus exprimenda vocabulis : locum ipsum in quo præfata ecclesia sita est, cum omnibus tenimentis et pertinentiis suis, ecclesiam sancti Leonis, ecclesiam de Bearidz, ecclesiam de Bassessarri, ecclesiam de Narbona, ecclesiam sancti Johannis de Luis, ecclesiam de Maier, ecclesiam sancti Vincentii de Ustariz, ecclesiam de Orquuit, ecclesiam de Pagazu, ecclesiam de Orsais, ecclesiam de Bonoloco, hospitale et oratorium extra muros civitatis Baionæ, hospitale et oratorium de Apate, hospitale et oratorium de Irizuri, cum omnibus tenimentis et pertinentiis tam ecclesiarum, quam hospitalarium prædictorum; vallem quæ dicitur Laburdi, vallem quæ dicitur Arberoa, vallem quæ dicitur Orsais, vallem quæ dicitur Cizia, vallem quæ dicitur Baigur, vallem quæ dicitur Bastan, vallem quæ dicitur Lerin, vallem quæ dicitur Lesseca, vallem quæ dicitur Otarzu usque ad Sanctum Sebastianum. Quidquid etiam donatione principum infra civitatem et extra in censibus domorum, horto-

rum et furni, in pedagiis, et his quæ perveniunt
ex macello in vineis et viridariis, in molendinis et
decimis quæ vobis de novalibus debentur epi-
scopatus in piscaturis, tam in salsis quam in dul-
cibus aquis, et in terris tam cultis quam incultis,
ecclesia vestra rationabiliter est adepta, et illud
impresentiarum pacifice possidet, præsenti vobis
pagina nihilominus confirmamus. Ad hæc autem
prohibemus ne alicui liceat infra vestram dioce-
sim ecclesiam vel oratorium sine tuo, frater episcope, licentia vel assensu de novo construere,
salvis privilegiis pontificum Romanorum. Cimite-
ria quoque ecclesiarum et ecclesiastica beneficia
nullus hereditario jure possideat. Quod si facere
contenderit, censura canonica compescatur. Prohibemus insuper ne contra sententiam tuam, frater
episcope, canonice promulgatam, aliquis nempe
presumat, nec interdictos vel excomunicatos tuos
ad officium vel communionem ecclesiasticam sine
consciencia vel assensu tuo quisquis admittat, nisi
forte periculum immineat, vel dictam præsentiam
tuam habere nequerit, per alium secundum for-
mam ecclesiæ satisfactione permissa oporteat
ligarum absolvi, illo tamen excepto si talis fuerit
excessus propter quem excomunicatum oporteat
ad sedem apostolicam laborare. Præterea, com-
positionem quæ inter vos super redd<code>itibus et

proventibus Baionæ ecclesiæ, beatæ memoriæ (?)
G. Auxitano archiepiscopo, tunc apostolicæ sedis
legato, et venerabili fratre nostro W. B. Aquensi
episcopo et dilecto filio B. Sorduensi abbate me-
diantibus, intercessit, sicut sine pravitate facta
est et utraque parte recepta et hactenus obser-
vata, auctoritate apostolica confirmamus (?). Et ne
de ipsius compositionis forma possit in posterum
dubitari, ipsam de verbo ad verbum huic nostro
privilegio duximus inserendam, cujus continentia
talis est : G., Dei gratia Auxitanus archiepiscopus,
Sedis apostolicæ (legatus), et W. B., divina digna-
tione Aquensis episcopus, B. quoque Sorduensis
abbas, posteris in perpetuum. Ea quæ in præsentia nostra fiunt rata volentes omnimodis existere,
stabilique firmitate perpetuo permanere, com-
positionem quam inter episcopum Baionæ et
canonicos Baionenses pro posse nostro comode
statuimus pro redditibus quibuslibet Baionæ
ecclesiæ proventibus inter se canonice dividendis,
posterorum memoriæ præsentis paginæ continentia dignum duximus arctius infigendum, neve
malignantium quorumlibet incursione temere
possit aliquotenus permutari, sigillorum nostrorum auctoritate volumus esse corroboratam. Quo-
circa noverit universitas vestra quod nos tam
utilitati quam honestati memoratæ ecclesiæ quan-

tum nobis adeo permissum est intendentes, prius
ex utraque parte de præsenti constitutione ser-
vanda, sacris coram positis evangeliis accepto
juramento, statuimus : ut redditurum quorumlibet
seu possessionum quas usque nunc ipsa ecclesia
possessisse dinoscitur, episcopus tertiam partem,
canonici duas partes de cetero possideant, præter
vineas, hortos et virgulta quæ ipsa eccles a propria possidet ; et præter hæc, quatuor, Narbonam
cum decimis suæ parrochiæ, Ossais cum decimis
suæ parrochiæ, ecclesiam Sancti Johannis de Luis
cum propriis terris et decimis suæ parrochiæ, et
Sincos, quorum omnium medietas in usus episcopi
reliqua vero medietas in usus cedat canonicorum;
et præter capellaniam ipsius Baionæ ecclesiæ de
qua sic statuimus, ut episcopus eam teneatur uni
assignare cui voluerit de canonicis, ea vero quæ
de ipsa capellania provenerint in hunc modum
dividantur : capellanus quartam partem, episcopus trium partium medietatem, canonici reliqnam
medietatem percipiant. Si quis autem in ecclesiam
de cetero canonicatus fuerit eidemque aliquid
obtulerit, de immobilibus medietatem episcopus,
reliquam vero canonici percipiant medietatem;
de mobilibus autem episcopus tertiam partem,
duas vero partes canonici in hunc modum percipiant, quod altera ipsarum partium in usum

mensæ, altera vero in usum vestimenti ipsorum
cedat canonicorum. De canonicis autem perci-
piendis antiqua et canonica servetur ecclesiæ
consuetudo ; de quibuslibet vero aliunde adqui-
rendis, episcopus medietatem, canonici reliquam
percipiant medietatem, episcopus duplicem pre-
bendam accipiat duntaxat in refectorio. Si autem
super his quæ in sortem canonicorum cedere
dinoscuntur aliquis indebitam ipsis canonicis pre-
sumpserit inferre molestiam, episcopus eum ecclesiastica cohercere districtione festinet. Si vero
vel in aliquorum seu mobilium seu immobilium
acquisitione, vel in acquisitorum libera et quieta
retentione, vel etiam in vinearum, aut ortorum,
aut terrarum necessaria laboratione, forte, sicuti
moris est apud arantes (?), sive magnis sive mini-
mis opus fuerit expensis, pars utraque secundum
suæ receptionis sortem expensarum quoque debi-
tam exhibeat portionem. Verumtamen si pars
utralibet in his exequendis aut voluerit aut nequerit expensas impendere, reliqua pars ad id ipsum
debitas expensas exhibeat easque de sorte partis
alterius in fructuum perceptione sine contradiccione rehabeat. Facta est autem hæc compositio
sive divisio in Aquensi civitate, anno ab Incarnatione Domini M° C° LXXXVI°, Urbano papa III°
presidente, anno vero pontificatus ipsius secundo,

Frederico imperatore imperante, Philippo rege
Francorum regnante, mense octobr. Hæc omnia
gesta sunt sub præsentia testium : Garciæ Donati
archidiaconi et Giraldi de Archamundo archidiaconi Auxitani, Cizii canonici Auxitani, Raymundi
de Benac archidiaconi Lascurrensis, Augerii archidiaconi Aquensis, Lombardi, Garsiæ Arnaldi
de Tastet, Arnaldi Seguini et aliorum canonicorum et clericorum Aquensium, necnon et quam-
plurium aliorum tam clericorum quam laicorum.
Ad hujus rei firmitatem juraverunt tam ex parte
episcopi quam canonicorum : Garsias, A. de Luc,
Will^mus A. de Luc, R^us W. de Ardei, W^us de Castedgelos, P. de Mas, F. de Lebrugueire, P. Sarrazin, A. R. de Luc, Tomas del Maine, G. de
Labarca, A. de Garitan, J. Navar, P. de Lebru-
gueira, Pons dels Pois, Messeriat de Saut, Aner
de Saut, P. de Ussi, G. B. de Garro, B. de Juncas,
W. de Juncas de Ustaridz, ut omnia prescripta
faciant pro viribus inviolabiliter observari. De
prædictis omnibus firmiter observandis dedit B.
episcopus sponsores dominum G. Auxitanum ar-
chiepiscopum, W. B. Aquensem episcopum, B.
abbatem Sorduensem et abbatem Canotensem,
eosdemque sponsores dederunt canonici episcopo.

Decernimus ergo ut nulli omnino hominum liceat præfatam ecclesiam temere perturbare aut

ejus possessiones auferre, vel ablatas retinere, minuere aut aliquibus vexationibus fatigare, sed omnia integre conserventur eorum pro quorum gubernatione ac sustentatione concessa sunt, usibus omnimodis profutura , salva Sedis Apostolicæ auctoritate et Auxitani archiepiscopi debita reverentia. Si qua igitur in futurum ecclesiastica secularis persona , hanc nostræ constitutionis paginam sciens, contra eam temere venire temptaverit, secundo tertiove commonita, nisi reatum suum congrua satisfaccione correxerit, potestatis honorisque sui dignitate careat, reamque se divino judicio existere de perpetrata iniquitate cognoscat, et a sacratissimo corpore ac sanguine Dei et Domini redemptoris nostri Jesu-Christi aliena fiat atque in extremo examine districtæ ultioni subjaceat. Cunctis autem eidem loco sua jura servantibus sit pax Domini nostri Jesu Christi, quatenus et hic fructum bonæ actionis percipiant et apud districtum judicem præmia æternæ pacis inveniant. Amen. Datum Laterani, per manum Cencii Sanctæ Luciæ in Orthea diachoni cardin., domini papæ camerarii, non. novembris, idict. XIII, Incarnationis divinæ M° C° XC° IIII·; pontificatus vero domini Celestini papæ III anno quarto.

(*Place du sceau.*)   (Bene valete.)

Ego Celestinus Catholicæ Ecclesiæ episcopus.
— Ego Albinus, Albanensis episcopus. — Ego
Octavianus, Hostien. et Velletrensis episc. — Ego
Johannes, Penestinus episcop. — Ego Pander
Basilus XII apostolorum, præsbyter cardinal. —
Ego Petrus, tituli Sanctæ Ceciliæ pbr. card —
Ego Johannes, tituli Sancti Clementis cardin.
Viterbiens. et Tuscanus episcop. — Ego Gido,
pbr. card. Sanctæ Mariæ Transtiberim, tituli Ca-
lirti. — Ego Ugo, pbr. card. Sancti Martini, tit'.
equitii. — Ego Johannes, tit'. Sancti Stefani in
Celio monte, pbr. card — Ego Cirich, tit'. Sancti
Larencii in Lucina, pbr. card. — Ego Sofredus,
tit'. Sanctæ Praxedis, pbr. card — Ego Bernar-
dus Sancti Petri ad vincula, pbr. card. tit' Eu-
doxiæ — Ego Fidantius, tit'. Sancti Marcelli, pbr.
card. — Ego Johannes, tit'. Sanctæ Priscæ, pbr.
card. — Ego Gregorius Sanctæ Mariæ in Porticu,
diac card — Ego Gregorius Sanctæ Mariæ in
Aquiro, diac. card. — Ego Gregorius Sancti Geor-
gii ad velum aureum, diac. card. — Ego Lotarius
Sanctorum Sergii et Bacchi, diac. card. — Ego
Nicholaus Sanctæ Mariæ in Cosmidin, diac. card.
— Ego Gregorius Sancti Angeli, diac. card. — Ego
Bobo Sancti Theodori, diac. card. — Ego Petrus
Sanctæ Mariæ in via lata, diac. card.

XVII

Charte des maire et jurats de Bayonne [1]

(Janvier 1282)

Les maire et jurats confirment à la corporation des faures les franchises et priviléges qui leur avaient été concédés en 1204 par le corps de ville.

Coneguda causa sie a totz qui son et qui seran que cum hiu temps ancian fos estat autreyat aus prohomis deu mestir de le fargue une carta due franquesse que agossen en aquesta forme seguent apres : In nomine Domini, amen. En lan de le Incarnation de Jesu Christ de mille et cc iiij, en quet temps en P. Sarresin ere prebost, et eren dous xij Arnaut Arremon de Luc, en Amat de Menta, en Berd^x. de Perer, en Johan Beliz, en Loys de Luc,

---

[1] Archives de Bayonne, carton FF —   : *Procès de la ville contre Amaniu Bdtard d'Albret.*

en Duran Darribeyre, en Paschuau, en Esteben
Dardir, en Peys den Labasset, et en Limosin de
Castetgelos, et en Peys de Beios, et en Cesin den
Aliat, ab lautrey deu abandit preuost et ab lo lor,
en conseilh a le claustre cridat deu publication
acere carreyre aus faurs aqui or ar estan de le
porte de labesque entro la de la posterla per so
car (?) de lors hostaus que id aben per la ville los
trauen forssadementz, et den los atau poder,
eus ag autreyan, que se mayson ne place ne
obredeir se vene ne se empeinhaue en acere carreyre, et y aue faur que la bolos artier, que la
deu auer dauant tote autre persone perlant cum
lautre persone y vofe dar ; et que negun faur
deus los dex ampres mentagutz de Bayonne, assi
cum es de S¹ Esteben en sa, et dairuber et de la
lane, et de Donzac, et de Baleisson, no obras
fodz en cere carreire dauandite.

Et los prohomis de la Fargue sien bincutz per
dauat nous lo maire eus juratz, ab lo translat de
la d. carta eus nan feyt creder que la d. carte han
pergud, eus arrequerin et pregan que nos lor
restituissem et sagerassem. Nos lo maire, juratz,
a les lors pregaries lor auem feyt sagerar ab lo saget de nostre comunie, en testimoniadge de maior
fermetat. Actum Laionæ, vij° Idus januarii, anno
Domini millesimo cc° lxxxij°.

XVIII

Acte de société des navigateurs de Bayonne [1]

(Sous le règne de Jean-sans-terre, roi d'Angleterre.)

Constitutio societatis navium Bajonensium.

In nomine patris, et filii, et spiritus sancti, amen. Regnante illustrissimo J., rege Anglie felicis memorie, anno quo Assius de Nauallis fuit electus in episcopum Baionensis ecclesie, in festo beati Andree apostoli, rectores et naute nauium Baionensium constituerunt inter se societatem, que dicitur *societas nauium Baionensium*, de assensu et voluntate totius populi Baionensium, ad honorem Dei et beate Marie, et omnium sanctorum,

---

[1] Pardessus, *Collection de lois maritimes,* tome IV, p. 283. Le texte est accompagné de notes du plus haut intérêt ; pour notre part, nous nous sommes bornés à n'annoter que les mots auxquels nous attachons un sens différent de celui que leur a donné le savant commentateur.

saluo iure et fidelitate domini sui, regis Anglie, et
suorum heredum, et, cum fuerit, ad eorum inimi-
cos infestandos. Hanc quidem societatem conces-
serunt et assecuauerunt tenere et obseruare
inuiolabiliter pro bono pacis et utilitate nauigii,
sicut inferius est subscripta. Quam quicunque
seruare noluerit, non debet iuuari ab aliis, cum
indiguerit in necessitatibus nauis sue ; immo, quicunque prestaret ei uel naui sue auxilium
punietur in x libris morlanensibus erga societatem.

Hec est igitur constitucio societatis nauium ,
quod nullus rector uel nautarium presumat affretare nauem suam, nisi primo boglata fuerit. Si
uero due uel tres uel plures boglate fuerint, pos-
sunt affretare. Bollon desinat[1] pro duobus solidis

---

[1] M. Lappenberg, érudit allemand, qui, le premier, a com-
menté l'acte de société des navigateurs bayonnais, traduit ces
mots assez bizarres *bollon desinat*. par ceux-ci : *Le bulletin
sera délivré*. Il croit que dans le tarif dont ces mots sont ac-
compagnés, il faut voir soit un droit de visite du navire , soit
un droit fiscal de sortie de marchandises. M. Pardessus adopte
la dernière interprétation. L'avouerons-nous, tout cela ne nous
satisfait point : un droit de visite eût été calculé sur le tonnage
du navire, et non pas sur la valeur du chargement ; et quant à
un droit fiscal de sortie, c'était là un véritable impôt de douane
que la puissance publique pouvait seule déterminer, et qui, par
conséquent, ne semblerait pas devoir figurer comme clause
essentielle d'un pacte de société entre particuliers. Et comme,
d'après M. Pardessus lui-même, il doit exister quelque lacune

turonensibus, si fuerit hominis aduene. Trosellum de lana iiij^{or} quintallorum pro tribus solidis; trosellum de curanio [1] pro iiij^{or} solidis. Saram de cora [2] pro tribus solidis. Tratam [3] de coriis philosis pro xviij denariis. Tratam de coriis tanatis pro duobus solidis. Milliarium de cullo hominis aduene pro v solidis, et erit proprium portitoris [4]. Cauallum, mulum, runcinum, mulam pro xx so-

dans le texte, nous inclinerions plutôt à penser qu'il s'agit d'un tarif de fret pour un lieu qui était probablement désigné dans la phrase ou le membre de phrase supprimé. On remarquera un peu plus loin un tarif de fret *de retour* de la Rochelle à Bayonne; il nous paraîtrait assez logique que l'acte d'association débutât par un tarif *d'aller* de Bayonne au point vers lequel étaient ordinairement dirigées les marchandises d'exportation. Nous proposerions donc de substituer à ces mots inintelligibles : *bollon desinat.* ceux de *ballam vel sunag*, qui signifient *balle ou ballot.* (Vide Ducange.) — Le mot *sunag* se retrouve du reste dans tous nos tarifs.

[1] Cuir (?).

[2] Mots inintelligibles; il y a lieu de croire que le texte porait *saccam de borra,* sac de bourre, ou *cargam de cera,* charge de cire.

[3] *Tracam.*

[4] *Portitor ,* c'est, d'après M. Pardessus, un percepteur de douane, et le droit qu'il exerce constitue un droit de rétention. Quant à nous, nous traduisons ce mot par *porteur :* la règle de l'acte d'association, c'était la mise en commun des frets ; par exception, le fret de certaines marchandises appartenait en propre au porteur.

lidis ', et erit proprium portitoris. Trosellum de cordubanis ² xviij, duo denar. pro iiii^{or} solidis. Trosellum de stamine ³ iiii quintallorum, solidum. Trosellum de lino iiii quintallorum pro tribus solidis. Malindum de cuxo pro vj denariis, et sit proprium portitoris [pro vj denariis et sit proprium portitoris]. Quintallum de vuccuris pro vj denariis Quintallum de cepo ⁴ pro vj denariis. Quintallum de feno pro vj denariis. Trosellum de canapi pro iii solidis. Trosellum de cordatis iiij peciarum et dimidie pro iij solidis. Quintallum de olemandis et de ficubus pro ix denariis. Milliare de lieno ⁵ pro iij solidis. Carcam de carnibus bouinis pro iij solidis.

Cum autem naues fuerint parate ad siglandum apud Puttam ⁶, siglent et nauigent quotquot fue-

---

¹ Ceci vient à l'appui de notre système : s'il s'agissait d'un droit fiscal fondé sur la valeur de la marchandise, un cheval, un mulet, un roussin, une mule, ne paieraient pas le même droit de 20 sols. D'un autre côté, ce droit est tellement élevé, eu égard à ce que payaient les autres marchandi es, qu'il ne s'explique, selon nous, que par l'obligation où était le porteur de nourrir, pendant la traversée, les anim ux vivants,

² Cuirs de Cordoue.

³ Etamine.

⁴ Suif.

⁵ Bois, bûches.

⁶ La Pointe, embouchure de l'Adour.

rint parate: Si tunc aliqua remaneret, relique que siglauerint non faciaut partem illi. Si autem pro malo ingenio vel ex industria remaneret, debet egressis partem facere et egresse nunquam ei, nisi egressus eius impederetur inpetu aut taliter aut veteri defectu, ne posset cum aliis nauigare. Quod si sic remanserit, debet esse socia cum egressis de naulo aut freto quod sumpscrint. Res quoque et mercandise que affretabuntur in nauibus que debent nauigari in Rupellam vel Burdegalam vel Roianum vel Oleronem aut inter duas terras, esse [debent] de societate.

Item [quando] nauis, que ad nauigandum in Flandriam affretabitur, facere debet de rebus affretari in Rupellam partem, relinquimus sibi: relique nullam faciant sibi porcionem.

Item nauis, que affretabitur de Rupella in Flandriam, de freto quod exinde habuerit, nulli faciat porcionem.

Sciendum est preterea, quod trosellus, qui Baionam apportatus fuerit de Rupella, soluet pro freto vel naulo vj den. morl. Milliare de cupro iiii·r sol. Milliare de allecibus xij den. morl. Milliare de stagno iiij sol. Milliare de plumbo duos solidos et vj den. Quintallum de borra viij morl. Honus uel carca anguillarum ij sol. Filum de canapi vj den. Miliare de congruis viij sol. Mili·r· de marlicio iij den.

Item naues que inuenerint se in Flamperra, si de eadem aigada vel mareia siglauerint, in veniendo Baionum uel Empelle, debent esse socie freti sui. Si tamen aliqua illarum haberet penes se res uel mercaturas, quas posset ostendere affretasse in pannis in finibus, antequam alie naues ibi applicuerint, debent integre esse sue; sed de residuis faciet aliis porcionem. Porro naues Baionenses, ubicunque fuerint, debent se iuvare et auxiliari ad inuicem in suis negociis et necessitatibus pro cuiusque commodo, et honore et exaltatione domini sui, regis Anglie, et suorum, uiriliter et potenter.

Item nauis qui in Yspaniam nauigabit, possidebit integre quod portabit. Si autem in aliquo portu Yspannie alique naues congregate fuerint, debent esse socie, quotquot insimul fuerint, de Faro usque ad St. Sebastianum, ad nauigandum in Enpellam uel Burdegalam uel Baionam. Si tum ea que primo applicuerit aliquid acceperit, suum erit, si de eadem aigada siglauerit uel mareia.

Item si aliqua nauium de paratis siglare apud Punctam, siglauerit et postea redierit ex inprosperitate temporis vel aure, si remanentes aliquid freti interim receperint, debet inde particeps esse.

Item si aliqua nauium, que ad nauigandum in

Flandriam uel affretauerit, aliquid pactum de reditu super se proinde retinuerit, punietur in x libris morl. si poterit inde probari.

Denique omn'a ista sposponderunt obseruare et tenere ad honorem, firmitatem et conseruationem fidelem domini sui, regis Anglie, et suorum. Quod quicunque non fecerit, in x libris morl. punietur.

Naues autem que venient ante portum Puncte cum turpi tempore, debent ingredi portum quam citius poterunt. Quarum ea que primo intrauerit, exspectet aliam quam cito fuerit intra portum. Si de mane intrauerit, exspectet usque ad noctem, si necesse fuerit. Si de vespere, exspectet per spacium unius marerie vel aigade, ante cabanas de Puncta.

Et quelibet nauis faciet naui socie compotum, infra triduum ex quo fuerit exhonerata, de omnimoda societate.

Si forte aliqua navium fuerit necligens vel deficiens in hiis pactis, ab inde probata fuerit, statim in c solidis punietur.

Et si proinde placitauerit et deuicta fuerit, in x libras, siue omnia condampnetur.

Sane si aliquis rectorum nauium vel nautarum dedignauerit instituere computatorem vel talliatorem in freto recipiendo, ab aliis debet poni.

Insuper caveat sibi ne super conuiciu's vel co-
rum mercimoniis ponatur aliquid fori ab aliquo,
nisi quod commode ab eis haberi poterit.

Debent quoque se coadunare ubique, tam in
mari quam in terra, pro suo commodo et honore
domini sui, regis Anglie, subleuando bona fide et
pro bona intentione.

Nec pretermittendum est, quod si aliqua nauis
veniret ante portum Puncte, que.auxilio indigeret,
rectores et naute nauium debent illico squipare
unum balallum, vel duos, vel quotquot erunt ne-
cessarii, et debent festinare in adiutorium dicte
nauis pro eadem et rebus in ea contentis saluan-
dis. Sed sumptus perinde factos debent soluere
merces nauis. Que si tenues fuerint, nauis juvet
eas in sumptibus secundu.a arbitrium custodien-
dis.

Quicunque autem rectorum vel nautarum, ex
quo ei iussum.fuerit a custode, renuebit, rector
in vj, marinarius in iij solidos condempnetur, si
tunc rectum et iustum exonium pretendere non
valeret; et quicunque hanc penam soluere noluerit vel pignora defenderit, pro duplo debet
pignorari.

Ceterum si quis huius societatis socius fuerit
alicubi inpeditus, alii ei auxilientur et valeant,
prout commodius poterunt, sine suo magno dis-
pendio et grauamine.

Statutum est etiam, ne quis rector nauium ducat secum marinarium, nisi sit de hac societate Si tamen aduenam uoluerit habere, poterit, dummodo habeat eum in iuramibus ut alios, uniuersa quorum rectores nauium. Quicunque poterit, habeat immunicionem ferream, et quilibet marinarius, quicunque fuerit custos vel dominus duodecime partis nauis, habeat municionem ferream. Et alii quicunque poterunt bono modo, vel ad minus perpunctum et capellum de ferro, ut possint defendere ab inimicis et effugare hostes domini sui, regis Anglie, si tempus guerre ingruerit. Taliter debet et quilibet rectorum nauem suam affretare, ne naute sui suam admitant caritatem [1]; quod si facient, restitui debet eis.

Item, rectores debent cauere summo opere, ne in locatione nauium suarum ponat aliquid molum forum dolosum vel cauillosum, unde sibi vel sociis suis possit infamia generari, quia quicunque hoc faceret, in x libris turonens. punietur.

Et quociescunque preco uille erit eis necessarius pro negotio societatis et nauigi[1], debet eis dari a Maiore. Et quicunque de dicta societate

---

[1] *Caritas* n'a jamais voulu dire *bonne g. âce* en basse latinité. On donnait le nom de *caritas* aux agapes des premiers chrétiens; l'idée générale que réveillait ce mot était celle d'un repas; c'est pourquoi nous avons cru devoir le traduire par *pourboire*.

eum audierit, debet statim accedere ad locum quem preco nominabit : si non, rector in xij, vel nauta in vj denariis punietur.

Si quis uero de conciuibus Baionensibus et domini sui, regis Anglie, fidelibus, hanc societatem nondum assecurauerit quum Ba'onum venerit, vel alicubi, quo duo vel tres de custodibus societat's fuerint congregati,. ostendatur ei societas et modus ac materia ; qui si uoluerit esse de consortio aliorum, stat par aliis et de consortio sit unus. Sin autem, redigatur in scriptis et nuncietur aliis ipsius proteruitas et despectus. Cui nullus sociorum prebeat auxilium vel consilium in necessitatibus nauis sue, quousque societatem, sicut alii, assecurauerit obseruare. Quod quicunque fecerit, ex quo notuerit, in x libris morl. punietur. Item quilibet rector qui affretabit nauem suam, debet eam affretare saluis societatis conventionibus siue pactis, et quod possit auxiliari sociis, sicut exprius est expressum.

Statuerunt etiam inter se, quod si quis rector indiguerit festinanter carpentario ad opus nau's sue, eum accipiat de quacunque fabrica aliarum nauium de societate uoluerit, dummodo eius amarem retineat et suum salar'um reddat ei. Cui si quis de societate contradixerit, vel carpentarium ire cum eo non permiserit, mararam soluet custodibus.

Si quis rector de societate esset in aliquo portu, quod non posset nauem ad suum libitum affretare, quod affretaret eam prout posset melius de consilio rectorum aliorum presentium.

Caueant quoque tam rectores quam marinarii, neue pasciscantur aut promittant nec vestem, marcham, nec calciamentum, nec unus aliquis cuiquam magistro uel operario pro fabrica nauis sue, nisi tantum modo diurnum salarium, quod dari eis consueuit; quia quicunque hoc faceret in marchia puniretur.

Quia uero proceres ciuitatis Baionensis viderunt et recognouerent quod istud est ad profectum et bonum totius ville Baionensis et utilitatem officii nauigandi et honorem et exaltationem domini sui, regis Anglie, duxerunt presens sigillo suo commune roborandum.

XIX

Charte de Jean Ier roi d'Angle-terre [1]

(6 Septembre 1199)

Le roi donne à Vital de Biele 50 livres angevines à prendre chaque année sur deux baleines du port de Biarritz.

Johannes, Dei gratia, rex Anglie, dux Hibernie, dux Normanie et Aquitanie, comes Andegavensis, archiepiscopis, episcopis, comitibus, baronibus, justiciariis, senescallis, prepositis et omnibus ministris et baillivis suis, salutem. Sciatis nos de-disse, et presenti carta nostra confirmasse, Vitali de Villa et heredibus suis L libras redditus ande-gavénses, in duabus balenis in portu de Beiaris, in excambium redditus quem rex Ricardus, frater noster, ei dedit in siccatione piscium in insula

[1] M. et J. Delpit, *Notice d'un manuscrit de Wolfenbuttel*. p. 125.

de Generei : ita quod si predicte due balenie valeant per annum plus quam L libras andegavenses,
ipse Vitalis desuper plusagio nobis et heredibus
nostris, et heredes sui fideliter respondebunt
post eum ; et si predicte balenie non valeant in
uno anno L libras andegavenses, ipse Vitalis et
heredessui recuperent in anno sequenti defectum,
insuper plusagio pretii sui ultra L libras. Quare
volumus et firmiter precipimus quod predictus
Vitalis et heredes sui post eum habeant et teneant prefatum redditum de nobis et heredibus
nostris bene, libere et quiete, integre et honori-
fice, sine omni vexatione. Hiis testibus : Rogerio
de Ffateio, Pagano de Rupe-fort, W. de Stagno.
Datum per manum H. tunc archiepiscopi, cancel-
larii nostri apud (Aurivalem), sexto die septem-
bris, regni nostri anno primo. *(Ms. de Wolfenbuttel,*
n. 364.)

XX

Charte de commune[1]

octroyée aux Bayonnais par le roi Jean-sans-terre.

(19 Avril 1215)

Aquet es lo privilegi de le comunie que en Johan d'Angleterre de aus ciptadans de Baione.

Johan per le gracie de Diu, rey d'Angleterre, seinhor d'Irlande, duc de Normandie e de Guiayne e coms d'Anjau, als arcibesques, als abesques, als abats, als comptes, als barons, ales justizies, als vescomptes, als probostz, aus foresters e atodz sons bailes e sons fideus saludz : Sapiadz que nos auem autreiat et ab aqueste nostre carthe confermat al maire e al cosseilh e als nostres prodomes en la ciptat de Bayone, e a lors hers, que aien en medisse le ciptat communie de medisse maneire

---

[1] Arch. de Bayonne, A.A.-I., p. 55.

que an los nostres borges de la Rochele en la nostre biele de la Rochelle, saubas anos en totes causes nostra prebostat, e nostres costumes, e nostres franqueses que en medisse la nostra ciptat de Baione deuem auer assi cum auem en le nostre biele de la Rochele, per que volem e manam fermemens quels dauant diitz lo maire, el cosseilh, els prodomis nostres estans en nostre ciptat de Baione, e lors hers aien per todz los temps del mon le dauant diite comunie, assi cum es diit. Testimonis son en W. Com. Bareun, W. Brigveir, Savarig de Mauleon, en Vairi. filh de don Geralt, W. de Harecuit, Johan de Baissinge beirn (?), en Johan filh den Hugos, Fulc. de Briant (?). Dade fo per le man de maiester Richart de Marisc, nost chanceler au temple nau Londoniari (*sic*), hin XIX die dabriu, hin XVIe an de nost regnement.

Si mestir es de far maire en Baione los C qui son establidz pars eslieran III prodomes de la biele los quaus presenteran a nostre seinhor lo rey qui de quau a luys plague fasse maire.

Dels cent dauant diits pars seran esliits XXIIII, per consentiment dels C pars, qui a cascun an seran mudats, dous quaus los XII seran aperadz esqueuins eus autz XII cosseilhedors. Aquetz XXIIII iureran en lo comensament de lor an que garderan les dreituries de sante glizie, e le fideutat de

nostre seinhor lo Rey, e iustizie, e que dret judgeran segon lor consciencie, e que celerant lo que lo
maire los manera celar, e qui ag descobrira au
paulrs sera despauzat de son offici e armaira en
le merce de le comunie [1].

Lo maire e los esqueuins samasseran dues vedz
cascune sedmane per le coite de le biele, e si dop-
teran aucue cauze, apereran dels xii cosselhedors
quals se voleran, e sob so auran lor cosseilh ; els
xii cosselhedors ab lo maire e ab los esqueuins
seran ensemps cascun dissapte, e tut los C pars
autressi cascue quinzeie au dissapte sien ensemps ab lor.

Quauque de todz los dauant diitz no sera seis
amouestement ab los autres pars aus dies quius
son establitz, cum diit es dauant, auan que le
prime sic cantade, si es esqueuin paguara v ss.
a les coites de le biele ; el coselhedor qui noi sera
iii ss.; et dous autres pars ii ss., si combien excu-
sacion no affeit coneisser lo dauant die au maire ;
e quals qui dels dauant diitz sen ira sens licence
dou maire de la semblement dels autres, autretant
paguera quant establit es de pagar, si adore de

---

[1] Quod et si quidem Major forte celari præceperit, celabunt ;
hoc quicumque dixerit, a suo officio deponetur, et in commu-
niæ misericordia remanebit. (*Charte communale de Rouen,* —
ORD. DES ROIS DE FRANCE, tome I, p. 306 à 308.

prime no fos bincud. E se lo maire aucuc vedz ab obs aucuns dous dauant diitz, si labetz aucun de lor no bin a son mant e a son semoiment, paguera lamende qui les establide, si no mostre ubert teis [1].

Si aucun dels xii esqueuins volera anar en Angleterre o in autre terre loinhau, o in peregrinadge, prenera lezer del maire e dels autres esqueuins quent seran aiustadz au dissapte, e id ades aqui comunaumens eslieran aucun que establisquen en log de luy trou que tornie.

Sil maire els esqueuins sedent en esqueuinadge, quent lo maire parlera si aucun lenterompera sas palauras, o desputera aucun homi queu maire volera que sie escoutat, lo maire lo manera carar ; e si despuis destorbera le memorie daquet qui parlar deu, ades paguera xii dies, si es dels iuradz de le comunie ; e seran ne los viii dies au profiit de la biele, eus iiii dies auran ne los clerxs els serbens dou maire.

Si alcuns dels esqueuins e dels cosseilhedors o deus autres pars en lors dies establitz, posque per dret far sera assetiat ab los autz lachera son seti per cosseilhar sens lezer dou maire, paguera xii dies, los viii au profiit de le biele, eus quate aus clerxs e aus sirbens.

---

[1] Nisi apertam ostenderit excusationem. (*Charte de Rouen.*)

Si lo maire eus esqueuins sedent en esqueuinadge; e alore augun ditz mau a dautre en au-
diense sera en merce dou maire e dous esqueuins
segon le granesse dou mau diit, e segon que es
acostumat de mau dizer.

Si lo maire trespassera lestabliment de la comunie, al doble sera de merce que seri i dous
esqueuins, car de luis diu esser pres ischemple
de dreiture e de rigautat de gardar los establi-
mentz.

Si habiere que aucuns hom tuscera [1] augue
cause dou son sober layron o sober faussari en
Baione pres o prauat, e pueque monstrar per leyau
testimoni de vesins que sie son so que cride, are-
dut lo sera; eu layron eu faussari sera iudiat per
le comunie, e sera pauzat en lo pidloric, que totz
lo veien eu coneguen, e si deu auer seinhau, que
laura. E se a forfeit membre o autre cause plus,
lo coupau e son captau seran liuradz a le iustizie
del Rey a far de luy iustizie.

Si jurad de le comunie aucidera son iurat, en
sera faidiu o prauat, sera sa maison darrocade e

---

[1] Si contigerit aliquem *interciare* * aliquid de suo super aliquem latronem..... (*Charte de Rouen*.)

* *Interficiare* est sequestrare, in manum tertiam ponere. — *Vide*
Ducange.

medis lo coupau sera liurat ab sons captaus a les
iustizies del Rey, si pot estar tincut.

Si jurad afreblezira son iurat daucun membre,
lo pleit e lamende daquero sera de nostre seinhor
lo Rey, e ed medis armaira en merce de la comunie, per so car son jurad aura afreblezit de son
membre.

Si aucun fera discension de barailhe en le biele,
e dus dous xxiiii juradz veiran asso e audiran, lo
coupau sera prauat per le palaure de lor qui seran
credudz per lor palaure, per so car juran au
comensement de lor esqueuinadge que ver dizerin
desso que veirin e audirin. Si dus dous C pars
ac veden, lo coupau sera prauat per lor segrement e armaira en merce, e esmendera per es-
goart dou maire e dous esqueuins lo mau feit
segon que es, e segon que es acostumat de forfar.

Si aucun dizera mau en le biele a daucun o en
arrue o en maizon, sera prauat per ii testimonis
dous C pars seis segrement, armaira en merce dou
maire e dous esqueuins, segon queu mau diit es
e segon que es acostumat de mau dizer ; e se lo
maumiat no ha testimonis dous pars, son clam
sera miat per ley de le terre.

Si aucun sera pauzat en pitloric no per lairois,
mas cor aura feit aucune cause encontre lestabliment de le comunie, e aucuns lac artreitera per

queu fasse bergoinhe dauaut los juradz o dauant
autres homis, paguera xx ss., dous quaus aquet
acui lartreit es estat feit aura los v ss., eus xv
ss. seran ales coites de le biele. E si aquet qui
artreitat lac aura, no bou o no pot pagar los xx
ss., sera pauzat hiu pitloric.

Si femne es prauade barailhose o maudizent,
sera ligade ab corde sodz les aicheres e sera getade tres veds en laygue aturn. Si augun baron [1]
lag artreite paguera x ss., e si femne lag artreite,
paguera x ss., o sera getade iii vedz en laygue.

Si aucuns hom qui no sie de le comunie aura
forfeit a daugun jurat de le comunie, sera manat
que emendi lo forfeit; si ed ag meinhspreze deffe-
nera hom aus iuradz de le comunie que no comen-
gien ab luys en bener, ni en crompar, ni en prestar, ni en hostalar, si nostre seinhor lo Rey, o
son filh no es en Baione o assise, o si ed no bou
emendar lo forfeit, per so le comunie ag mustrera
a les iustizies del Rey, e aiudera au iurat a domanar son dreit. E se aucuns dous juradz fera
contre quest debet, sera en merce dou maire e
dous esqueuins.

Si aucuns fera clam de mau que hom laie feit e

---

[1] Le mot *baron* est employé ici dans le sens espagnol (*varon*),
et signifie simplement *mâle, homme,* et non pas *baron.*

nou bou prener dret per judgement dou maire e
dous esqueuins, sera artincut et pauzat per gadge
e per pleges, e iurera per que aquet forfeit no
fera mau a daquet de cui se sera clamat ; e si per
aquet forfeit lo fey mau, sera iudiat assi cum periuri.

Si aucuns dous juradz de le comunie es pausat
en merce per son forfeit, e non fei arrequerit a
daucun homi, si no es feit per comendement de
nostre seinhor lo Rey, sa merce sera doblade, car
no bolem auer la maubolense de nostz arricomis
vezins.

Si augun dizera que es nostre vezin e nos no
em certans, per testimoniadge de dus juradz
prauera que ver es so que ed ditz.

Si aucun clerc o cauer ' deu deute a daucun de
le biele de Baione, eu deutor nos bou iustiziar peu
maire ni peus C pars de le comunie, sera deffenut
que nulhs hom no comingie ab luys, ni bener, ni
en comprar, ni en prestar, ni en hostalar, si
nostre seinhor lo Rey no es eu Baione o assize.
E se augun fera contre quest debet, arrenera lo
prest au prestedor, e sera en merce dou maire
e de le comunie, e si lo deutor per so nos bou
iustiziar, le comunie aiudera a iurad a domanar
son dret.

---

¹ Chevalier, gentilhomme.

¹ Si eu le comunie aura contente de deute o de combent o daucun marcat, sera terminade per arcordanse o per testimoniadge de ii dous xxiiii iuradz qui seran credudz per sole palaure, car auran jurat au comensement de lor esqueuinadge que ver dizeran desso que veiran e audiran, e si puihs que id auran acabat lan de lor esqueuinadge e seran despauzatz, sodz contente de deute dauant lor prestade, o de combent, o daucue cause dauant lor feite, sera fenide per lor segrement. Mas si i deus xxiiii iuradz porte daquero testimoniadge, e i o meis dous autres pars ab luy, aquet qui es dous xxiiii iuradz sera credut per sole palaure, eus autres per segrement. Mas si tres dous autres pars porten testimoniadge, termineran le cause per segrement. E si necun dous C pars no es testimoni, lo clam sera miat per ley e per costume de le terre. E si de x ss. o de meis (meinhs) ¹ es lo clam, sera fenit per testimoniadge dous pars scis segrement.

Si augun fera clam de terre sober autre, lo clamant dera gadge et pleges de seguir lo clam. E si apres es feite conoischense daquere terre, eu clamant per reconoischense es bencut de faus

<hr>

¹ Et si de decem solidis *vel de minus* querella fuerit, testimonio parium sine juramento finietur. (*Charte de Rouen.*)

clam, armaira en merce dou maire e dous esqueuins de LIX ss. dangeuins.

Si augun requerira sa cort de terre, autreiade
lo sera, e si no fei drct au clamant eu IIes quinzeies,
le comunie nou fera; si cd non a drciture tenis ¹,
que eu maire e dus dous esqueuins sapien.

Si augun requer sa cort de deute, autreiade lo
sera, per que fasse drcit au clamant en II oiteies ;
si no ag fei, le comunie neu fera; si aquet qui tin
sa cort no a drciturer tenis, queu maire e dus esqueuins sapien.

Si daucun deu deute a daucun que ne pusque
o no vulh soube, tant liurera hom dou son au
prestedor que pagat ne sie, si tant ha. Si lo deutor
no ha tant ons que pusque ester per pagat, tant
longuemens sera pauzat de fore le ciptad trou
aie feit lagrat dou maire e de son prestedor. E se
es trobat en le biele ans que aye feit lagrat de lor,
tant longuemens sera artincut en le carce de le
comunie trou que sie dardemut de c ss. per si o
per sons amicz; e alore jurera que no tornera en
le biele trou aie feit lagrat dou maire et dou prestedor.

Si hom forestang se clame daugun de le comunie per deute que iurad lo deie, lo-seinhor de

---

¹ Nisi ipse habuerit justam excusationem. (*Charte de Royen*

luy naura sa cort si la requer ; e si ed en iiii dies
no fey dret au clamant, le comunie nou fera.

Si le comunie, per lo comandament de nostre
seinhor lo Rey o de la iustizie, deura anar en
augun log, lo maire eus esqueuins perveiran
quaus establisquen adarmader a gardar le biele ;
e qui apres lore nomiade dessir sera trobat en
le biele, aquet sera prauat per aquets qui seran
armas gardes en le biele, e sera en merce de nostre seinhor lo Rey, e en merce de le comunie, de
sa maizon darrocar, o de c ss si maison no ha.
E si puihs que le comunie se mauera aucun sen
depertira per auqueison daubergar o dautre cause
seis lezer dou maire o seins tenis de son cors,
sera en merce ¹ ; lo maire, per lo comandement
de nost seinhor lo Rey, deu samoir (?) le comunie e miar en ost, e quasque armaira, deu ar-
mader per son man. E se aucun armat seis lezer
de luys, lo maire lo deu peinherar segon que
sera si no a arresoable tenis per que deie armade.

Nulhs hom outre i an e i die no deu estar en
le biele si no er jurat de le comunie, ni entertant
ne ans que iurat aie no aura le franquesse de le
biele ; e no deu ester arcebut en le comunie ni
iurarle, sino pou maire e pous esqueuins quent

<hr>

¹ Ici finit la charte communale de Rouen.

sedent en lor esqueuinadge. Mas puis iurat aie,
aura le franquesse de le biele.

Se augun se volera clamar de jurat de le comunie, biera au maire, eu maire tier ne la a dret de
tot clam trou au gadge de batailhe; car puis batailhe es empreze au bailiu dou Rey apertin.

Los adoutres pres no son judjatz si no per man
de sante glizie.

Si lo maire eus juradz uolen far nulh message
per lor medis le feran seis que noi domaneran
cosseilh ni lezer de nulh homi.

Layron pres e atent dedens Baione o en le
bailie, au maire deu ester amiat, e per luy e per
lo bailiu dou Rey deu estar iudiat, e per los ministres de medis lo bailiu deu estar peiat au cost
deu Rey; et totes les causes que seran trobades
aber layron seran dou Rey, si augun no pot probar
arresouablement que aqueres causes sien soes,
car aqueres lo deuen estar arrendudes entieremens; e si lo layron a maisons dedens le biele o
en le bailie, le maison ons ed estaue sera abatude per les justizies de le comunie ades puis que
sera iudiat. E apres nost seinhor lo Rey aura per
i an e i die les terres e los tiemens deu layron
e les ischides; apres, los seinhors deus fius a cuy
los tiemens apertien los demanderan au Rey o a
sons bailius, e auer los an todz temps meis.

Hischemens e dels homicidaus e dels autres qui per aucue iniquitat an lachat le terre de lor seinhor lo Rey e son feidius.

Si alcun dels juradz sera pauzat eu pitloric per son forfeit, e augun lac artreitera son forfeit e sa peie, sera pauzat hiu pitloric; e sa maison sie darrocade, e paguera c ss. au plazer dou maire e dous cent pars.

Si alcun dous juradz volera lachar le comunie assi que digue que dessi en auant no bou esser de le comunie, combieran eischir de le comunie e puis no aura la franquesse de le biele, ni no poira arrer tornar a le comunie ans que aie estat fore de le comunie ı an e ı die ; mas asso no, si no pou maire e pous pars en esqueuinadge, e darrecaps que iurie le comunie.

Cet qui sera pres en periuri sera en merce dou maire e dous pars de sa maizon darrocar o de son captau, segon que sera a plazer dou maire e dous pars ; e si no aura maizon ne captau abondos, for iurera le biele per ı an e ı die en merce dou maire e dous pars.

Siu maire liurera aucun les maizons eus tiemens daucun deutor per sa deute, tier les ha per aquet; apres siu deutor sera trobat que aie captau, lo maire fera prener lo captau e far lo liurar au prestedor en soute de le deute, empero siu captau sie deutor.

Lo maire deu gardar les claus de le biele, e ab autrei deus pars a tau homi liurar en cuy sien saubes.

Si augun hom sen hira de la esquiugayte, sera en merce dou maire de xv ss. o de plus, segon que labeiz ere grant mestir esquiugaytar.

Si augun dous iuradz no volera bier au mau dou maire, deu ester daunat daquere peie quiu sera estade mentahude au somoiment, segon lestabliment deu maire e dous pars.

E deuedz saber que totes les merces e todz los gadges qui binent a le man dou maire son despenudz a les coites de le biele per cosseilh dou maire e deus pars.

Siu prebost eu beguer dou Rey nostre seinhor se volera clamar del iurat, biera au maire; e aqui dauant lo maire deu auer dret.

Si aucun iurat treura autre iurat ailhor en pleit que dauant lo maire trou queu maire len sie deffalhit, sera en merce dou maire e dous pars.

E deuedz saber tut qui establit es en le comunie de Baione que si aucun dizera mau de le comunie e ab los dits forfera, si dus deus esqueuins ag audiran, per le palaure de lor es daquero atent. E si tres dous iuradz ac audiran, per segrement de lor es daquero atent. Si i solemens ag audira, aquet qui aura forfeit se pot porgar per son segrement e per vi homis.

30

Quauques hom de le biele arfugue lo segrement de le comunie que de aquero sera atent, deu ester pres e ligat de ligamis de fer, e deu ester pauzat en le carce trou aura feit emende a la comunie.

Lo beguer de la biele no pot metre man sober forfeit de iurat de le comunie seins mort domi. E aquet qui de mort domi es atent, es en le man dou Rey, e todz sons captaus; e si mayzon o berger aura, so es au maire e a le comunie a far iustizie.

Si aucuns hom de fore le comunie forfera a iurat de le comunie e pot ester pres, deu ester ligat de ligamis de fer e estar pauzat en le carce trou que aic feit emende a le comunie; e si no pot ester pres, le comunie deu domanar dret daquero pou seinhor daquet qui aura forfeit; e si per medis lo seinhor dret de luy no poiran auer aquet qui de le comunie seran, quent lo poiran prener, sent prenerant dret.

Quasque deus iuradz treira coutet o espade o arme esmolude sober homi, deu ester pres e ester pauzat en le carce trou que aye feit emende a le comunie.

Si mestir es danar en coyte de le biele peu maire e peus pars deu ester pervist, e qui arfuguera anar, si arrequerit nes, armaira en merce dou maire e dous pars.

Nulhs hom no pot deuedar son cauat a treme-
ter a les coytes de le biele, e si ag debede, armaira en merce dou maire e dous pars de xL ss.

Lo maire, au comensement de son an, iurera
que gardera los dreits de saute glizie, e le fideutat
de nostre seinhor lo Rey, e justizie, e que iudgera
dreitureremens segon sa conscience, e que nulh
percas no fera bert nostre seinhor lo Rey, ni bert
sons barons que armanque maire, outre ɪ an, si no
per comunau autrei de la biele.

Lo maire, els esqueuins, els cosseilhedors, els
pars, al comensement de lan de lor esqueuinadge, iureran que judgeran dret, segon lor consciencie, e que nulh diers ni nulh loguers no prenerant, e que per amistat ne per anemistat a tort
no judgeran, e quels cosseilhs deus esqueuins
celeran.

Si aucun dous juradz pot ester trobat que aie
pres loguer per aucun clam, de que aucun hom
sie treit en esqueuinadge, la soe maizon, so es
del maire o daquet quiu loguer aura pres, sera
darrocade seins contrediit ; e aquet qui sober so,
aura desniat, et ne son heret, no aura meis sein-
horie en le comunie.

XXI

Ordonnance de B. de Podensac maire de Bayonne

Sur la vente du poisson [1]

(1255)

Sabude cause sie a todz los qui son e qui seran, queu seinhor de Baione del ancian poblement en sa, de questes franquesses a sons ciptadans de Baione en le mar salade e en la douce.

Que todz hom qui entrera en le mar salade per pescar en ischira ab peics, deu arribar a le punte dauant les cabanes de bert labort[2], e deu metre lo cap de son baisset tant a terre entro lo palot abque goerne toqui a terre per le mar hifens ; e

---

[1] Archives de Bayonne, *AA-I*, p. 89.

[2] La charte des *navigateurs de Bayonne* mentionne le même point de l'embouchure de l'Adour : *ante cabanas de Puncta.*

aqui que deu bener son peis a tot marcader franquemens ; pero si a Baione lo bou bener, que li
pot portar franquemens ; e si aulhor lo portaue
nil bene, que perdere lo peis eu baisset : lo baisset
seri ars e peciat, e dou peis auri lo tertz lo seinhor, eu tertz les gardes, eu tertz que seri barreiat
a Baione.

E se negun dous marcaders anauc crompar
asalee sodz dauant les cabanes cum dessus es diit,
que perderi lo peis eu baisset : lo baisset seri ars
e peciat e dou peis seri lo tertz dou seinhor, eu
tertz de les gardes, eu tertz que seri bareiat a
Baione.

E si nulhs hom crompauc lo peis qui seri pescat
dou cap iusant de lisle de belay entrou au cap
suzant de lirle corbeire, que perdere lo peis eu
baissed : lo baisset seri ars e peciat, e dous peis
auri lo tertz lo seinhor, eu tertz les gardes, eu
tertz seri barreiat a Baione.

E nulh dous marchaders qui comprin lo peis
dous pescadors, no fazen enter lor nulh cot ne
nulhe enpreze ons los pescadors nius ciptadans de
Baione ualiens meins, e per medisse guize queus
pescadors no fassen enter lor nulh cot ne nulhe
enpreze ons los marcaders qui crompen lo peis
neus ciptadans de Baione bailhen meins ; e qui ac
fera, que sera encors lo cors e lauer au seinhor,

e armaira aun periuri, eu peis que hom lo trobera que sera tot barrciat, eu baischet ars o peciat.

Mas se nost seinhor lo Rei o son filh o son senescaut. ere de le part de le Bene, que y anien bener todz franquemens lor peis tant cum edz seran aqui.

E nulh hom no comprie per arrebener son peis, ni baleie, ni toil, ni autre peis qui sera mahud per bier a Baione de Sordo [1] en sa, ni Dax en sa, ni de Forgaue en sa, ni de Fontarrabie en sa, ni de Sent Johan de Luis en sa, ni de Bciarritz en sa, ni auant man; e qui ag fara, que perdera lo peis eu baischet, si ni aue, assi cum dessus es diit.

E nuls hom no fenie peis descate a le punte, saub a son minjar, ni aqui ni alhor nou sequie ni nou fenie, saub a Baione; e qui ag fara, lo peis perdera assi cum dessus es diit; seu pot bener comunaumens seis cuberte que noi fasse.

Lo primer creag qui ischera, deu esser tailhat a Baione; e daqui en sus, si dus o tres ni daqui auant nissen en i die, que lun armancos e fos tailhat en le viele : e qui asso trespasseri, que pergos lo creag.

Tot homi qui peis aportera a Baione per bener, si de puis le misse mathiau comensera sonar ar-

---

[1] Sordes, abbaye sur le Gave de Pau.

ribe au port, que medis sou benc au poble, eu
tinque a bente au poble qui a son minjar lo uolera,
entrou le prime laissie de sonar; e daqui auant
quou benie a qui se uolera, eu traga or se uolera.

E dou dimerx penos entrou dissapte pascau,
nuḷhs hom no traga peis de Baione saub los are-
ligios eus homis dou biler au cot.

E nulh hom no crompie per arrebener lus, ni
lamprede, ni lobiadz, ni creagadz, ne autre peis de
bertaudz [1] pos au pord sie bingud; e qui ag fara,
vi ss. se daunera au seinhor, eu peis que sera dat
aquiu domanera per tant cum ed hi aura dat.

E car in questes dauant diites causes peccauen
modz homis per no saber, lo maire eu C pars ag
fen escriuer per arremembranse dous prohomis
ancians de Baione, e saeirar dou saied de le comunie de Baione. Actum Baionæ, mense februarii,
existente maiore Bayonæ Bertrando de Podensac
pro domino Eduuardo, illustris regis Anglie pri-
mogenito et hærede, anno D⁴ M° CC° L quinto
inchoato nostri domini.

---

[1] *Bertaule* ou *verveux*, filet à prendre du poisson : c'est une
espèce de nasse de réseau soutenue sur des cerceaux. On se
sert encore de bertaule dans le haut-Adour et dans la Nive
pour prendre des carpes et d'autres gros poissons.

XXII

Coutume de l'hostellaige ou de louage à marchandise

établie par Bertrand vicomte de Labourd [1]

(1125 — 1170 ?)

Costume deus hostalatges de les causes de marcaderie.

Si augun marcader tiu hoste en lautruy hostau, segont que en Bertrand de Bayone vescompte de Labort establi, paguera dou trosset vi diers, saque de borre vi diers, le carque de coyre tres diers, bale per arrezon dou trosset, carque de grane xii diers, conils vi diers, cordoan tres diers, badanes dus diers, lang tres medailhes, carque deffer dus diers, sunat (?) hun die, estanh

[1] Archives de Bayonne, *AA-II*, p. 51.

le pesse hun die, baques medailhe, aïnhetz
entrou c et daqui en sus dou trosset dobley
dier dasso da hostaladge lostes asset qui la en le
mayson pausera que son hoste qui no........
hostaladge au clamor dou seinhor; assi cum de
cuys de baque et daut aber biu.

Lo seinhor de le mayson aura de tótz aues da-
cet qui crompe en sa mayson o en sa terre o
logade que lage, sa mitat per hostaladge, o hosta-
ladges, quoau meis vulhe, se laber da hostaladge;
pero bei ha auer que no da hostaladge, et daquet
pot aber hostaladge; mes lobredey se no entre per
le mayson, no y aura mitat, mes part cum hun
deus compredors se y es ossino y es.

Dou trosset entir vi diers, e si no se ben entir,
de cade pesse hun dier, coyre tres diers et es-
tainh hun dier.

Le besti deu dar tant lo qui crompe cum lo qui
ben, cauat vi diers, eguo iiii^te diers, mulo iiii^te
d., aso dus diers, cordoan hun d. le xii^e, lo trosset
vi d. le xii^e, badanes medailhe, dou trosset et de
c en juus dus diers, dou trosset de cuys de boeus
o de baque dobley dier, le traq et dun entrou ix
medailhes et xii dus diers, bodes xii d., bacon (?)
hun d., porc medailhe, mauton hun quoarton,
quintau duc hun die, quintau de pebe deu que
crompe a xii medailhe, sere deu qui crompe hun

dier le quintau, de xii medailhc, congrc vi. d.
lo miele, eu c medailhe.

Costume dous hostes.

Tot hoste concgut se bent aber cargat en nau
o en corau, hosteladge dera et. . . . . . . descargat,
et sartin labenture hiu liurement dera mitat. o
hostaladge quoau lostes mes boira

Si mariner mane prener laue de lun hoste a lautre, ja lostes noy perdera son hostaladge de lauer
de son hoste, et asset dc cuy lauer es nou dera
saub a son hoste, lun adversari aura bencut lautre de le cause en que per dauant lo maire no
laura contre diit en sa reson abant que lo negoci
no sie en claus eu judgement.

Cet qui lauer thira en sa mayson de lautruy
hoste, crubi lhostaladge de cet qui acomanat li
aura.

Si lostes sen va la nuit de lostau, ey aura jagut
se lo die ben lauer o parthide, si lostes pot trobar
lauer, lhostaladge naura cum de mayson.

Si augun marcader es partit dautre terre per
bier per mar a Bayone, et porte empleytes, et les
ben en camin, abantz que en autre terre no les age
descargades, lostes de Bayone daquet mercader
naura son hostaladge ab que binque a le benture

dou crompedor ; et se bin a le dou benedor,
lostes naura son hosteladge·o le mitat de lempleyte quoau mes se vuilhe.

Si augun marcader per mete sa empleyte logue
obredey et sentre per deffore ab clau, son hostes
ous es lhevant i coucant naura hostaladge de lauer
qui si benera, et le mitat de lempleyte autabey
cum sere en son hostau, puichs que lo mercader,
per sa melhorie, logue obredey en autre loc.

Si lo marcader embie trosset per mar o per terre
et son compainhon es a Baione, et no pague lo
freyt, so mariner o lo mulater lo met en son hostau, lo marcader paguera hostaladge la, et si asson
hostes ains et dus.

Marcader no puyra tore lostaladge a son hostes
conegut se muda se bou.

Si lostes met son aber en autre hostau ons lostes
pergue son hostalagde, se no affey per necceyre
de lostes, ja non perdera son hostaladge ; empero
si per necceyre que lostes nou metos lauer en bon
loc et mete lauer en autruy hostau perdera lostaladge, et son marcader de lauer qui sera fore de le
viele no la cargat per portar a Baione, nou deura
hostaladge sa Baione non bou.

Totz temps lo seinhor de lostau hostaladge o
part aura se laut desson obredey sentre per def-
fores set qui thira lauer sarres ha benut cum lun

sey es o noy es ; si le passedgeyre o lo pinassot
va per passadge de Capbreton a Baione o de
Bayone a Capbreton, negun no deu pagar saup
medailhe morlane de passadge per sa persone ;
empero si augun a affreytat a treuers losditz pinassot o passadgeyre, lo qui borra passar sen deu
anie ab aquet, que le costume no li puyra ajudar.

XXIII

Extraits de la charte de franchise

octroyée à la ville de San-Sébastian
par le roi de Navarre Sanche-le-Sage [1]

In Dei nomine........similiter dono et concedo eisdem populatoribus de Sancto Sebastiano qui per mare ad Sanctum Sebastianum arrivaverint vel per terram, et ad prædictam villam cum sua mercatura venerint, non dent lezdam nec ibi nec in tota mea terra ; hoc solummodo retineo quod si aliquis de populatoribus ad Baionam troselos vel aliquam mercaturam compraverint, et per Sanctum Sebastianum transierint, vel in alio loco vendant prædictam mercaturam, donet lezdam in Sancto Sebastiano ; et si in Sancto Sebastiano vendiderit prædictam mercaturam, non det lezdam. Similiter volo et dono pro fuero quod

[1] *Dictionnaire géographique et historique d'Espagne,* tome II, p. 542 et 549.

propriæ naves de Sancto Sebastiano sint firmiter
liberæ et ingenuæ, quod non dent portaje nec
lezdam, sed naves extraneæ donent lezdam, de
unaquaque navi decem solidos meæ monetæ, de
unoquoque troselo quod de navi stractum fuerit
duodecim denarios, de arrivaje insuper suam
lezdam, sed minus tertiam partem quam daret
per fuero in Pampilona. Extraneus homo donet
de unaquaque carga de picibus sex denarios, de
unaquaque carga de cera sex denarios de arrivaje
et suam lezdam, minus tertiam partem quam daret in Pampilona. De carga de cubro sex denarios; de carga de stano sex denarios et suam lezdam; de carga de pumblo sex denarios et suam
lezdam; de unaquaque traca de coris duos denarios, de media traca unum denarium, et si minus
fuerit, nihil donet.........................
....
.... Omnis troselus qui veniet ultra portus
ad Sanctum Sebastianum, postquam amplius unius
noctis iacuerit, det seis denarios hospiti suo de
hostalagi et médium troselum det tres denarios;
et carga de cori duos denarios; carga de stano det
duos denarios; et carga plumbi duos denarios;
et tota carga de peys, quæ veniat per mare de
una nocte, amplius det suo hospiti duos denarios;
carga piperis seis denarios; carga de coris baca-

rum duos denarios ; carga ceræ det duos denarios; carga de motoninas det duos denarios ,
carga de dagunias duos denarios ; carga de bo-
quinas det duos denarios. Trosellum de fustanis,
si est venditum in domo hospitis, det ille qui emit
quinque solidos, et si est venditum per pezas, det
pezam unum denarium, et corda, et la sarpillera ;
et trosellum de drapos de lana, duodecim denarios; et si est venditum per pezas, det pezam unum
denarium, et corda, et la sarpillera si est de lino :
drapos de lino 10 c. 2, et de core del quintal
emptor quatuor denarios, et de stani quatuor
denarios, de plumbo duos denarios, et de moto-
linas, si se vendent, det emptor de la docena una
mealla, et de coleguinas 10 c. 2, et la pena de co-
nelli 2 d., et de gades salvajes la docena un dinero, et de gatis domesticos una mealla, et de docena decem meallas, et de docena pipis dos dineros, et de docena de incensu dos dineros; de bes-
tia, si se vendet in suo hostal, un dinero, et la sola,
si est de cinco sueldos en jus, et si valet magis de
cinco solidos, det duodecim denarios ; et si
habet bast, similiter ; et de docena de vulpinas
unum denarium, et de x desquiroles unum denarium, et de x de librunas un denario, et de la docena de buquinas un denario, et traca de coris
bobinis dos denarios, et de dimidia unum dena-

rium, et de media en sus unoquoque corio unum denarium ; et de coris cerbinis similiter. Et si hospes vult habere partem in qualicumque habere qui se vendiderit in sua domo, potest habere partem si donat dimidietatem habere, et si est particeps, non accipiat hostalage, *etc.*

N. B. — *Nous avons publié ces extraits de la charte de San-Sébastian parce qu'ils aident à comprendre certains passages assez obscurs de la coutume bayon-naise de l'hostellaige.*

XXIV

Ancien tarif

des droits de pontage et de portage perçus à Bayonne,
confirmé sous la mairie de Johan de Biele[1].

(1284)

Item que tot hom estrainh pagui au pont de
Baione de cascun trosset hun die, et de le bale
medailhe, et de sunag medailhau[2] ; et se nullis
hom estrainh aportera per mar ni treyra fer, ni
asser, ni arosie, ni geme, ni sau de compas, que
pagui de cascun quintau hun quarton ; et per me-

---

[1] Archives de Bayonne, *AA-II*, p. 66 d.

[2] Le denier anglais valait deux oboles ou médailles ; chaque
médaille ou medaillau, deux quadraus ou quartaus : le denier,
par conséquent, valait quatre quadraus. Et puisque le trossel
payait un denier, la balle une médaille, et le sunag aussi une
médaille, il semble qu'on doit en conclure que la balle et le
sunag étaient de même volume, et qu'il fallait deux balles pour
former un trossel.

31

diche cause de tot autre auer de pees de quartoau
deu quintau ; e per mediche cause lestranh que
pagui au pont deu miler de coyre dus diers, et si
no ha mieler fornit que pagui de cascun quintau
un quoarton, et deu miler destainh hun dier, et de
mieler de plom medailhau, de miler de congre dus
diers, de mieler de marlus dus diers, de mieler de
toilhs I dier, de mieler de farenc medailhau, de
costau de campest medailhau. Et tot homi estranh
qui aber biu amiera a Baione per lo pont o per
mar, que pagui de cabat[1] un dier, darrossin o de
eguoe medailhau, de mul o de mule medailhau,
de auso et de saume medailhau, de boeu et de baque medailhau, de porc i de troye, si an passat
hun an, medailhau; de mauton, daolhe, de boc o
de crabe, quartoau. Et tot homi estrainh qui
amiera aber a Baione per bener que puixs que
age passat lo bosc de Gostresse en sa et de la glizie dOndres en sa, quoauque homi o femne de

---

[1] L'étranger payait à Bayonne, pour droit de pontage ou de
portage, pour un cheval un denier, et pour roussin, jument,
mule ou mulet, une médaille seulement. Ceci vient à l'appui
d'une observation que nous avons présentée dans les notes qui
accompagnent l'acte d'association des navigateurs bayonnais.
On voit, d'un côté, qu'un cheval était taxé au double des autres
bêtes de monture, et d'un autre côté, que, si dans le susdit
acte d'association il s'était agi d'un simple droit de visite, jamais un cheval n'eût été taxé à 20 sols, c'est-à-dire 240 deniers.

Baione ac crompera, que sen artinque lo pontatge, quar, si no affase, ed ac pagueri chetz mercer si no ausabe jurar que de gostresse en la et dondres en la labe crompat. E per mediche guise laber qui lo pont de Bertaco[1] passera, lo molin nau, lo de le mote, lo de lordon, le moli de clauerie, lo molin dordezon, la molie dardengos eu molin de Seres, deber dar au pont XII morl⁵ cascun an. Et cascune maison de Senhancx qui vins tinque que deu dar au pont sengles quartes de froment cascun an. E lo ponter que age poder de domanar ac et de peinherar et deffar ne clam per si medichs. En testimoniadge de maior fermetat, nos lo maire eus juratz habem feyt pausar en aqueste present carte lo saget de nostre ciutat ab autrey de nostre comunau. Ffeyt fo asso stablit et sagerat per assi cum ancianementz ere estat establit prumer lan de lencarnation N^re S^or miu et CC LXXXIIII^te ans, erenoluat en le mayretat den Johan de Vile, lo dissapte prosman dauant le feste de Sent Mathiu aposto, lan de lencarnacion de N^re S^or JHU XST auant diit dessus de M et CC LXXXIIII^te.

---

[1] Actuellement pont *Panecau.*

XXV

Transaction

entre l'évêque Raymond de Luc et P. A. de Norton, bourgeois de Bayonne, au sujet d'une carrière de pierres[1].

(1213)

R. Dei gratia, Baïonensis episcopus, dilectis in Christo filiis, et cunctis aliis quibus contigerit hoc scriptum cernere, salutem et benedictionem in eo qui est benedictio et omnium vera salus. Quod gerendum inspirat homini divina gratia, se debet fieri ratum et stabile, ne processu temporis improborum calumnia revocetur; a presentis vitæ curriculo demigrant homines, vivit littera, et per eam manent diutius actiones. Presentes igitur sciant et posteri, quod in nostra presentia et baionensis capituli sedata fuit contentio quæ diu

---

[1] *Livre d'or*, p. 27.

extitit inter nostram ecclesiam et P. A. de Norton, de lapidicina quæ est juxta suam vineam, ultra pontem [1]. Multi namque antiqui proceres affirmaverunt verissime quod G. Faber, pater A. Torner, cujus erat illud territorium in quo modo est prædicta vinea dedit libere Baionensi Ecclesiæ præfatam lapidicinam ad construendam ecclesiam in perpetuum, quamdiu possit lapis in dicto territorio inveniri, retento larrebor sibi et suæ posteritati. P. A. de Norton, ad quem postea devoluta fuit illa hæreditas, fidem adhibens veritati et assertioni tantorum procerum, totum concessit ut dictum est superius, et, ut bonus Ecclesiæ filius, pro se et genere suo dedit larrebot nostræ ecclesiæ, excepto illo quo indiguerit ad domum propriam construendam. Nos itaque, de consilio nostri capituli atque populi, dedimus prædicto P. A de Norton viam per quam iret ad suam vineam, in recompensationem et meritum sui doni. Et ne hoc factum revocetur in dubium, nos, cum nostro capitulo et baionensi consilio, nostris sigillis presentem cartulam roboramus. Testes hujus facti sunt capitulum baionense cum populo, scilicet : P. J. dous Puis vicarius baionensis, A. Dadir operarius ecclesiæ, W.

---

[1] La carrière était donc située sur la rive droite de l'Adour. au quartier de Saint-Etienne ou à celui de Saint-Bernard.

capellanus baionensis, F. A. abbas Regulæ, Amad
de Menta, J. Beliz, A. R. de Luc, et multa turba
burgensium, clericorum, scolarium, anno M° CC°
XIII°, xvii K junii. Testes sunt : R. Laudig cla-
viger, R. de Capaju subdiaconus cum scolariis
suis, A. W. de Garros sacerdos, J. de Linse subdiaconus cum scolariis suis, W. P. de Mans, W. A.
de Mente, J. de Samated, Pascau, Pelegrin Duire,
B. Duire, P. de Labasset, W. P. de Lecastere,
P. de Perer, P. den A W. Cozin de Neliat, W. de
Norton, P. A. dou Brod.

FIN DES PIÈCES JUSTIFICATIVES.

TABLE

CHAPITRE PREMIER

CHAPITRE II

CHAPITRE III

CHAPITRE IV

CHAPITRE V

CHAPITRE VI

CHAPITRE VII

CHAPITRE VIII

CHAPITRE IX

CHAPITRE X

CHAPITRE XI

Victoire de las Navas. — Décadence de la domination des Maures

TABLE DES PIÈCES JUSTIFICATIVES

FIN DE LA TABLE.

4

CPSIA information can be obtained
at www.ICGtesting.com
Printed in the USA
BVHW011106200219
540728BV00012B/267/P